給水装置工事主任技術者 第2版

超速マスター

給水装置工事研究会

TAC出版
TAC PUBLISHING Group

はじめに

　給水装置工事主任技術者とは，国家試験の「給水装置工事主任技術者試験」に合格し，厚生労働大臣から給水装置工事主任技術者免状の交付を受けた者をいいます。この資格は，給水装置工事事業者が水道事業者から水道法第 16 条の 2 に基づく指定を受けるために必ず必要となる資格で，給水装置工事の技術水準を確保し，工事従事者の技術上の指導監督などを含めた給水装置工事全体を管理する工事施工の核となる資格です。

　試験科目は「公衆衛生概論」「水道行政」「給水装置の概要」「給水装置の構造および性能」「給水装置工事法」「給水装置施工管理法」「給水装置計画論」「給水装置工事事務論」の 8 科目（管工事施工管理技士の資格所有者は 2 科目免除）で，このうち「給水装置の概要」および「給水装置施工管理法」を除く必須 6 科目の得点合計 27 点以上，全 8 科目総得点 40 点以上が合格ラインです。試験科目は 8 科目と多いものの，実は科目間の関連が深く重複する内容も多いため，学習する範囲はそう広くはありません。これまでの受験者の平均合格率は約 35.5% で，ここ数年は 40% を超えており，過去の問題をしっかり学習すれば到達できるレベルです。

　そこで本書は，給水装置工事主任技術者試験にはじめて挑戦する予備知識のない読者も念頭に，試験で問われる要点を中心にまとめ，わかりやすい解説につとめました。各節の冒頭に学習内容を提示して各節の内容をスムーズに理解していただける構成とし，各節の終わりには出題頻度の高い過去問題にチャレンジして学習効果を確認できるようにしています。

　給水装置工事主任技術者試験に合格するための入門書として，また試験直前には最終確認を行う総まとめとして，本書を有効に活用していただければと思います。皆さんが，合格の栄冠を手にされることを念願いたします。

目次

第4章　給水装置計画論

第5章　給水装置の構造および性能

第6章　給水装置工事法

第7章　給水装置施工管理法

第8章　給水装置工事事務論

第9章　関係法令

受験案内

給水装置工事主任技術者試験とは

　給水装置工事主任技術者試験は，水道法に基づく国家試験です。給水装置工事主任技術者には，水道法に基づいた給水装置工事に必要な詳しい知識および技術が求められ，厚生労働大臣が給水装置工事主任技術者試験を行います。

　毎年1回，例年10月に試験が実施され，試験の合格者には交付申請により厚生労働大臣から免状が交付されます。

受験資格

　給水装置工事に関して3年以上の実務の経験を有する者。

　給水装置工事に関する実務の経験（水道法第25条の6第2項）とは，給水装置工事に関する技術上のすべての職務経験をいいます。

●技術上の職務経験に該当する業務
　（1）給水装置の工事計画の立案
　（2）給水装置工事現場における監督に従事した経験
　（3）そのほか給水装置工事の施工計画，調整，指揮監督または管理した経験
　（4）給水管の配管，給水用具の設置などの給水装置工事の施行の技術的な実務に携わった経験
　（5）これら（1）〜（4）の技術を習得するためにした見習い中の技術的な経験

　なお，工事現場への物品の搬送などの単なる雑務および給与計算などの単なる庶務的な仕事に関する経験は，同条でいう実務の経験には含まれません。

試験科目とおもな内容および試験時間

試験科目は8科目で，試験のおもな内容と出題数，試験方式は次のように実施されます。

時間割	試験区分	試験時間	試験科目	おもな内容	出題形式
午前	学科試験1	150分	公衆衛生概論	水道水の汚染による公衆衛生問題に関する知識および水道の基本的な事柄に関する知識	4肢または5肢択一のマークシート
			水道行政	水道行政に関する知識および給水装置工事に必要な法令，供給規程に関する知識	
			給水装置工事法	給水装置工事の適正な施行が可能な知識	
			給水装置の構造および性能	給水管および給水用具が具備すべき性能基準に関する知識および給水装置工事が適正に施行された給水装置であるか否かの判断基準（システム基準）に関する知識	
			給水装置計画論	給水装置の計画策定に必要な知識および技術	
			給水装置工事事務論	工事従事者を指導，監督するために必要な知識および建設業法，労働安全衛生法などに関する知識	
午後	学科試験2	60分	給水装置の概要	給水管および給水用具ならびに給水装置の工事方法に関する知識	
			給水装置施工管理法	給水装置工事の工程管理，品質管理および安全管理に関する知識	

合格ライン

「公衆衛生概論」「水道行政」「給水装置工事法」「給水装置の構造および性能」「給水装置計画論」「給水装置工事事務論」の必須6科目の得点合計が，27点以上であることが必要です。さらに，全8科目の総得点が40点以上であること，各科目の得点が次の表に示す点以上であることが必要です。

	試験科目	出題数	必要点数
1	公衆衛生概論	3	1
2	水道行政	6	3
3	給水装置工事法	10	4
4	給水装置の構造および性能	10	4
5	給水装置計画論	6	2
6	給水装置工事事務論	5	2
7	給水装置の概要	15	4
8	給水装置施工管理法	5	4

試験科目の免除

　管工事施工管理の種目に係る1級または2級の技術検定に合格した者は，試験科目のうち「給水装置の概要」および「給水装置施工管理法」の免除を受けることができます。

試験地区（試験予定地）

　給水装置工事主任技術者試験は，次の8地区にて行われる予定です。試験予定地および会場の詳細は，例年9月上旬頃に給水工事技術振興財団のホームページにて公開されます。

試験地区	試験会場都道府県	試験地区	試験会場都道府県
北海道	北海道	関西	大阪府
東北	宮城県	中国四国	広島県
関東	東京都・神奈川県	九州	福岡県
中部	愛知県	沖縄	沖縄県

国家試験の受験申し込み手続き

　給水装置工事主任技術者の受験には，願書の提出が必要です。給水装置の

受験願書は，給水工事技術振興財団のホームページで入手することができます。ホームページにあるインターネット申込書作成システムに情報を入力して印刷し，提出書類をそろえて申込期日までに簡易書留にて郵送します。

　なお，受験書類に不備があった場合は，提出日までに修正が完了していないと受験ができません。また，受験願書の提出が1日でも遅れた場合，いかなる理由でもその年の受験はできなくなります。あらかじめ余裕をもって準備しておくことが必要です。

①申込み手続きの手順

　次の表で示すステップの手順にしたがって，申込み手続きを行います。受験申請可能期間になると給水工事技術振興財団のホームページから登録フォームに移動できるようになりますが，サイト登録しただけでは受験申請を完了することはできませんので注意しましょう。

●給水工事技術振興財団のホームページ：https://www.kyuukou.or.jp/

手順	すること	内容詳細
ステップ1	システム入力	給水工事技術振興財団のホームページ内にあるインターネット申込書作成システムに入力する
ステップ2	申請書類の印刷	すべての情報を入力後,申請書類を印刷する
ステップ3	申請書類の記入	当該年度の受験案内を確認して申請書類を記入する
ステップ4	受験手数料の振込み	受験手数料を指定された口座へ振込む
ステップ5	提出書類をそろえる	受験案内を確認して提出書類をそろえる
ステップ6	受験申請書類の郵送	申請書類一式を給水工事技術振興財団へ簡易書留にて郵送する

②郵送および直接持参の場合に必要な提出書類

　（1）給水装置工事主任技術者試験受験願書

　（2）実務従事証明書（省略申請しない場合）

　（3）顔写真（6カ月以内に撮影したもので,たて4.5cm×よこ3.5cm 縁なし等）

　（4）管工事施工管理技士合格証明書写し（一部免除申請する場合）

　（5）受験手数料払込みの振替払込請求書兼領収書または利用明細票

③受験手数料（2023 年の給水装置工事主任技術者試験の場合）

21,300 円（非課税）

※受験手数料は改定される場合がありますので，受験年度ごとに確認して
ください

④受験願書受付期間

インターネット申込書作成システム稼働期間：毎年 6 月上旬〜7 月上旬頃

受験申請書類受付期間：毎年 6 月上旬〜7 月上旬頃（当日消印有効）

※受験申請書受付締め切り後，書類審査および書類不備是正期間が設けら
れています

⑤受験願書の提出先

〒163-0712

東京都新宿区西新宿 2 丁目 7 番 1 号　小田急第一生命ビル 12 階

公益財団法人 給水工事技術振興財団　国家試験部国家試験課

試験結果の発表と免状の交付申請手続き

　合格発表は試験の約 1 カ月後の 11 月下旬に行われ，合格者名簿が厚生労
働省および給水工事技術振興財団の掲示場に受験番号を掲示して発表される
とともに，給水工事技術振興財団のホームページにも掲載して発表されます。
その後，合格者には圧着はがきにて合格証書が郵送されます。

　免状の交付は，厚生労働省のホームページより必要な申請書類をダウン
ロードし，厚生労働省に申請を行います。

その他，問い合わせ先など

　試験日程などの詳細については，厚生労働省および給水工事技術振興財団
のホームページにて最新の情報を確認してください。

給水工事技術振興財団　国家試験部国家試験課

TEL：03-6911-2711（自動音声案内①）

第 **1** 章

公衆衛生概論

1 水道の歩みと水道事業

まとめ&丸暗記　この節の学習内容とまとめ

☐ 近代水道のはじまり
水道とは飲用に適する水を常用の設備で供給する施設／近代水道の三大発明「鋳鉄管」「砂ろ過」「ポンプ」／伝染病防疫対策として近代水道が布設された

☐ 水道の普及
日本の近代水道第1号は1887（明治20）年に給水開始した横浜水道／日本の近代水道は第2次世界大戦後急速に普及

☐ 簡易専用水道
ビル・マンションなどに設置される10㎥を超える受水槽などの水道設備を簡易専用水道という

☐ 貯水槽水道
水槽の規模に関わらず簡易専用水道を含め, 貯水槽水道が建物内水道の総称として定義された

☐ 簡易専用水道の設置者
1年以内ごとに1回の定期検査, 1年に1回以上の定期清掃が定められている（水道法施行規則第55条）

☐ 水道の定義
水道とは導管およびそのほかの工作物により水を人の飲用に適する水として供給する施設の総体をいう（水道法第3条）

☐ 水道用水供給事業
水道によって, 水道事業者に対しその用水を供給する事業

☐ 水道施設の概要
水道施設は基本的に貯水施設, 取水施設, 導水施設, 浄水施設, 送水施設, 配水施設により構成／給水装置は除外／水道施設は水道事業者が布設。宅地内の給水装置は専門工事業者が行い設置費は需要者が負担

☐ 緩速ろ過法
原水を普通沈でん処理後, ろ過池の砂層に繁殖した好気性生物により水を浄化する方法

☐ 急速ろ過法
原水に凝集剤を加え, 沈でん処理後に砂ろ過を行う

水道の歴史

1 近代水道のはじまり

　飲用に適する水を，常用の設備で供給する施設を水道といいます。近代水道の三大発明として「鋳鉄管」「砂ろ過」「ポンプ」が挙げられますが，1787年にパリで蒸気式揚水用ポンプが使用されたのが近代水道の始まりといわれています。また，1829年には砂ろ過池による浄水処理がロンドンで行われ，19世紀のヨーロッパで普及していきました。

　日本では，1854（安政元）年の開国により西洋文化がもたらされた一方で，コレラや赤痢などの疫病も流入しました。とくにコレラは瞬く間に日本各地にまん延し，明治時代に入ってコレラの流行が繰り返されました。コレラは，不衛生な飲料水に起因する水系感染症であることから水道布設促進の建議が行われ，主要都市の水道布設計画の機運が高まり，伝染病防疫対策として近代水道が布設されることになりました。

2 水道の普及

　1887（明治20）年に給水を開始した横浜水道が，我が国の近代水道第1号で，次いで函館，長崎に水道布設が行われました。1898（明治31）年には，東京で稼働した淀橋浄水場で緩速ろ過法が用いられました。日本の近代水道は，第2次世界大戦後に急速に普及率を伸ばし，2020（令和2）年には全国で98.1％に達しています。

とくに大都市圏の普及率は，東京都と大阪府，沖縄県が100％，神奈川県と愛知県が99.9％，埼玉県で99.8％となっています。

3 簡易専用水道における衛生対策の歴史

　マンションなどの集合住宅やビルでは，配管のさびによる赤水問題に加え，設置の受水槽や高置水槽内への汚水や油の混入などの発生事例が，昭和43（1968）年ごろからのマンションブームを契機に，急速に増加してきました。

　昭和52（1977）年の水道法改正により，ビル・マンションなどに設置される，水道事業の用に供する水道からのみ，供給を受ける一定規模を超える受水槽などの水道設備が新たに簡易専用水道として，水道法の規制の対象となりました。対象となる簡易専用水道の規模は，20㎥を超えるものとされましたが，昭和60（1985）年に再度改正され，10㎥を超えるものとなりました。

　さらに平成13（2001）年に行われた改正では，水槽の規模に関わらず簡易専用水道を含め，貯水槽水道が建物内水道の総称として定義され，供給規定上の設置者責任の明確化の措置が図られることとなりました。

　簡易専用水道の設置者は，1年以内ごとに1回の定期検査を受けること，および1年に1回以上の定期清掃することなどが定められています。

●水道法施行規則第55条（抜粋）

（管理基準）
第34条の2第1項に規定する基準は，次に掲げるものとする。
1　水槽の掃除を毎年1回以上定期に行うこと。
2　水槽の点検等有害物，汚水等によって水が汚染されるのを防止するために必要な措置を講ずること。
3　給水栓における水の色，濁り，臭い，味その他の状態により供給する水に異常を認めたときは，必要なものについて検査を行うこと。

4 供給する水が人の健康を害するおそれが
あることを知ったときは，直ちに給水を
停止し，かつ，その水を使用することが
危険である旨を関係者に周知させる措置
を講ずること。

チャレンジ問題

問1

難　中　**易**

水道の歴史に関する記述のうち，正しいものはどれか。

(1) 我が国の近代水道第1号は，1887年に給水を開始した函館水道である。

(2) 日本の近代水道の普及率は，2020年には全国で100％を達成した。

(3) 近代水道の三大発明として「鋳鉄管」「砂ろ過」「ポンプ」が揚げられる。

(4) 1898年に東京で稼働した淀橋浄水場で蒸気式揚水用ポンプが用いられた。

解説

正解はそれぞれ，(1) 横浜水道，(2) 98.1％，(4) 緩速ろ過となります。

解答 (3)

問2

難　中　**易**

簡易専用水道の管理基準に関する次の記述のうち，不適当なものはどれか。

(1) 水槽の掃除を2年に1回以上定期に行う。

(2) 給水栓により供給する水に異常を認めたときは，必要な水質検査を行う。

(3) 供給する水が人の健康を害するおそれがあるときは，直ちに給水を停止する。

(4) 有害物質や汚水等で水が汚染されるのを防止するため，水槽の点検等を行う。

解説

水槽の掃除を1年以内ごとに1回，定期に行います（水道法施行規則55条1号）。

解答 (1)

水道事業

1 水道の定義

水道に関する用語について，水道法第3条で次のように定義されています。

① 「水道」とは，導管およびそのほかの工作物により，水を人の飲用に適する水として供給する施設の総体をいう（臨時に施設されたものを除く）

② 「水道事業」とは，一般の需要に応じて，水道により水を供給する事業をいう（給水人口が100人以下の水道を除く）

③ 「簡易水道事業」とは，給水人口が5000人以下である水道により，水を供給する水道事業をいう

④ 「水道用水供給事業」とは，水道により，水道事業者に対してその用水を供給する事業をいう（水道事業者または専用水道の設置者がほかの水道事業者に分水する場合を除く）

⑤ 「水道事業者」とは，第6条第1項の規定による認可を受けて水道事業を経営する者をいう

⑥ 「水道用水供給事業者」とは，第26条の規定による認可を受けて水道用水供給事業を経営する者をいう

⑦ 「専用水道」とは，寄宿舎，社宅，療養所などにおける自家用の水道その他水道事業の用に供する水道以外の水道であって，次の各号のいずれかに該当するものをいう（ただし，ほかの水道から供給を受ける水のみを水源とし，かつ，その水道施設のうち地中または地表に施設されている部分の規模が政令で定める基準以下である水道を除く）

　　イ　100人を超える者にその居住に必要な水を供給するもの

　　ロ　その水道施設の1日最大給水量（1日に給水することができる最大の水量）が政令で定める基準を超えるもの

⑧ 「簡易専用水道」とは，水道事業の用に供する水道および専用水道以外の水道であって，水道事業の用に供する水道から供給を受ける水のみを水源

とするものをいう（受水槽の有効容量の合計が10
㎥を超えるものをいう。したがって10㎥以下の受
水槽を有する水道は，簡易専用水道に準じた管理（規
則・指導）となり，**小規模貯水槽水道等**と呼ぶ）
⑨「**水道施設**」とは，水道のための貯水施設，取水施
設，導水施設，浄水施設，送水施設および配水施設
（専用水道にあっては，給水の施設を含むものとし，
建築物に設けられたものを除く）であって，水道事
業者，水道用水供給事業者または専用水道の設置者
の管理に属するものをいう
⑩「**給水装置**」とは，需要者に水を供給するために水
道事業者の施設した配水管から分岐して設けられた
給水管およびこれに直結する給水用具をいう
⑪「**水道の布設工事**」とは，水道施設の新設または政
令（水道法施行令第3条）で定めるその増設もしく
は改造の工事をいう
⑫「**給水装置工事**」とは，給水装置の設置（新設）ま
たは変更（改造，修繕，撤去）の工事をいう
⑬「**給水区域**」，「**給水人口**」および「**給水量**」とは，
それぞれ事業計画において定める給水区域，給水人
口および給水量をいう

つまり，水道施設とは，末端まで導管により飲用に
供する目的で水を供給する施設のことをいいます。
なお，臨時に設置されたものは除かれるため，水源を
自ら掘った井戸とし，工事現場などの仮設給水施設とし
て設けられた施設などは，**水道の定義には含まれません**。
また，水道により，水道事業者にその用水を供給する
事業を水道用水供給事業といいます。したがって水の
流れは，**水道用水供給事業から水道事業者**となります。

補足

**水道事業と簡易
水道事業**
100人を超える給
水人口に対し，水道
により水を供給する
事業が水道事業です
が，そのうち給水人
口が5000人以下
の比較的小規模なも
のを簡易水道事業と
いいます。250人に
給水する場合は，簡
易水道事業にあたり
ますが，100人を超
えているので水道事
業に含まれます。

水道事業者
厚生労働大臣の認可
を受けて水道事業を
経営する者です。

2 水道施設の概要

　水道施設は基本的に，貯水施設，取水施設，導水施設，浄水施設，送水施設，配水施設により構成されています。ただし，給水装置は除かれます。水道施設については水道事業者（公共団体）が布設しますが，宅地内の給水装置は専門工事業者が行い，設置費用は需要者（利用者）が負担します。

●**水道施設の概要**

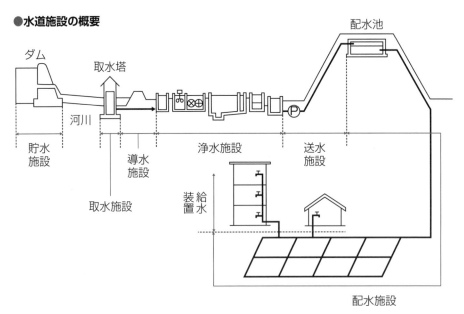

●**貯水施設**
河川，湖沼や地下源水などから取入れた水道の原水を貯留するためのダムや原水調整池などの施設です。渇水時でも必要量の原水を供給するために必要な貯水能力を備え，通年で計画取水量を確実に確保できる構造とします。

●**取水施設**
取水堰や取水塔などを用いて河川水などから水道の原水を取水し，粗いごみや砂を取除いて導水施設に送り込む施設です。水道の原水には，河川水，湖沼水，貯水池水などの地表水と，浅井戸，深井戸，湧泉水，伏流水などの地下水があります。

●導水施設

導水管など，取水した水道の原水を取水施設から浄水施設に送る施設です。必要な量の水道の原水を送るために必要なポンプ，導水管やそのほかの設備により構成されています。

●浄水施設

沈でん池，ろ過池など，水道の原水を飲用に適した水（浄水）に処理するための施設です。水道水に適合した必要量の浄水を得るための沈でん池，ろ過池などのほか，消毒設備を備えている必要があります。沈でんには，自然沈降によって浮遊物を沈でんさせる普通沈でんと，凝集剤を用いる薬品沈でんとがあります。

●送水施設

浄水を浄水池より配水池などの配水施設に送るための施設で，必要量の浄水を送るために必要な送水ポンプ，送水管やそのほかの施設を備えています。

●配水施設

必要に応じ，配水池から需要者に浄水を供給するための施設で，必要な量の浄水を一定以上の圧力で連続して供給するための配水池，配水ポンプや配水管そのほかの施設を備えています。

●給水装置

水道事業者の配水管から分岐して設けられる装置。設置やその費用は需要者が負担します。

補足

原水
河川，湖沼，あるいは地下源水などから取水した，塩素剤により滅菌される前の水のことをいいます。

浄水
塩素剤により滅菌した，飲用できる水のことをいいます。

需要者
この場合，水道水を利用する利用者のことをいいます。

3　浄水施設と処理方法

水道施設の浄水施設で行われる浄水処理の方法には，**緩速ろ過法**と**急速ろ過法**に大別されます。

●**急速ろ過法**

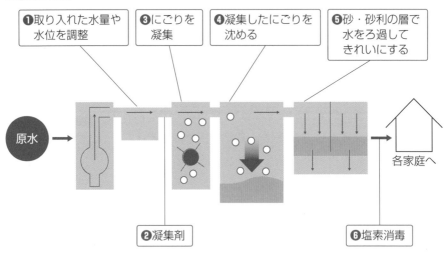

❶取り入れた水量や水位を調整　❸にごりを凝集　❹凝集したにごりを沈める　❺砂・砂利の層で水をろ過してきれいにする

原水　各家庭へ

❷凝集剤　❻塩素消毒

●**緩速ろ過法**

一般に原水を普通沈でん処理したのち，ろ過池の砂層に繁殖した**好気性生物**により水を浄化する浄化方法です。1日約3〜5mの速さでろ過します。

●**急速ろ過法**

一般に原水に凝集剤を加え沈でん処理後に砂ろ過を行う浄水方法で，**物理化学的なろ過**で浄化が行われます。1日約120〜150mの速さでろ過します。

緩速ろ過法，急速ろ過法ともに，砂ろ過を行ったのちに消毒のための**塩素剤**を注入します。なお，急速ろ過法では，溶解性の鉄やマンガンを除去するために，ろ過池の前に塩素剤を入れる**前塩素処理**を行います。現在では一般的に，急速ろ過による浄水処理法が行われています。

問1

難　**中**　易

水道施設について書かれた次の記述の（　　　）内の①～⑥に入る語句を答えよ。

水道施設は基本的に，（　①　），（　②　），（　③　），（　④　），（　⑤　），（　⑥　）により構成されている。ただし，給水装置は除かれる。

解説

水道施設とは，「水道のための取水施設，貯水施設，導水施設，浄水施設，送水施設および配水施設であって，水道事業者，水道用水供給事業者または専用水道の設置者の管理に属するものをいう」とされています（水道法第3条第8項）。

> **解答①貯水施設②取水施設③導水施設**
> **④浄水施設⑤送水施設⑥配水施設**

問2

難　**中**　易

水道の浄水処理に関する次の記述のうち，不適当なものはどれか。

(1) 緩速ろ過とは，一般に原水を普通沈でん処理をしたのち，ろ過池の砂層に繁殖した好気性生物により水を浄化する浄化方法である。

(2) 急速ろ過法とは，一般に原水に凝集剤を加えて沈でん処理をしたのち，砂ろ過を行う浄水方法である。

(3) 緩速ろ過法では，溶解性の鉄やマンガンを除去するために，ろ過池の前に塩素剤を入れる前塩素処理を行う。

(4) 緩速ろ過法，急速ろ過法ともに，砂ろ過を行ったのちに消毒のための塩素剤を注入する。

解説

急速ろ過法では，鉄やマンガンを除去するために塩素を注入しますが，緩速ろ過法はこの処理を行いません。

> **解答 (3)**

2 水道の水質基準

まとめ&丸暗記　この節の学習内容とまとめ

☐ 水道水質基準	①病原生物・病原生物に汚染されたことを疑わせる生物・物質を含まない②シアン，水銀その他の有毒物質を含まない③銅，鉄，フッ素，フェノールその他の物質を許容量を超えて含まない④異常な酸性またはアルカリ性を呈しない⑤異常な臭味がない⑥外観はほとんど無色透明である（水道法第4条）
☐ 水道水の消毒	飲料水が感染性の病原体に汚染されるのを防ぐために水道水の消毒を行う
☐ 塩素剤	水の消毒に用いられる塩素剤には液化塩素，次亜塩素酸ナトリウム，次亜塩素酸カルシウムがある
☐ 液化塩素	塩素ガスを高圧で液化したもので，消毒効果は高いが塩素ガスは空気より重く刺激臭があり毒性が強い
☐ 次亜塩素酸ナトリウム	アルカリ性が強く液化塩素より消毒効果は劣るが，安全性が高く取扱いが容易
☐ 次亜塩素酸カルシウム	科学的安定性と保存性がよく取扱いも容易なため非常対策用として用いられる
☐ 残留塩素	消毒効果をもつ有効塩素が水中の微生物などを殺菌消毒・分解したあとも水中に残留する塩素のことで，残留塩素には遊離残留塩素と結合残留塩素がある
☐ 遊離残留塩素	次亜塩素酸（HClO）と次亜塩素酸イオン（ClO）
☐ 結合残留塩素	モノクロラミンとジクロラミン
☐ 残留塩素の測定	DPD（ジェチル-p-フェニレンジアミン）法／吸光光度法／電流法

水道水質基準

1 水道水質基準とは

　水道法第4条に基づく水質基準は，水質基準に関する省令（厚生労働省令第101号）により定められています。水道水は，水質基準に適合するものでなければならず，水道法により，水道事業体などに検査の義務が課されています。

2 水道水の水質基準

　水道により供給される水は，水道法第4条により次のように定められています。

①病原生物に汚染され，または病原生物に汚染されたことを疑わせるような生物もしくは物質を含むものでないこと
②シアン，水銀そのほかの有毒物質を含まないこと
③銅，鉄，フッ素，フェノールその他の物質をその許容量を超えて含まないこと
④異常な酸性またはアルカリ性を呈しないこと
⑤異常な臭味がないこと。ただし，消毒による臭味を除く
⑥外観は，ほとんど無色透明であること

　上記①〜⑥については，水質基準として51項目が厚生労働省の「水質基準に関する省令」に定められています（P.14参照）。

補足

消毒による臭味
水道法第4条により定められた水質基準では，消毒による臭味である塩素による消毒臭は除外されています。

●水道水質基準と基準値51項目（厚生労働省）

	項目	基準
1	一般細菌	1mlの検水で形成される集落数が100以下
2	大腸菌	検出されないこと
3	カドミウムおよびその化合物	カドミウムの量に関して0.003mg/L以下
4	水銀およびその化合物	水銀の量に関して0.0005mg/L以下
5	セレンおよびその化合物	セレンの量に関して0.01mg/L以下
6	鉛およびその化合物	鉛の量に関して0.01mg/L以下
7	ヒ素およびその化合物	ヒ素の量に関して0.01mg/L以下
8	六価クロム化合物	六価クロムの量に関して0.02mg/L以下
9	亜硝酸態窒素	0.04mg/L以下
10	シアン化物イオンおよび塩化シアン	シアンの量に関して0.01mg/L以下
11	硝酸態窒素および亜硝酸態窒素	10mg/L以下
12	フッ素およびその化合物	フッ素の量に関して0.8mg/L以下
13	ホウ素およびその化合物	ホウ素の量に関して1.0mg/L以下
14	四塩化炭素	0.002mg/L以下
15	1,4-ジオキサン	0.05mg/L以下
16	シス-1,2-ジクロロエチレンおよびトランス-1,2-ジクロロエチレン	0.04mg/L以下
17	ジクロロメタン	0.02mg/L以下
18	テトラクロロエチレン	0.01mg/L以下
19	トリクロロエチレン	0.01mg/L以下
20	ベンゼン	0.01mg/L以下
21	塩素酸	0.6mg/L以下
22	クロロ酢酸	0.02mg/L以下
23	クロロホルム	0.06mg/L以下
24	ジクロロ酢酸	0.03mg/L以下
25	ジブロモクロロメタン	0.1mg/L以下
26	臭素酸	0.01mg/L以下
27	総トリハロメタン	0.1mg/L以下
28	トリクロロ酢酸	0.03mg/L以下
29	ブロモジクロロメタン	0.03mg/L以下
30	ブロモホルム	0.09mg/L以下
31	ホルムアルデヒド	0.08mg/L以下
32	亜鉛およびその化合物	亜鉛の量に関して1.0mg/L以下
33	アルミニウムおよびその化合物	アルミニウムの量に関して0.2mg/L以下
34	鉄およびその化合物	鉄の量に関して0.3mg/L以下
35	銅およびその化合物	銅の量に関して1.0mg/L以下
36	ナトリウムおよびその化合物	ナトリウムの量に関して200mg/L以下
37	マンガンおよびその化合物	マンガンの量に関して0.05mg/L以下
38	塩化物イオン	200mg/L以下
39	カルシウム, マグネシウム等（硬度）	300mg/L以下
40	蒸発残留物	500mg/L以下
41	陰イオン界面活性剤	0.2mg/L以下
42	ジェオスミン	0.00001mg/L以下
43	2-メチルイソボルネオール	0.00001mg/L以下
44	非イオン界面活性剤	0.02mg/L以下
45	フェノール類	フェノールの量に換算して0.005mg/L以下
46	有機物（全有機炭素（TOC）の量）	3mg/L以下
47	pH値	5.8以上8.6以下
48	味	異常でないこと
49	臭気	異常でないこと
50	色度	5度以下
51	濁度	2度以下

問1

水道施設について書かれた次の記述の（　　　　）内の①～③に入る語句を答えよ。

水道水は，（　①　）に適合するものでなければならず，（　②　）により，水道事業体などに（　③　）が課されている。

解説

水道法第4条に基づく水質基準は，水質基準に関する省令（厚生労働省令第101号）により定められています。

①水質基準②水道法③検査の義務

問2

水質基準に関する記述のうち，不適当なものはどれか。

(1) 外観は，ほとんど無色透明であること。

(2) 消毒による臭味がないこと。

(3) 病原生物に汚染され，または病原生物に汚染されたことを疑わせるような生物もしくは物質を含むものでないこと。

(4) シアン，水銀そのほかの有毒物質を含まないこと。

解説

水道法第4条1項5号に，「異常な臭味がないこと。ただし，消毒による臭味は除く」と規定されています。なお，(4)の「シアン，水銀その他の有害物質を含まないこと」（同項2号）は，水道水質基準と基準値51項目（厚生労働省）において「水銀0.0005mg/L以下，シアン化合物イオン0.01mg/L」とされています。

解答 (2)

塩素消毒

1 水道水の消毒

　飲料水が感染性の病原体に汚染されるのを防ぐために，水道水の消毒を行います。水道事業者は，給水栓の水が遊離残留塩素を 0.1mg/L（結合残留塩素では，0.4mg/L）以上保持するように塩素消毒をすることと規定されています。ただし，供給する水が病原生物に著しく汚染されるおそれがある場合などは，給水栓の水の遊離残留塩素は，0.2 mg/L（結合残留塩素では，1.5 mg/L）以上保持するようにします（水道法施行規則第17条第1項3号）。

2 塩素剤

　消毒用の塩素剤には，液化塩素，次亜塩素ナトリウム，次亜塩素酸カルシウムが用いられます。

●液化塩素（液体塩素）
塩素ガスを高圧で液化したもので，高圧ボンベ（高圧容器）に充てんして貯蔵します。消毒効果は高いですが，塩素ガスは空気より重く，刺激臭があり，毒性は強くなります。また，設備が複雑で維持管理などの取扱いが困難で，多くの労力がかかります。「液塩」とも呼ばれます。

●次亜塩素酸ナトリウム
淡黄色の液体でアルカリ性が強く，次亜塩素酸ソーダとも呼ばれます。光や温度の影響で有効塩素濃度が低下し，注入時にアルカリ度が多少上昇するといった欠点があります。液化塩素より高価で消毒効果は劣るが，安全性が高く取扱いが容易なため，多くの水道事業者が使用しています。

●次亜塩素酸カルシウム（さらし粉）

粉末，顆粒などのさらし粉および錠剤があり，科学的安定性，保存性がよく，取扱いも容易なため，非常対策用として用いられます。

消毒剤の注入は，**緩速ろ過法**では，塩素剤の注入は**砂ろ過のあと**に行います。

凝集剤を加えて薬品沈殿処理を行う**急速ろ過法**では，溶解性の鉄やマンガンを塩素による**酸化析出作用**により除去しますが，このとき塩素剤は凝集剤を加える前，あるいは沈殿処理後に注入します。なお，ろ過池での沈殿処理前に塩素剤を入れる**前塩素処理**，沈殿後に注入する**中間塩素処理**，ろ過後に注入する**後塩素処理**があります。

③ 残留塩素

塩素剤を用いて水を消毒したのちも塩素が水中に残留します。消毒効果をもつ有効塩素が水中の微生物を殺菌消毒し，有機物を酸化分解したあとも水中に残留する塩素のことを，**残留塩素**といいます。

残留塩素には，**遊離残留塩素**と**結合残留塩素**の2つがあり，殺菌効果は遊離残留塩素の方が強く，残留効果は結合残留塩素の方が大きく持続します。

●遊離残留塩素

塩素は，水に溶解すると次亜塩素酸（$HCIO$）と塩素になり，次亜塩素酸はその一部が次亜塩素酸イオン（CIO）と水素イオンになります。次亜塩素酸と次亜塩素酸イオンを遊離残留塩素といいます。

補足

消毒
飲料水を，感染性の病原体による汚染を防ぎます。

塩素剤
液体塩素，次亜塩素酸ナトリウム，次亜塩素酸カルシウムなどの消毒用として用いる薬品。

残留塩素
塩素剤を用いて水を消毒したのちも水中に残留して，消毒効果を持続する塩素をいいます。

●結合残留塩素

アンモニア化合物が水中にあると，塩素がアンモニア化合物に反応し，クロラミンが生じます。クロラミンは，モノクロラミン，ジクロラミンおよびトリクロラミンとなります。このモノクロラミンとジクロラミンを結合残留塩素といいます。

4 残留塩素の測定

　残留塩素の測定の方法には，次の方法があります。なお，残留塩素の濃度については，水道法施行規則第 17 条 1 項 3 号に規定されています（P.16 参照）。

① DPD（ジエチル -p- フェニレンジアミン）法
残留塩素が DPD と反応して発色した桃～桃赤色の溶液を，標準比色液と比較して濃度を測定する

② 吸光光度法
DPD の試薬を加えたものに光をあて，その光の吸収率から濃度をデジタル表示する

③ 電流法
電流を流して，その値から濃度を算出する

　遊離残留塩素は発色後，直ちに測定します。結合残留塩素は，発色した溶液にヨウ化カリウム試薬を加えて混和して 2 分後に測定した総残留塩素から遊離残留塩素を減じた濃度とします。
　なお，比食法の 1 つでオルトトリジン法という測定方法がありましたが，発がん性の危険性があることから現在では用いられていません。

難　中　**易**

消毒用の塩素剤に関する次の記述の（　　）内の①〜⑤のに入る語句を答えよ。

消毒用の塩素剤には，（　①　），（　②　），（　③　）が用いられ，塩素剤は水を消毒したのちも水中に残留する。消毒後も水中に残留する塩素のことを残留塩素というが，残留塩素には，（　④　）と（　⑤　）の2つがある。

解説

水道水の消毒に用いられる塩素剤の種類および，消毒後に残留して有効な消毒効果をもつ残留塩素については，必ず覚えるようにしましょう。

> **解答①液化塩素②次亜塩素ナトリウム③次亜塩素酸カルシウム④遊離残留塩素⑤結合残留塩素**

問2

難　**中**　易

残留塩素と消毒効果に関する記述のうち，不適当なものはどれか。

(1) 残留塩素濃度の測定方法の1つとして，ジエチル-p-フェニレンジアミン（DPD）と反応して生じる桃〜桃赤色の溶液を標準比色液と比較して測定する方法がある。
(2) 残留塩素とは，消毒効果のある有効塩素が水中の微生物を殺菌消毒したり，有機物を酸化分解したあとも水中に残留している塩素のことである。
(3) 給水栓における水は，遊離残留塩素を0.4mg/L以上または，結合残留塩素を0.1mg/L以上保持しなくてはならない。
(4) 塩素系消毒剤として使用されている次亜塩素酸ナトリウムは，光や温度の影響を受けて徐々に分解し，有効塩素濃度が低下する。

解説

「給水栓の水が遊離残留塩素を0.1mg/L（結合残留塩素では，0.4mg/L）以上保持するように塩素消毒をすること」（水道法施行規則第17条1項3号）。

> **解答 (3)**

3 水道水の水質汚染

まとめ&丸暗記　この節の学習内容とまとめ

□ 健康影響の歴史　　1854年にロンドンで飲料水により発生したコレラの大流行

□ 国内初の近代水道　1887 (明治20) 年に横浜水道が国内初の近代水道第1号として給水を開始

□ 国内初の水道水による集団感染　1996 (平成8) 年に埼玉県越生町の水道がクリプトスポリジウムに汚染され, 住民約14000人のうち8800人以上が感染

□ 病原性大腸菌O-157　腸内でベロ毒素を作り出すことが特徴。腎不全や血便が続く溶結性尿毒症症候群を引き起こす

□ レジオネラ菌　　土壌や地下水, 河川などの自然界に広く存在する。土塵などで冷却塔の冷却水に混入して増殖し, 肺炎様の日和見感染症を引き起こす

□ クリプトスポリジウム　ヒトやウシなどの小腸に寄生する原虫で, 水や食物の中では殻で覆われたオーシストで存在し下痢を引き起こす

□ 化学物質による水質汚染　有害な化学物質を長期間摂取した場合, 慢性的な生体への健康影響が引き起こされる

□ ヒ素　　角化症, 色素沈着, 黒皮症, 末梢神経障害, 皮膚がん

□ 鉛　　ヘム合成阻害, 貧血, 消化管障害, 腎障害, 神経系障害

□ トリハロメタン類　発がん性

□ 硝酸性窒素　　メトヘモグロビン血症

□ フッ素　　体内沈着による斑状歯や骨折の増加など

□ トリクロロエチレン　中枢神経系を抑制して頭痛, めまい, 錯乱など

□ 水道の利水障害　日常生活においての水利用への差し障りのうち, 水道の利水障害では臭気, 味, 着色, 泡立ちなどがある

水質汚染とその種類

1 水質汚染と健康影響の歴史

　飲料水を飲んだことによって引き起こされた健康影響の歴史として，1854年に**ロンドン**で発生した**コレラの大流行**があります。コレラ感染の原因が**共同井戸水**にあることを突き止めたスノーは，井戸水の使用を禁止することでコレラの流行を阻止することができました。このことは**公衆衛生上**の事件として，免疫学研究の最初の事件となりました。

　日本でも井戸水に起因するコレラの流行が幕末から明治初期にかけて発生し，飲料水の衛生確保を図るべく，1887（明治20）年に国内初の近代水道第1号として**横浜水道**が給水を開始しました。

　近年の飲料水が原因で健康影響をおよぼしたおもな事例には，次のようなものがあります。

① 1990（平成2）年，埼玉県浦和市（現さいたま市）の幼稚園で，井戸水が原因の**病原性大腸菌O-157**の集団感染が発生。250人以上が発症し，2人の死者を出した

② 1993年，米国ミルウォーキーの水道で，**クリプトスポリジウム**が原因の健康影響が発生し，死者を出した

③ 1996（平成8）年，埼玉県越生町の水道がクリプトスポリジウムに汚染され，住民約14000人のうち8800人以上が感染した

④ 2011（平成23）年，東日本大震災の発生で被災し

補足 ▶

O-157
病原性大腸菌の1つで，腸管出血性大腸菌とも呼ばれます。腸管内で出血性下痢の原因となるベロ毒素という毒素を作ります。

クリプトスポリジウム
1976（昭和51）年にヒトへの感染が初めて報告された腸管寄生原虫。それまでは，ウシ，ブタ，イヌ，ネコ，ネズミなどの寄生虫として知られていました。

た東京電力福島第一原子力発電所から放射性物質が放出され，関東各県の水道水中から**放射性ヨウ素**と**放射性セシウム**を検出。乳幼児への飲用制限が行われた

⑤ 2012（平成 24）年，埼玉県本庄市の化学メーカーがヘキサメチレンテトラミンの処理を産業廃棄物処理業者に委託したが，この業者は未処理のまま利根川水系に放流。そのため，流域の浄水場から国の基準を超す**ホルムアルデヒド**が検出され，その影響で約 36 万世帯が断水する事態となった

●**2000 年以降のおもな水質汚染事故等の発生状況（厚生労働省）**

発生年	発生場所	原因飲料水	原因物質等	発生施設	摂食者数	患者数
2003	千葉県	冷水器（簡易専用水道）	A群ロタウイルス	学校	86	47
	愛媛県	冷水器（推定，水源は専用水道［深井戸］）	カンピロバクター・ジェジュニ／コリ	学校	525	69
2004	石川県	簡易水道（表流水）	カンピロバクター・ジェジュニ／コリ	宿泊施設	78	52
2005	秋田県	簡易水道（地下水）	ノロウイルス	家庭等	*1	29
	山梨県	簡易水道（表流水）	カンピロバクター・ジェジュニ／コリ	家庭等	*1	76
	大分県	専用水道（無認可，表流水）	プレシオモナス・シゲロイデス	宿泊施設	280	190
2010	千葉県	小規模貯水槽水道	クリプトスポリジウム，ジアルジア	家庭等	43	28
2011	長野県	専用水道（沢水）	病原大腸菌（O-121）	宿泊施設	*1	16
2012	富山県	簡易水道（地下水）	エルシニア・エンテロコリチカ	家庭等	*1	3
2013	神奈川県	簡易専用水道	一般細菌，大腸菌	家庭等	85	11
2014	熊本県	簡易水道（地下水）	灯油	家庭等	128	2
2019	兵庫県	簡易専用水道	ノロウイルス	事業所	*1	6
2020	兵庫県	簡易専用水道	汚水	家庭等	200	15
2021	神奈川県	小規模貯水槽水道	一般細菌	保育園	150	5
2022	東京都	小規模貯水槽水道	一般細菌，大腸菌	飲食店	*1	14

*1　摂食者数が不明の場合は給水人口

表中に記載の**一般細菌**とは，特定の細菌ではなく**雑菌**で，病原性のないものがほとんどです。しかし，汚染された水中で数が増えるので，汚染の指標とされています。ただし，**塩素には弱い病原菌**です。

2 水系感染症と病原体の汚染

　水系感染症とは，水を媒体に細菌やウイルス，原虫などの病原体が体内に侵入し，種々の病状を引き起こす疾患です。水系感染症の病原性生物には，コレラ菌，赤痢菌，腸チフス菌，O-157，レジオネラ属菌などの**病原細菌**，ノロウイルスなどの**病原ウイルス**，クリプトスポリジウムなどの**病原原虫**があります。

●病原性大腸菌 O-157

腸内で神経を侵すベロ毒素を作り出し，腎不全や血便が続く溶結性尿毒症症候群を引き起こします。遊離残留塩素 0.1mg/L 以上，または 75℃ の加熱 1 分で死滅するため，残留塩素の確保によって予防できます。

●レジオネラ菌

土壌や地下水，河川などの自然界に広く存在し，土塵（ほこり）などで冷却塔の冷却水に混入して増殖し，肺炎様の日和見（ひよりみ）感染症を引き起こします。熱に弱く，55℃ 以上の加熱や塩素消毒で死滅します。

●クリプトスポリジウム

ヒトやウシなどの小腸に寄生する原虫で，水や食物の中では殻で覆われたオーシストで存在し，下痢を引き起こします。塩素消毒に対して抵抗性があるが，加熱，冷凍，乾燥には弱く，1 分以上の煮沸で死滅します。

●クリプトスポリジウムの　オーシスト

殻
スポロゾイド（4個）
核

細菌
バクテリアなどの単細胞微生物のことをいいます。

ウイルス
細胞の中に寄生する，細菌よりも小さな最も微小な微生物です。

原虫
寄生虫などの原生動物をいい，ある種の原虫は，動物や人に寄生して，重い病気を引き起こします。

3 化学物質汚染

　化学物質による水質汚染では，昭和30年代に水源としての河川表流水の陰イオン界面活性剤による水質汚染が問題となりました。そののち，昭和40年代には，水銀やヒ素などによる公共用水域の水質汚染が社会問題化しました。さらに昭和60年代には，ゴルフ場の農薬からシマジンやチラウムなどが水質汚染の問題に加わりました。

　こうした水中の有害な化学物質を長期間摂取した場合，慢性的な生体への健康影響が引き起こされます。

●水中の有害な化合物

有害化合物	人体へのおもな影響
ヒ素	角化症, 色素沈着, 黒皮症, 末梢神経障害, 皮膚がん
鉛	ヘム合成阻害, 貧血, 消化管障害, 腎障害, 神経系障害
トリハロメタン類	発がん性
硝酸性窒素	メトヘモグロビン血症

　ほかにも，がんの原因と考えられるクロム，体内沈着による斑状歯や骨折の増加などを引き起こすフッ素，中枢神経系を抑制して頭痛，めまい，錯乱などの症状を引き起こすトリクロロエチレン，メトヘモグロビン血症の原因となる亜硝酸態窒素などがあります。

　また，有機溶剤であるトリクロロエチレンやテトラクロロエチレンが未処理のまま，土壌に浸透して飲料用の地下水に混入した事例も発生しています。

　なお，鉛についてはpHが低い水や遊離炭酸の多い水ほど溶出しやすく，洗濯や台所用の洗剤として用いられる陰イオン界面活性剤においては，発泡によって下水処理場での処理能力の低下や，水道水への混入などの影響も報告されています。

4 生活用水の利水障害

日常生活においての水利用への差し障りを, 利水障害といいます。水道の利水障害では, 藻類の繁殖によるカビ臭, 亜鉛・塩素イオン・鉄などによる味, 金属類の混入による着色などがあります。水道の利水障害とその原因物質のおもな組み合わせは次の通りです。

●色：亜鉛, アルミニウム, 鉄, 銅, マンガン
●味：亜鉛, 塩素イオン, 鉄, ナトリウム
●臭気：藻類, フェノール類, チクロ
●泡立ち：界面活性剤

補足 ▶

おもな金属別混入時の水の色
鉄＝黒色
銅＝青色
亜鉛＝白濁
マンガン＝黒色

チャレンジ問題

問1
難 中 **易**

平成8年6月埼玉県越生町で, 水道水が感染経路となる集団感染が発生し, 約8800人が下痢などの症状を訴えた。この主原因として, 適当なものはどれか。

(1) ノロウイルス
(2) 病原性大腸菌O-157
(3) 赤痢菌
(4) クリプトスポリジウム

解説

国内初の水道を介した集団感染で, 住民14000人のうち, 約8800人に集団下痢, 腹痛が発生しました。寄生性原虫クリプトスポリジウムが混入した排水が渇水期の川に流入し, これを取水した水道施設が感染経路となりました。

解答 (4)

水質汚濁と水道の条件

1 水質汚染の原因

　水質汚染の原因は，**有機汚濁**，**富栄養化**，**有害物質**の３つの種類に分けられますが，このうち，有機汚濁と富栄養化は「**水質汚濁**」，有害物質は「**水質汚染**」に分類されます。

　有機汚濁は，有機物がその原因で，水道水の原水となる河川や湖沼に流れ込む有機物には虫の死骸や落ち葉などの自然界で発生するものから，家庭や工場排水などの人間によって排出されるものなど，さまざまなものがあります。富栄養化の原因物質は，**窒素**と**リン**がそのおもなものになりますが，富栄養化とは，水中の植物プランクトンの栄養である窒素とリンが豊富にある状態を指します。しかし，この窒素とリンの発生源は，その多くが**生活排水**で，トイレや洗濯，台所がおもな排出源としてあげられ，発泡の原因となる**陰イオン界面活性剤**が多く排出されているのです。

　また，有害物質による水質汚染の原因となる物質には，カドミウムや鉛などの重金属類，医薬品，化粧品，農薬，プラスチックなどに含まれる化学物質があります。

2 水質汚濁の問題

　水質汚濁が問題となったおもなものに，次のようなものがあります。

①昭和30年代に，河川表流水汚染に伴い，クロムなどの重金属や陰イオン界面などが問題となりました。
②昭和40年代に，都市の人口集中と産業の急速な発展によって公共用水域の水質汚染が社会問題化しました。1971（昭和46）年には，水銀，ヒ素などによる汚染に対処するための**水質汚濁に係る環境基準**（環境庁，現在は環境省）が定められました。

③昭和50年代に，水道原水中に含まれるフミン質な
どの**有機化合物**と浄水工程で注入する塩素が反応し
て生成される**消毒副生成物**であるクロロホルムなど
の**トリハロメタン**の**毒性**が懸念されるようになりま
した。

④昭和60年代に，シマジンやチウラムなどの**農薬に
よる汚染**が問題視されるようになりました。

　生活排水や工場排水，畜産排水などによる水道水の
水源の汚染が，水道水に**クリプトスポリジウム**や**異臭
味物質**，化学物質などの混入を引き起こし，これらが
水道水への不安につながっています。

　クリプトスポリジウムが国内で初めて発生し，確認
されたのは，1994（平成6）年と，比較的新しい問題
です。また，**トリクロロエチレン**は，トリハロメタン
類と同様の有機塩素化合物で，トリクロロエチレンや
テトラクロロエチレンなどの有機塩素化合物は，ク
リーニングや電子部品の洗浄に利用されています。

　これらの物質の廃液管理が不十分だった場合，地下
に浸透し，地下水から検出されることがあり，問題と
なります。

　ジェオスミン，2-メチルイソボルネオールなどの
カビ臭物質は，富栄養化による藻の繁殖によって臭気
を放ちます。

3　水道の条件

　水道が常に満たさなければならない3つの条件（水
道給水の3要素）は次の通りです。これは規模の大小
にかかわらず，**遵守**されなければなりません。

補足 ▶

**水質基準に関す
る省令**

水道法第4条に基づ
き定められ，水道によ
り供給される水は，
厚生労働大臣が定め
る方法で検査を行
い，同省令「水道水
質基準と基準値51
項目」で掲げる基準
に適合するものでな
ければなりません
（P.14参照）。

①水質：基準を満たすこと

②水量：必要量の水を確保し給水すること

③水圧：適切な水圧であること

チャレンジ問題

問1

難　中　易

水質汚染の原因に関する次の記述の（　　　　）内の①〜⑤に入る語句を答えよ。

水質汚染の原因には，（　①　），（　②　），（　③　）の3つの種類に分けられますが，このうち，有機汚濁と富栄養化は「（　④　）」，有害物質は「（　⑤　）」に分類されます。

解説

水質汚染に関する原因について，原因となる物質や影響についても覚えましょう。

解答①有機汚濁②富栄養化③有害物質④水質汚濁⑤水質汚染

問2

難　中　易

水質汚濁の問題に関する記述のうち，**不適当なもの**はどれか。

(1) 昭和30年代に，河川表流水汚染に伴い，クロムなどの重金属や陰イオン界面などが問題となった。

(2) 昭和40年代，公共用水域の水質汚染が社会問題化し，1971年に水銀，ヒ素などによる汚染に対処する水質汚濁に関わる環境基準が定められた。

(3) 昭和50年代に，消毒副生成物であるクロロホルムなどのトリハロメタンの毒性が懸念されるようになった。

(4) 昭和60年代に，シマジンやチウラムなどの肥料による汚染が問題視されるようになった。

解説

シマジンとチウラムは，農薬に含まれる物質です。

解答 (4)

第2章

水道行政

1 水道法と水道事業者

まとめ&丸暗記　この節の学習内容とまとめ

- ☐ 水道法　　給水工事主任技術者試験の基本となる法律

- ☐ 政令と省令　　政令は内閣が制定し,省令は大臣が発する命令

- ☐ 水道事業　　導管などを用いて水を人の飲用に適した水として供給する施設全体を水道という(水道法第3条)

- ☐ 水道事業者　　厚生労働大臣の認可を受けて水道事業を経営する者(水道法第3条第5項)

- ☐ 水道事業の認可　　厚生労働大臣の認可を受ける(水道法第6条)

- ☐ 水道事業者の給水義務　　給水区域内の需要者から給水契約の申込みを受けたときは正当の理由がなければ拒んではならない/需要者に対し常時水を供給する(水道法第15条)

- ☐ 供給規程　　水道事業者は,水道の需要者との供給契約に関する供給規程を定めなければならない(水道法第14条)

- ☐ 水道技術管理者　　水道事業者は,水道管理の技術上の業務を担当する水道技術管理者を置く(水道法第19条)

- ☐ 水道事業者の責務　　技術者による布設工事の監督(水道法第12条)/水質検査(水道法第20条,水道法施行規則第15条第6項,第17条の2)/健康診断(水道法第21条)/衛生上の措置(水道法第22条,水道法施行規則第17条)/給水の緊急停止(水道法第23条)

- ☐ 給水装置の構造および材質　　給水装置の構造・材質が水道法の基準に適合していなければならない(水道法第16条)

- ☐ 給水装置工事　　水道事業者は,給水装置工事を適正に施行することができると認める者を指定できる(水道法第16条)

- ☐ 給水装置の検査・検査の請求　　給水装置の検査(水道法第17条),検査の請求(水道法第18条)

水道法の概要

1 法律の目的

　「水道法」は，給水工事主任技術者試験の基本となる法律です。第1条にその目的が記されています。

●水道法第1条

> （この法律の目的）
> 水道の布設および管理を適正かつ合理的ならしめるとともに，水道の基盤を強化することによって，清浄にして豊富低廉な水の供給を図り，もって公衆衛生の向上と生活環境の改善とに寄与することを目的とする。

　この法律の目的を成しとげるために，政令と省令があります。上位の法律を受け，政令および省令が付随します。国会の決議で法律が成立し，法律は単に「法」とも呼ばれます。また，政令は内閣（政府）が制定し，省令は大臣が発する命令です。

●水道法の法体系

法律	政令	省令
水道法	水道法施行令	水道法施行規則
		水質基準に関する省令
		給水装置の構造および材質の基準

補足 ▶

水道
導管およびその他の設備により，河川や湖沼などからの原水を人が飲むことに適した水として供給する施設（臨時設置されたものは除く）の総体をいいます。

水道法基本理念
①清浄
②豊富
③低廉

2 責務

　水道法第2条には，水道施設や水道の利用についての国，地方公共団体，および国民の責務が定められています。

●水道法第2条

（責務）
国および地方公共団体は，水道が国民の日常生活に直結し，その健康を守るために欠くことのできないものであり，かつ，水が貴重な資源であることにかんがみ，水源および水道施設ならびにこれらの周辺の清潔保持ならびに水の適正かつ合理的な使用に関し必要な施策を講じなければならない。
2　国民は，前項の国および地方公共団体の施策に協力するとともに，自らも，水源および水道施設ならびにこれらの周辺の清潔保持ならびに水の適正かつ合理的な使用に努めなければならない。

　国，地方公共団体の責務として「水源や水道施設周辺の清潔保持と水の適正・合理的な使用に関し必要な施策を講じること」とし，国民の責務として「国および地方公共団体の施策に協力し，水源や水道施設の清潔保持ならびに水の適正・合理的な使用に努めること」としています。

3 水道事業

　導管などを用いて水を人の飲用に適した水として供給する施設全体を水道といいます。この場合，臨時に施設されたものは除きます（水道法第3条第1項）。水道事業とは，100人を超える給水人口に対し，需要者に対して水道によって水を供給する事業をいいます（水道法第3条第2項）。そのうち，5000人以下の比較的小規模な給水人口のものを，簡易水道事業といいます（水道法第3条第3項）。

●水道事業の構造

水道用水供給事業	水道事業者に水を供給	—	—
水道事業	給水人口が100人を超える ※5000人以下は簡易水道事業	—	—
貯水槽水道	水道事業者からの水を水槽に貯めて水源とする	簡易専用水道	水槽有効容量の合計が10㎥以上
		小規模専用水道	水槽有効容量の合計が10㎥以下
専用水道	自家用水道	100人を超える者にその住居に必要な水を供給	
	水道事業者以外の水道	生活目的の水が1日最大で20㎥を超える	

補足 ▶

水道の定義

水道に関する用語については, 水道法第3条に定義されています (P.6参照)。

チャレンジ問題

問1   難 **中** 易

水道法の目的および水道, ならびに水道事業に関する次の記述のうち, 不適当なものはどれか。

(1) 水道事業とは, 100人を超える給水人口に対し, 需要者に対して水道によって水を供給する事業をいう。

(2) 水道とは, 導管などを用いて水を人の飲用に適した水として供給する施設全体をいう。ただし, 臨時に施設されたものは除く。

(3) 簡易水道事業とは, 1000人以下の比較的小規模な給水人口のものである。

(4) 水道法は, 「水道の布設および管理を適正かつ合理的ならしめるとともに, 水道の基盤を強化することによって, 清浄にして豊富低廉な水の供給を図り, もって公衆衛生の向上と生活環境の改善とに寄与すること」を目的としている。

解説

簡易水道事業とは, 5000人以下の比較的小規模な給水人口のものをいいます。たとえば, 給水人口が500人の場合は簡易水道事業ですが, 100人を超えるので水道事業に含まれます。

解答 (3)

水道事業者

1 水道事業者とは

水道事業者については，水道法第3条第5項に定義されています。

●水道法第3条第5項（用語の定義抜粋）

> 5　この法律において「水道事業者」とは，第6条第1項の規定による認可を受けて水道事業を経営する者をいい，「水道用水供給事業者」とは，第26条の規定による認可を受けて水道用水供給事業を経営する者をいう。

2 水道事業の認可

水道事業について，水道法第6条に規定されています。

●水道法第6条

> （事業の認可および経営主体）
> 水道事業を経営しようとする者は，厚生労働大臣の認可を受けなければならない。
> 2　水道事業は，原則として市町村が経営するものとし，市町村以外の者は，給水しようとする区域をその区域に含む市町村の同意を得た場合に限り，水道事業を経営することができるものとする。

水道法では，地域独占事業として水道事業の経営権利を国が与えること

し，水道事業者の**保護**と**育成**を図ると同時に，**需要者**
の利益を保護するために国が水道事業者を監督するた
めの制度として，**認可制度**としています。したがって，
水道事業を経営しようとする者は，**厚生労働大臣の認**
可を受けなければなりません。この水道事業経営の認
可制度により，複数の水道事業者の供給区域が重複す
ることによる不合理や不経済といった問題を回避して
います。また，**水道用水供給事業**については，給水区
域の概念はありませんが，水道事業機能の一部を代替
するものであることから，水道事業者同様，**厚生労働**
大臣の認可を受けることが必要です。

　なお，水道事業者および水道用水供給事業者が水道
施設を建設する場合，一定の資格をもつ**布設工事監督**
者の監督のもとで行わなければなりません。さらに，
配水池以外の配水施設を除く水道施設は，新設・増設・
改造をして給水を開始する前には，厚生労働大臣に届
出をし，**水質検査**および**施設検査**を受け，その結果を
5年間保存しなければなりません。

③ 水道事業者における給水義務

　水道事業者の**給水義務**は，**水道法第15条**に次のよ
うに規定されています。

① 水道事業者は，事業計画に定める給水区域内の需要
　者から給水契約の申込みを受けたときは，**正当の理**
　由がなければ，これを拒んではならない
② 水道事業者は，当該水道により給水を受ける者に対
　し，災害そのほか正当な理由があり，やむを得ない
　場合などを除き**常時水を供給しなければならない**

③水道事業者は，当該水道により給水を受ける者が料金を支払わないとき，正当な理由なしに給水装置の検査を拒んだとき，そのほか正当な理由があるときは，その理由が継続する間，供給規程の定めるところにより，その者に対する給水を停止することができる。

④ 供給規程

　水道事業者は，水道の需要者との供給契約に関する供給規程を定めなければなりません。供給規定は，水道事業者と需要者との契約内容を示すもので，水道事業の認可の際には審査を受けなければなりません。水道法第14条に次のように規定されています。

①料金は，能率的な経営の下における適正な原価に照らし，健全な経営を確保することができる公正妥当なものであること
②料金が，定率または定額をもって明確に定められていること
③水道事業者および水道の需要者の責任に関する事項ならびに給水装置工事の費用の負担区分およびその額の算出方法が，適正かつ明確に定められていること
④特定の者に対して不当な差別的取扱いをするものでないこと
⑤貯水槽水道が設置される場合においては，貯水槽水道に関し，水道事業者および当該貯水槽水道の設置者の責任に関する事項が，適正かつ明確に定められていること

⑤ 水道技術管理者

　水道事業者は，水道管理の技術上の業務を担当させる水道技術管理者を置かなければなりません。政令（水道法施行令）で定める一定の学歴・経験を有する者で，水道法第19条に次のように規定されています。

①水道事業者は，水道の管理について技術上の業務を担当させる水道技術管

理者1人を置かなければならない。ただし，自ら水道技術管理者となることもできる

②水道技術管理者は，次に掲げる事項に関する**事務に従事し**，これらの事務に従事するほかの職員を**監督**しなければならない

イ　水道施設が法第5条の規定による施設基準に適合しているかどうかの検査

ロ　法第13条第1項の規定による水質および施設検査

ハ　給水装置の構造・材質が法第16条の政令で定める基準に適合しているかどうかの検査

ニ　法第20条第1項の規定による水質検査

ホ　法第21条第1項の規定による健康診断

ヘ　法第22条の規定による衛生上の措置

ト　法第22条の3第1項の台帳の作成

チ　法第23条第1項の規定による給水の緊急停止

リ　法第37条前段の規定による給水停止

　水道技術管理者は，**水道施設の検査**，**水質検査**，**給水装置の検査**に関する事務に従事し，ほかの職員を監督しなければなりません。

　また，給水装置工事の検査にあたっては，水道技術管理者本人，またはその者の監督のもと，給水装置工事終了後にその給水装置が**基準の構造および材質に適合**しているか否かの**竣工検査**を実施しなければなりません。

補足 ▶

やむを得ない給水の停止

次の場合は，給水区域の全部または一部の給水をすることができます（法第15条第2項）。

①法第40条第1項の規定による水の供給命令を受けた場合

②災害その他正当な理由があってやむを得ない場合

ただし，やむを得ない事情がある場合を除き，給水を停止しようとする区域・期間をあらかじめ関係者に周知させる措置をとらなければなりません。

問1

難　**中**　易

水道法に規定する水道事業の認可に関する次の記述のうち，不適当なものはどれか。

(1) 水道用水供給事業については，給水区域の概念はないが，水道事業の機能の一部を代替するものであることから，認可制度をとっている。

(2) 水道法では，水道事業者を保護すると同時に需要者の利益を保護するために，水道事業者を監督するしくみとして認可制度をとっている。

(3) 水道事業を経営しようとする者は，市町村長の認可を受けなければならない。

(4) 水道事業経営の認可制度によって，複数の水道事業者の供給区域が重複することによる不合理・不経済が回避される。

解説

水道事業を経営しようとする者が認可を受けるのは市町村長ではなく，厚生労働大臣の認可を受けます（水道法第6条第1項）。

解答 (3)

問2

難　**中**　易

水道法第15条の給水義務に関する次の記述のうち，不適当なものはどれか。

(1) 水道事業者は，事業計画に定める給水区域内の需要者から給水契約の申し込みを受けた場合には，いかなる場合であっても，これを拒んではならない。

(2) 水道事業者は，当該水道により給水を受ける者に対し，災害その他正当な理由がありやむを得ない場合などを除き，常時給水を行う義務がある。

(3) 水道事業者の給水区域内で水道水の供給を受けようとする住民には，その水道事業者以外の水道事業者を選択する自由はない。

(4) 水道事業者は，当該水道により給水を受ける者が料金を支払わないときは，供給規程の定めるところにより，その者に対する給水を停止することができる。

解説

「いかなる場合であっても，これを拒んではならない」は，正しくは「正当の理由がなければこれを拒んではならない」となります（同法第15条第1項）。

解答 (1)

水道事業者の責務

① 技術者による布設工事の監督

　水道事業者は，水道の布設工事にあたり，技術者による監督を行わなければなりません。水道法第 12 条に次のように規定されています。

●水道法第 12 条

　（技術者による布設工事の監督）
　水道事業者は，水道の布設工事（水道事業者が地方公共団体である場合にあっては，地方公共団体の条例で定める水道の布設工事に限る）を自ら施行し，または他人に施行させる場合には，その職員を指名し，または第三者に委嘱して，その工事の施行に関する技術上の監督業務を行わせなければならない。
　2　前項の業務を行う者は，政令で定める資格（水道事業者が地方公共団体である場合にあっては，資格を参酌して地方公共団体の条例で定める資格）を有する者でなければならない。

② 水質検査

　水道事業者が実施しなければならない水質検査について，水道法第 20 条で次のように規定されています。

補足

水道事業者の責務

・技術者による布設工事の監督
・給水開始前の届出および検査
・水質検査
・健康診断
・衛生上の措置
・給水の緊急停止

などがあります。水道事業者が行うべき責務については，水道法の各条に規定されています。

①水道事業者は，厚生労働省令の定めるところにより，定期と臨時の水質検査を行わなければならない
②水道事業者は，水質検査を行ったときは，これに関する記録を作成し，水質検査を行った日から起算して5年間，これを保存しなければならない

　また，供給される水の色および濁りならびに消毒の残留効果に関する検査を1日1回以上行うことが，水道法施行規則第15条に規定されています。
　なお，水質検査にあたっては，検査項目，採水の場所，検査の回数およびその理由などについて記載した水質検査計画を，需要者に情報提供することが義務付けられています。

3 健康診断

　水道事業者は，水道施設の業務従事者および施設設置場所構内の居住者に対し，定期および臨時の健康診断を行う義務があります。水道法第21条に次のように規定されています。

●水道法第21条

（健康診断）
水道事業者は，水道の取水場，浄水場または配水池において業務に従事している者およびこれらの施設の設置場所の構内に居住している者について，厚生労働省令の定めるところにより，定期および臨時の健康診断を行わなければならない。
2　水道事業者は，前項の規定による健康診断を行ったときは，これに関する記録を作成し，健康診断を行った日から起算して1年間，これを保存しなければならない。

4 衛生上の措置

　水道事業者が講じなければならない衛生上の措置として，水道法第22条および水道法施行規則第17条に次のように定められています。

●水道法第22条

（衛生上の措置）
水道事業者は，厚生労働省令の定めるところにより，水道施設の管理および運営に関し，消毒その他衛生上必要な措置を講じなければならない。

●水道法施行規則第17条第1項1号，2号（抜粋）

（衛生上必要な措置）
1　取水場，貯水池，導水きょ，浄水場，配水池およびポンプせいは常に清潔にし，水の汚染の防止を充分にすること。
2　施設にはかぎを掛け，柵を設けるなどみだりに人畜が施設に立ち入って水が汚染されるのを防止するのに必要な措置を講ずること。

5 給水の緊急停止

給水の緊急停止について，水道法第23条に次のよ

補足 ▶

ポンプせい（井）
原水，浄水などをポンプで揚水するとき，揚水量の変動などによる不均衡を調整するために設置した貯水槽のことで，一般には取水施設に用いるものを取水ポンプせい（井），送水施設に用いるものを送水ポンプせい（井）などといいます。

うに規定されています。

●水道法第23条

（給水の緊急停止）
水道事業者は，その供給する水が人の健康を害するおそれがあることを知ったときは，直ちに給水を停止し，かつ，その水を使用することが危険である旨を関係者に周知させる措置を講じなければならない。

2　水道事業者の供給する水が人の健康を害するおそれがあることを知った者は，直ちにその旨を水道事業者に通報しなければならない。

チャレンジ問題

問1

難　中　易

水質検査に関する次の記述のうち，不適当なものはどれか。

(1) 水道事業者は，厚生労働省令の定めるところにより，定期と臨時の水質検査を行わなければならない。

(2) 水道事業者は，水質検査を行ったときは，これに関する記録を作成し，水質検査を行った日から起算して5年間，これを保存しなければならない。

(3) 水道事業者は，供給される水の色および濁りならびに消毒の残留効果に関する検査を1週間に1回以上行う。

(4) 水質検査にあたっては，検査項目，採水の場所，検査の回数およびその理由などについて記載した水質検査計画を，需要者に情報提供することが義務付けられている。

解説

供給される水の色および濁りならびに消毒の残留効果に関する検査は，1週間に1回以上ではなく，1日に1回以上行います（水道法施行規則第15条）。

解答 (3)

給水装置工事と給水装置

1 給水装置の構造および材質

　需要者が安心，安全な水を受けるためには，給水装置の構造および材質が水道法の基準に適合していることが必要です。水道法第16条に次のように規定されています。

●水道法第16条

> （給水装置の構造および材質）
> 水道事業者は，水の供給を受ける者の給水装置の構造および材質が，政令で定める基準に適合していないときは，供給規程の定めるところにより，その者の給水契約の申込を拒み，またはその者が給水装置をその基準に適合させるまでの間その者に対する給水を停止することができる。

　また，法第16条の規定による給水装置の構造および材質について，水道法施行令第6条に次のように規定されています。

①配水管への取付口の位置は，ほかの給水装置の取付口から30cm以上離れていること
②配水管への取付口における給水管の口径は，給水装置による水の使用量に比し，著しく過大でないこと
③配水管の水圧に影響をおよぼすおそれのあるポンプ

補足

給水装置の構造および材質の基準

厚生労働省令であり，給水装置の構造と使用する材料は，これにしたがわなければなりません。

に直結されていないこと

④水圧，土圧その他の荷重に対して**充分な耐力を有し**，かつ，水が汚染され，または漏れるおそれがないものであること

⑤凍結，破壊，**侵食**などを防止するための適当な措置が講ぜられていること

⑥給水装置以外の水管そのほかの設備に**直接連結されていないこと**

⑦水槽，プール，流しその他水を入れ，または受ける器具，施設などに給水する給水装置では，水の逆流を防止するための適当な措置を講じていること

2 給水装置工事

給水装置工事については，水道法第16条の2第1項に規定されています。

●水道法第16条の2第1項

（給水装置工事）
水道事業者は，水道によって水の供給を受ける者の給水装置の構造および材質が水道法第16条の規定に基づく政令（施行令第5条）で定める基準に適合することを確保するため，水道事業者の給水区域において給水装置工事を適正に施行することができると認められる者の指定をすることができる。

なお，「給水装置工事を適正に施行することができると認められる者」として指定された者のことを，指定給水装置工事事業者といいます。

3 給水装置の検査・検査の請求

水道法第17条で給水装置の検査，水道法第18条で検査の請求が次のように規定されています。

①水道事業者は，日出後日没前に限り，その職員をして，当該水道によって

水の供給を受ける者の土地または建物に立ち入り，給水装置を検査させることができる。ただし，人の看守し，もしくは人の住居に使用する建物または閉鎖された門内に立ち入るときは，その看守者，居住者またはこれらに代るべき者の同意を得なければならない（水道法第17条第1項）

②給水装置の検査に従事する職員は，**身分を示す証明書を携帯し，請求があったときは，これを提示し**なければならない（水道法第17条第2項）

③水道事業によって水の供給を受ける者は，水道事業者に対して，**給水装置の検査および供給を受ける水の水質検査を請求できる**（水道法第18条第1項）

チャレンジ問題

問1

難　中　**易**

給水装置の検査に関する次の記述の①〜③の（　　　）内に入る語句を答えよ。

水道事業者は，(　①　)に限り，その職員をして，当該水道によって水の供給を受ける者の(　②　)または(　③　)に立ち入り，給水装置を検査させることができる。

解説

水道法第17条第1項にある規程です。ただし，需要者（水の供給を受ける者）の敷地内に立ち入るときは，その居住者などの同意を得なければなりません。

解答①日出後日没前②土地③建物

2 指定給水装置工事事業者制度

まとめ&丸暗記　この節の学習内容とまとめ

☐ 指定給水装置
工事事業者

水道事業者から, その給水区域において給水装置工事を適正に施行できると認められた者 (水道法第16条の2)

☐ 指定給水装置工事
事業者指定申請

水道事業者に規定事項を記載した申請書を提出して申請する (水道法第25条の2)

☐ 指定給水装置工事
事業者基準

①給水装置工事主任技術者を配置している②厚生労働省令で定める機械器具を有する③心身の故障により給水装置工事の事業を適正に行うことができない者でない④破産手続開始の決定を受けて復権を得ない者でない⑤水道法に違反して刑に処せられ, その執行を終わり, または執行を受けることがなくなった日から2年を経過した者⑥指定を取消され, その取消しの日から2年を経過した者⑦その業務に関し不正または不誠実な行為をするおそれがあると認めるに足りる相当の理由がない者⑧法人で, 役員のうちに①から⑦のいずれかに該当する者がないこと

☐ 事業運営の基準

指定給水装置工事事業者は, 適正な給水装置工事の事業運営に勤めなければならない (水道法施行規則第36条)

☐ 変更の届出

指定給水装置工事事業者は, 事業所の名称や所在地などを変更した場合, 水道事業者に届出る (水道法第25条の7)

☐ 給水装置工事主任
技術者の立ち会い

水道事業者は, 水道装置の検査を行う際, 指定給水装置工事事業者に給水工事主任技術者の立会いを求めることができる (水道法第25条の9)

☐ 報告・資料の提出

水道事業者は, 指定給水装置工事事業者に対し, 給水装置工事の報告・資料の提出を要求できる (水道法第25条の10)

☐ 指定の取消し

水道事業者は, 水道法第25条の11の規定により, 指定給水装置工事事業者の指定を取消すことができる

指定給水装置工事事業者

❶ 指定給水装置工事事業者とは

水道事業者から，その給水区域において給水装置工事を適正に施行することができると認められた者を指定給水装置工事事業者といいます（水道法第16条の2第1項）。

1996（平成8）年の水道法改正により，それまでの水道事業者（市町村長）ごとに制定されていた指定工事店制度が規制緩和を目的として見直され，**全国一律の制度**として水道法に位置付けられました。

❷ 指定の申請と指定の基準

給水装置工事事業者が，給水区域の水道事業者の指定を受けるには，**水道法第25条の2**に規定される事項を記載した**申請書**を水道事業者に提出し，申請します。

①**氏名**または**名称**および**住所**ならびに法人にあっては，その代表者の氏名
②**事業所の名称**および**所在地**ならびに，それぞれの事業所において選任される**給水装置工事主任技術者の氏名**
③給水装置工事を行うための機械器具の名称，性能および数
④そのほか厚生労働省令で定める事項

補足 ▶

指定申請の記載住所

事業所の所在地は，指定の申請をする水道事業者の給水区域外を記載してもかまいません。

また，指定の基準については，水道法第25条の3に，次のように規定
されています。

①指定申請をした者が指定基準に適合するときは，指定をしなければならない
②事業所ごとに，給水装置工事主任技術者を選任し，置いていること
③厚生労働省令で定める機械器具を有すること
④次のいずれにも該当しない者であること

　　イ　心身の故障により給水装置工事の事業を適正に行うことができない者
　　　　として厚生労働省令で定めるもの

　　ロ　破産手続開始の決定を受けて復権を得ない者

　　ハ　水道法に違反して刑に処せられ，その執行を終わり，または執行を受
　　　　けることがなくなった日から2年を経過しない者

　　ニ　指定を取消され，その取消しの日から2年を経過しない者

　　ホ　その業務に関し不正または不誠実な行為をするおそれがあると認める
　　　　に足りる相当の理由がある者

　　ヘ　法人の役員のうちにイからホまでのいずれかに該当する者があるもの

　なお，水道事業者は，給水装置工事事業者の指定をしたときは，遅滞なく，
その旨を一般に周知させる措置をとります。

3　事業運営の基準

　指定給水装置工事事業者は，水道法第25条の8で定める給水装置工事
の事業運営に関する基準にしたがって適正な給水装置工事の事業運営に努め
なければなりません。指定給水装置工事事業者の事業運営に関する事項は，
水道法施行規則第36条に次のように規定されています。

①給水装置工事主任技術者を，給水装置工事ごとに指名すること
②配水管への取付口から水道メーターまでの工事の施行で，配水管や地下埋
　設物に変形，破損などのないよう適切に作業を行える技能を有する者を従

事させ，またはその者に工事者を実施に監督させること

③水道事業者の給水区域で②の工事を施行するときは，あらかじめ水道事業者の承認を受けた工法，工期その他の工事上の条件に適合するよう工事を施行すること

④給水装置工事主任技術者および工事者の施行技術の向上のために，研修の機会を確保するよう努めること

⑤給水装置の構造および材質の基準（水道法施行令第6条）に適合しない給水装置を設置しないこと

⑥給水管および給水用具の切断，加工，接合などに適さない機械器具を使用しないこと

⑦給水装置工事ごとに，給水装置工事主任技術者は工事記録を作成し，作成日から3年間保存すること

チャレンジ問題

問1
難　中　易

給水装置工事事業者の指定の基準に関する記述のうち，不適当なものはどれか。

(1) 厚生労働省令で定める機械器具を有すること。

(2) 事業所ごとに，給水装置工事主任技術者を置いていること。

(3) 破産手続開始の決定を受けて復権を得ない者に該当しないこと。

(4) 指定を取消され，その取消しの日から1年を経過しない者に該当しないこと。

解説

(4) 正しくは，取消しの日から2年を経過しない者となります（水道法第25条の3第3項の二）。

解答（4）

変更の届出と指定の取消し

1 変更の届出

　指定給水装置工事事業者は，事業所の名称や所在地などに**変更があった場合**，**水道法第25条の7**の規定により，その旨を**水道事業者に届出**をしなければなりません。

●水道法第25条の7

（変更の届出等）
指定給水装置工事事業者は，事業所の名称および所在地その他厚生労働省令で定める事項に変更があったとき，または給水装置工事の事業を廃止し，休止し，もしくは再開したときは，厚生労働省令で定めるところにより，その旨を水道事業者に届け出なければならない。

2 給水装置工事主任技術者の立ち会い

　水道法第25条の9の規定により，水道事業者は，水道装置の検査を行う際，給水装置設置工事を施行した指定給水装置工事事業者に対し，**給水工事主任技術者の立会い**を求めることができます。

●水道法第25条の9

（給水装置工事主任技術者の立会い）
水道事業者は，第17条第1項（給水装置の検査）の規定による給水装置の検査を行うときは，当該給水装置に係る給水装置工事を

施行した指定給水装置工事事業者に対し，当
該給水装置工事を施行した事業所に係る給水
装置工事主任技術者を検査に立ち会わせるこ
とを求めることができる。

3 報告または資料の提出

水道事業者は，指定給水装置工事事業者に対し，施
行した給水装置工事に関する**報告または資料の提出**を
求めることができます（水道法第 25 条の 10）。

●水道法第 25 条の 10

（報告または資料の提出）
水道事業者は，指定給水装置工事事業者に対
し，当該指定給水装置工事事業者が給水区域
において施行した給水装置工事に関し必要な
報告または資料の提出を求めることができる。

4 指定の取消し

水道法第 25 条の 11 の規定により，水道事業者は，
指定給水装置工事事業者が次のいずれかに該当する場
合，**指定を取消す**ことができます。

①事業所ごとに，給水装置工事主任技術者を置かな
かったとき

水道事業者の要求

指定給水装置工事事業者は，給水装置の検査に給水装置工事主任技術者を立ち会わせ，あるいは報告または資料の提出をしなければならないなど，水道事業者が水道法に基づいて行う監督に服さなければなりません。

②事業所ごとに，給水装置工事主任技術者を選任しないとき

③厚生労働省で定める機械器具を有しないとき

④事業所の名称および所在地そのほか事項に変更があったとき，または給水装置工事の事業を廃止，休止，もしくは再開したとき，水道事業者に届出をせず，または虚偽の届出をしたとき

⑤給水装置工事の事業の運営に関する基準にしたがい，適正な給水装置工事の事業の運営をすることができないと認められるとき

⑥水道事業者による検査の立ち会いの求めに対し，正当な理由なくこれに応じないとき

⑦水道事業者からの給水装置工事に必要な報告または資料の提出の求めに対し，正当な理由なくこれに応じず，または虚偽の報告もしくは資料の提出をしたとき

⑧施行する給水装置工事が水道施設の機能に障害を与え，または与えるおそれが大であるとき

⑨不正の手段により，指定給水装置工事事業者の指定を受けたとき

チャレンジ問題

問1

難　中　**易**

報告または資料の提出に関する次の記述の（　　　）内の①～④に入る語句を答えよ。

（　①　）は，指定給水装置工事事業者に対し，当該指定給水装置工事事業者が給水区域において施行した（　②　）に関し必要な（　③　）または（　④　）の提出を求めることができる。

解説

水道法第25条の10により，「水道事業者は，指定給水装置工事事業者に対し，施行した給水装置工事に関する報告または資料の提出を求めることができる」と規定されています。

解答①水道事業者②給水装置工事③報告④資料

問2

難　中　**易**

変更の届出等に関する次の記述の（　　　　）内の①〜⑤に入る語句を答えよ。

指定給水装置工事事業者は，事業所の（　①　）および（　②　）その他厚生労働省令で定める事項に変更があったとき，または給水装置工事の事業を（　③　）し，（　④　）し，もしくは再開したときは，厚生労働省令で定めるところにより，その旨を（　⑤　）に届け出なければならない。

解説

水道法第25条の7により，「指定給水装置工事事業者は，事業所の名称・所在地その他事項に変更，または給水装置工事の事業を廃止・休止・再開したときは，その旨を水道事業者に届け出なければならない」と規定されています。

解答①名称②所在地③廃止④休止⑤水道事業者

問3

難　**中**　易

指定給水装置工事事業者の指定を取消すことができる場合として，不適当なものはどれか。

(1) 指定給水装置工事事業者が，作業現場ごとに，給水装置工事主任技術者の選任または，配置をしないとき。

(2) 指定給水装置工事事業者が，水道事業者による検査の立ち会いの求めに対し，正当な理由なくこれに応じないとき。

(3) 指定給水装置工事事業者が，施行する給水装置工事が水道施設の機能に障害を与え，または与えるおそれが大であるとき。

(4) 指定給水装置工事事業者が，不正の手段により，指定給水装置工事事業者の指定を受けたとき。

解説

指定給水装置工事事業者は，各事業所ごとに，給水装置工事主任技術者を選任し，配置をしなければなりません。

解答 (1)

3 給水装置工事主任技術者制度

まとめ&丸暗記　この節の学習内容とまとめ

□ 給水装置工事主任技術者の職務

給水装置工事に関する技術上の管理など，総括的な業務を行う（水道法第25条の4第3項，水道法施行規則第23条）。その職務は，①給水装置工事の技術上の管理②給水装置工事従事者の技術上の指導監督③給水装置工事に係る給水装置の構造および材質が政令で定める基準に適合していることの確認④配水管から分岐して給水管を設ける工事の配水管の位置の確認に関する連絡調整⑤工法，工期その他の工事上の連絡調整⑥給水装置工事の完了報告

□ 給水装置工事主任技術者の選任

指定給水装置工事事業者は，事業所ごとに，給水装置工事主任技術者免状の交付を受けている者のうちから，給水装置工事主任技術者を選任する（水道法第25条の4）。また，指定給水装置工事事業者は，指定を受けた日から2週間以内に給水装置工事主任技術者を選任しなければならない（水道法施行規則第21条）

□ 給水装置工事主任技術者免状

指定給水装置工事事業者は，給水装置工事主任技術者試験に合格した者に対して，厚生労働大臣が交付する（水道法第25条の5）

□ 給水装置工事主任技術者試験

給水装置工事主任技術者として必要な知識および技能について，厚生労働大臣が行う試験（水道法第25条の6）

給水装置工事主任技術者の選任

① 給水装置工事主任技術者の職務

　給水装置工事主任技術者試験に合格し，厚生労働大臣から**免状の交付**を受けた者を，**給水装置工事主任技術者**といいます。給水装置工事に関する技術上の管理など，**総括的な業務**を行います。

　給水装置工事主任技術者の職務に関しては，**水道法第25条の4第3項**および**水道法施行規則第23条**に規定されています。

●水道法第25条の4第3項および第4項

> （給水装置工事主任技術者）
>
> 3　給水装置工事主任技術者は，次に掲げる職務を誠実に行わなければならない。
>
> 　一　給水装置工事に関する技術上の管理
>
> 　二　給水装置工事に従事する者の技術上の指導監督
>
> 　三　給水装置工事に係る給水装置の構造および材質が第16条の規定に基づく政令で定める基準に適合していることの確認
>
> 　四　その他厚生労働省令で定める職務
>
> 4　給水装置工事に従事する者は，給水装置工事主任技術者がその職務として行う指導にしたがわなければならない。

補 足 ▶

給水装置の構造および材質

水道法第16条では，給水装置の構造および材質の基準について指定しています（P.43参照）。

●水道法施行規則第 23 条

（給水装置工事主任技術者の職務）
法第 25 条の 4 第 3 項第 4 号の厚生労働省令で定める給水装置工事主任技術者の職務は，水道事業者の給水区域において施行する給水装置工事に関し，当該水道事業者と次の各号に掲げる連絡または調整を行うこととする。

一　配水管から分岐して給水管を設ける工事を施行しようとする場合における配水管の位置の確認に関する連絡調整

二　第 36 条第 1 項第 2 号に掲げる工事に係る工法，工期その他の工事上の条件に関する連絡調整

三　給水装置工事（第 13 条に規定する給水装置の軽微な変更を除く）を完了した旨の連絡

2 給水装置工事主任技術者の選任

　指定給水装置工事事業者は，事業所ごとに，厚生労働省で定めるところにより，給水装置工事主任技術者免状を受けている者のうちから，給水装置工事主任技術者を選任します（水道法第 25 条の 4）。

　なお，指定給水装置工事事業者は，指定を受けた日から 2 週間以内に給水装置工事主任技術者を選任しなければいけません（水道法施行規則第 21 条）。

3 給水装置工事主任技術者免状

　給水装置工事主任技術者免状は，給水装置工事主任技術者試験に合格した者に対して，厚生労働大臣が交付します。水道法第 25 条の 5 で，給水装置工事主任技術者免状について規定されています。

●水道法第 25 条の 5

（給水装置工事主任技術者免状）
給水装置工事主任技術者免状は，給水装置工事主任技術者試験に合格した者に対し，厚生労働大臣が交付する。

2 　厚生労働大臣は，次の各号のいずれかに該当する者に対しては，給水装置工事主任技術者免状の交付を行わないことができる。

一 　次項の規定により給水装置工事主任技術者免状の返納を命ぜられ，その日から１年を経過しない者

二 　この法律に違反して，刑に処せられ，その執行を終わり，または執行を受けることがなくなった日から２年を経過しない者

3 　厚生労働大臣は，給水装置工事主任技術者免状の交付を受けている者がこの法律に違反したときは，その給水装置工事主任技術者免状の返納を命ずることができる。

4 　水道法第 24 条第 3 項に規定するもののほか，給水装置工事主任技術者免状の交付，書換え交付，再交付および返納に関し必要な事項は，厚生労働省令で定める。

補足 ▶

技術上の管理
給水装置工事主任技術者が行う技術上の管理とは，給水装置工事業務に関わる調査，計画，施工および検査をいいます。

工事開始の連絡
指定給水装置工事事業者は，軽微な変更を除く給水装置工事完了の連絡をすることが水道法施行規則第 23 条で規定されているが，工事の開始の連絡については，その業務にはありません。

4 給水装置工事主任技術者試験

　給水装置工事主任技術者試験は，給水装置工事主任技術者として必要な知識および技能について，厚生労働大臣が行います（水道法第25条の6）。なお，次の事項が規定されています。

①給水装置工事主任技術者試験は，給水装置工事に関して**3年以上の実務の経験**を有する者でなければ，受けることができない
②給水装置工事主任技術者試験の**試験科目**，**受験手続**その他給水装置工事主任技術者試験の**実施細目**は，厚生労働省令で定める

チャレンジ問題

問 1　難　中　易

給水装置工事主任技術者の職務に関する記述のうち，不適当なものはどれか。

(1) 配水管から分岐して給水管を設ける工事を施行しようとする場合の配水管の布設位置の確認に関する水道事業者との連絡調整。

(2) 給水装置工事に係る給水装置の構造および材質が構造材質基準に適合していることの確認。

(3) 給水装置工事（給水装置の軽微な変更を除く）を完了した旨の水道事業者への連絡。

(4) 水道メーターの下流側から給水栓までの工事を施行しようとする場合の工法，工期その他の工事上の条件に関する水道事業者との連絡調整。

解説

給水装置工事主任技術者の職務は，水道法第25条の4第3項のほか，水道法施行規則第23条に掲げる事項となります。(4)の連絡調整は，規定にありません。

解答 (4)

第 3 章

給水装置の概要

1 給水装置の定義と工事の概要

まとめ&丸暗記　この節の学習内容とまとめ

☐ 給水装置　　　　　水道事業者が施設した配水管から分岐されて設けられた給水管およびこれに直結する給水用具の総体

☐ 給水管　　　　　　水道事業者の配管から分岐して設けられた管

☐ 給水用具　　　　　需要者が所有する給水管接続用の継手，湯沸器など

☐ 給水装置の条件　　①当該給水装置以外に接続しない②給水装置に用いられる材質が水道水の水質に影響をおよぼさない③水受け容器に給水するときには給水管内へ水が逆流しない措置を講じる④内圧や外圧に対し十分な強度を有している

☐ 給水装置工事　　　給水装置の設置または変更の工事（給水装置の新設，改造，修繕および撤去）

☐ 新設工事　　　　　新たに給水装置を設置する工事

☐ 改造工事　　　　　給水装置の原形を変える工事（給水管の口径変更など）

☐ 修繕工事　　　　　原則として給水装置の原形を変えず，部分的な修理を行う工事

☐ 撤去工事　　　　　配水管，または他の給水装置からの分岐部から給水装置を取外す工事

☐ 施行者の指定と　　水道事業者は給水装置工事を適正に施行できると認めら
　　供給の条件　　　　れる者の指定ができる

☐ 給水装置工事の　　給水区域内の需要者から給水契約の申込みを受けた給水
　　費用の負担区分　　装置工事に必要な費用は，原則として当該給水装置を新設，改造，修繕，撤去を行う需要者が負担

給水装置の定義

1 給水装置とは

給水装置とは，水道事業者が施設した配水管から分岐されて設けられた給水管およびこれに直結する給水用具の総体を指します。

給水管は水を個別の需要者に供給するため，水道事業者の配管から分岐して設けられた管をいいます。

給水用具は，一般的には需要者が所有する給水管接続用の継手，配水管からの分岐器具，給水管の途中に設けられる弁類および給水管路の末端に設けられるボールタップ，給水栓，温水洗浄便座，湯沸器，自動食器洗い機などを指します。

ここでいう「直結する給水用具」は水道法で定められており，給水管および給水用具に対して容易に取外しできない構造として接続し，有圧の状態で給水が可能な給水栓などを指します。ただし，容易に取外しができる状態で接続されるホースなどは除外されます。

なお，ほかの所有者の給水装置から，需要者が分岐の承諾を得て設けた給水管および給水用具も，給水装置となります。

水道メーターは，水道事業者が所有するものですが，このうち，配水管から分岐された給水管に直結しているものは，給水装置に該当します。

水道水を一度受水槽に受けてから給水するビルなどの場合は，配水管より分岐して設けられた給水管から受水槽への注入口までが給水装置となります。

補足 ▶

給水装置の定義
給水装置とは，需要者に水を供給するために水道事業者の施設した配水管から分岐して設けられた給水管およびこれに直結する給水用具をいいます（水道法第3条の9）。

マンションにおける給水装置
ビルと同様に，水道水を一度受水槽に受けてから水道メーターが戸別に設置されているところへ給水するマンションの場合も，受水槽の注入口までが給水装置となります。

●給水管のイメージ

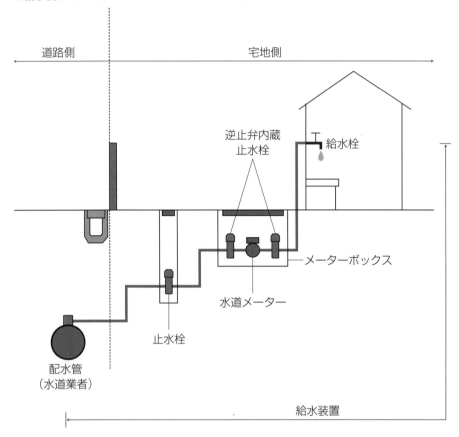

2 給水装置の条件

給水装置には，次のような条件が必要となります。

①当該給水装置以外の水管および，給水用具ではない設備に接続しないこと
②給水装置に用いられる材質が，水道水の水質に影響をおよぼさないこと
③水受け容器（風呂など）に給水するときには，給水管内へ水が逆流しない
　ような措置を講じること
④内圧や外圧に対して十分な強度を有していること

問1

難 **中** 易

水道法の定義に関する次の記述のうち,不適当なものはどれか。

(1) 給水装置は,水道法により「需要者に水を供給するために水道事業者の施設した配水管から分岐して設けられた給水管およびこれに直結する給水用具をいう」と定義されている。

(2) 水道事業者の配管から分岐して設けられた,水を個別の需要者に供給するための管を給水管という。

(3) 給水装置には,需要者がほかの所有者の給水装置から分岐の承諾を得て設けた給水管および給水用具も含まれる。

(4) 高層ビルで水道水を一度受水槽に受けてから給水する場合,配水管より分岐して設けられた給水管から湯沸器などの給水用具までが給水装置となる。

解説

水道水を一度受水槽に受けてから給水するビルでは,配水管より分岐して設けられた給水管から受水槽への注入口までが給水装置です(受水槽以降は給水装置には該当しません)。

解答 (4)

問2

難 **中** 易

給水装置に関する次の記述のうち,不適当なものはどれか。

(1) 給水装置は,当該給水装置以外の水管および給水用具ではない設備には接続しない。

(2) 給水装置は,外圧に対する十分な強度を有していることが必要だが,内圧については規定がない。

(3) 水受け容器に給水する際,給水装置は,給水管内へ水の逆流防止策が必要である。

(4) 給水装置に用いられている材質は,水道水の水質に影響をおよぼしてはならない。

解説

給水装置には,外圧と内圧に対して十分な強度を有していることが必要です。

解答 (2)

給水装置の工事

1 給水装置工事とは

　給水装置工事は，給水装置の設置または**変更**の工事のことで，給水装置の**新設**，**改造**，**修繕**および**撤去**の工事すべてを意味します。工事には一連の過程，すなわち**調査**，**計画**，**施工**および**検査**が含まれます。

●新設工事
文字通り，新たに給水装置を設置する工事のことです。

●改造工事
給水装置の原形を変える工事のことで，具体的には給水管の**口径変更**，給水栓の**増設**，**管種変更**などがあります。また，ほかにも次のような工事も含まれます。
①水道事業者が事業運営上施行した配水管の新設および移設工事などに伴い，給水管の付替えあるいは布設替えなどを行う工事
②水道メーターの位置変更工事
③湯沸器の増設工事など

●修繕工事
原則として，給水装置の原形を変えずに，部分的な給水栓や給水管などの破損箇所を修理する工事のことです。

●撤去工事
配水管，またはほかの給水装置からの分岐部から給水装置を**取外す**工事のことです。

　なお，給水装置における**軽微な変更**，工場生産住宅内において給水管およ

び給水用具の製造組立てを工場内でする作業，製造工場内でユニットバスや湯沸器などを組み立てる作業などは給水装置工事には該当しません。

●給水装置工事施行フロー

| ① 工事依頼受注 | 施主（工事発注者）から給水装置工事依頼を受注する |
| | 給水装置工事施行契約を締結する |

| ② 調査 | 現地調査を行う |
| | 水道事業者，関係官公署などとの調整を行う |

③ 計画作成	水道事業者工事設計図（計画）を作成する
	工事材料を選定する
	給水装置の構造および材質基準との適合確認を行う
	工事方法を決定する
	工事材料および機器材などを手配する

| ④ 水道事業者申請手続 | 工事施行承認申込書を提出する |
| | 工事設計図などを提出する |

| ⑤ 水道事業者審査 | 設計審査を行う（工事材料などの確認など） |

⑥ 工事施行	工程，品質および安全管理を行う
	交通管理者，道路管理者，水道事業者ならびに関係建築業者などとの連絡調整を行う
	給水装置の構造および材質基準への適合確認を行う
	竣工図を作成する
	指定給水装置工事事業者による検査を受ける

| ⑦ 竣工検査 | 水道事業者による検査を行う |

| ⑧ 通水 | 水を通す |

| ⑨ 引渡し | 施主への引渡しを行う |

補足 ▶

施主（せしゅ）
建築業界の用語で，建築主を指す言葉として使われます。建築主については，建築法第2条16号に「建築主　建築物に関する工事の請負契約の注文者または請負契約によらないで自らその工事をする者をいう」と定義されています。

2 施行者の指定と供給の条件

　水道法では，**水道事業者は給水装置工事を適正に施行できると認められる者の指定ができる**と規定されています。

　この指定をした際には，水道事業者は水の供給を受ける者の給水装置が，水道事業者，または水道事業者により**指定を受けた者（これを指定給水装置工事事業者という）**の施行した給水装置工事に係るものであることを供給条件にすることが可能です。

3 給水装置工事の費用の負担区分

　水道事業者は，料金，給水装置工事の**費用の負担区分**そのほかの供給条件について，**供給規程を定めなければならない**と水道法で規定されています。この供給規程によると，**給水装置工事に必要な費用**は，原則として当該給水装置を新設，改造，修繕，撤去を行う**需要者が負担**しなければならないとされています。

　また，日常における**管理責任も需要者側**にあります。

●給水装置工事の費用負担

財産区分	住宅（戸建て）	公道	マンションなどの集合住宅など
設備	給水装置	給水管	給水装置および貯水槽水道
水道の管理	需要者	水道事業者	需要者またはマンション等管理者
設置・修繕費用負担	需要者	水道事業者	需要者またはマンション等管理者

チャレンジ問題

問1
難　中　易

給水装置工事に関する次の記述のうち, 不適当なものはどれか。

(1) 給水装置を, 配水管もしくは, ほかの給水装置からの分岐部から取外す工事のことを撤去工事という。

(2) 給水装置の原形を変える工事を改造工事といい, 水道メーターの位置変更工事なども含まれる。

(3) 原則として給水装置の原形はそのままで, 給水栓や給水管など部分的な破損箇所を修理する工事を, 修正工事という。

(4) 給水装置を新たに設置する工事を, 新設工事という。

解説

修正工事ではなく, 修繕工事となります。

解答 (3)

問2
難　中　易

給水装置工事の費用負担に関する次の記述のうち, 不適当なものはどれか。

(1) 新設工事は, 水道事業者の負担である。

(2) 修繕工事は, 需要者の負担である。

(3) 改造工事は, 需要者の負担である。

(4) 撤去工事は, 需要者の負担である。

解説

新設工事も, 需要者の負担となります。

解答 (1)

2 給水管の種類と継手

まとめ&丸暗記　この節の学習内容とまとめ

□ 鋼管　　　　　　　　　軽量で耐食性に優れる

□ 硬質塩化ビニル　　　　鋼管の内面に硬質塩化ビニルをライニングしたもの
　　ライニング鋼管

□ 耐熱性硬質塩化　　　　鋼管の内面に耐熱性硬質塩化ビニルをライニングした
　　ビニルライニング鋼管　もの

□ ポリエチレン粉体　　　鋼管の内面にポリエチレン粉体を熱融着によってライニ
　　ライニング鋼管　　　ングしたもの

□ ステンレス鋼鋼管　　　鋼管よりも耐食性, 強度に優れ, 軽量化している

□ 波状ステンレス鋼管　　耐震性に富み, 配管の施工性が良好

□ 銅管　　　　　　　　　引張強さが比較的大きく, スケール発生が少ない。柔軟
　　　　　　　　　　　　だが, 保管や運搬時には凹みがつかないようにする

□ 軟質銅管　　　　　　　耐寒性があるので寒冷地の配管に用いられる

□ 被覆銅管　　　　　　　銅管に塩化ビニルやポリエチレンを被覆したもの。外傷
　　　　　　　　　　　　防止と土壌腐食防止の効果がある

□ ダクタイル鋳鉄管　　　延性や強度を改良したダクタイル鋳鉄を材料にした管。
　　　　　　　　　　　　耐衝撃性, 耐久性に優れる

□ 硬質ポリ塩化ビニル管　引張強さが比較的大きく, 耐電食性, 耐食性に優れるが
　　　　　　　　　　　　熱と衝撃に弱い

□ 架橋ポリエチレン管　　耐熱・耐寒・耐食性に優れ, スケールがつきにくい

□ ポリエチレン二層管　　性質と材質の異なるポリエチレンの二層構造になった管

□ ポリブテン管　　　　　電気絶縁性が良好, スケールがつきにくい

□ 管端防食継手　　　　　端部の腐食防止機能をもつ継手

□ プレス式継手　　　　　専用締付工具でプレス作業を行いパイプを接続する継手

□ 銅管用継手　　　　　　JIS規格の銅管用継手はエルボとチーズのみ

□ 鋳鉄管継手　　　　　　可とう性および施工性に優れる

鋼管

1 鋼管

給水管は，材質によりさまざまな管種が存在しています。鋼管は，耐食性に優れていて薄肉化しているため，軽量で取扱いが容易です。また，引張強さが比較的大きいことも特徴です。

管の運搬や保管に関しては，凹みがつくことがあるので注意が必要です。

2 硬質塩化ビニルライニング鋼管

配管用炭素鋼鋼管（SGP）の内面に硬質塩化ビニルをライニングした管を指します。強度については鋼管，耐食性についてはビニルライニングという2つの特徴をあわせもちます。

切断やねじ切りの場合には，ライニングされた塩化ビニル部分への局所加熱を避け，内面にかえりが出ないようにする必要があります。

外面仕様の種類によって，3つに分類されます。

① **SGP-VA**
屋内配管用（外面が茶色の防錆塗装）

② **SGP-VB**
屋内配管および屋内露出配管用（外面が亜鉛めっき）

③ **SGP-VD**
地中埋設配管および屋外露出配管用（外面が青色の硬質ポリ塩化ビニル）

●硬質塩化ビニルライニング鋼管（水道用）の断面図

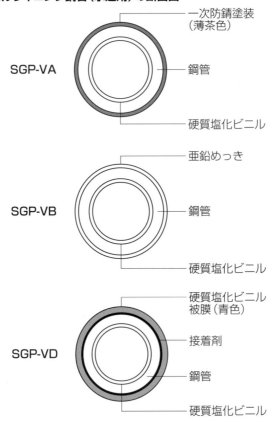

SGP-VA
- 一次防錆塗装（薄茶色）
- 鋼管
- 硬質塩化ビニル

SGP-VB
- 亜鉛めっき
- 鋼管
- 硬質塩化ビニル

SGP-VD
- 硬質塩化ビニル被膜（青色）
- 接着剤
- 鋼管
- 硬質塩化ビニル

> 耐久性においては，VAよりVB，VBよりVDが優れる。SGP
> には俗称，黒ガス管と亜鉛めっきを施した白ガス管がある

3 耐熱性硬質塩化ビニルライニング鋼管

　鋼管の内面に耐熱性硬質塩化ビニルをライニングした管を，耐熱性硬質塩化ビニルライニング鋼管といいます。一般に，HTLP と呼ばれます。

　冷温水管や給湯配管に用いられ，連続使用許可温度は 85℃以下なので，瞬間湯沸器を用いた給湯配管には，危機作動に異常が発生しやすくなるため，使用してはなりません。

●耐熱性硬質塩化ビニルライニング鋼管の断面図

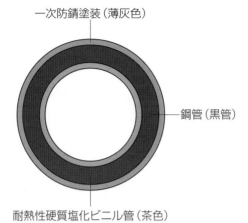

一次防錆塗装（薄灰色）

鋼管（黒管）

耐熱性硬質塩化ビニル管（茶色）

硬質塩化ビニルライニング鋼管の耐熱性を向上させたもの
で、硬質塩化ビニルライニング鋼管の使用温度が40℃（常温）
であるのに対し、耐熱性硬質塩化ビニルライニング鋼管の連
続使用許容温度は85℃以下である

4 ポリエチレン粉体ライニング鋼管

鋼管の内面に適正な前処理を施したのちに、ポリエ
チレン粉体を熱融着によってライニングしたものを、
ポリエチレン粉体ライニング鋼管といいます。

外面仕様の種類によって、3つに分類されます。

① SGP-PA

屋内配管用（外面が茶色の防錆塗装）

② SGP-PB

屋内配管および屋内露出配管用（外面が亜鉛めっき）

③ SGP-PD

地中埋設配管および屋外露出配管用（外面が青色の
硬質ポリ塩化ビニル）

●ポリエチレン粉体ライニング鋼管の断面図

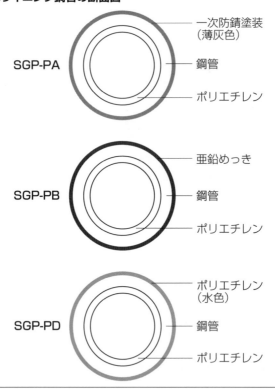

SGP-PA
- 一次防錆塗装（薄灰色）
- 鋼管
- ポリエチレン

SGP-PB
- 亜鉛めっき
- 鋼管
- ポリエチレン

SGP-PD
- ポリエチレン（水色）
- 鋼管
- ポリエチレン

> 使用場所などは硬質塩化ビニルライニング鋼管と同じだが，低温特性がよいため寒冷地の使用に適する。なお，Pはポリエチレンの略である

5 ステンレス鋼鋼管

　ステンレス鋼鋼管（SSP）は，鋼管よりも**耐食性**，**強度**に優れているうえ，**軽量化**しているため取扱いが容易なのが特徴です。

　ステンレス鋼鋼管のおもな目的には，給水，給湯，排水，冷温水配管などがあります。最高使用圧力1MPa以下で使用する**薄肉管**で，外径は銅管と同じです。接合には，**プレス式継手や伸縮可とう式継手**が用いられます。

　なお，管の保管や加工に関しては，すり傷やかき傷がつかないように取扱いに注意を払う必要があります。

6 波状ステンレス鋼管

　波状ステンレス鋼管は，可とう性があるため変位吸収性を有していて耐震性に富み，波状部では任意の角度を形成することが可能となっています。

　そのため，継手が少なくてすむなど，配管の施工性が良好なのが特徴です。

　配管では，配水管の分岐から水道メーターまでの部分によく用いられています。

● **波状ステンレス鋼管**

波状部

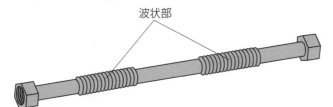

チャレンジ問題

問1
難　中　**易**

鋼管に関する次の記述の（　　）内の①〜④に入る語句を答えよ。

鋼管は，（　①　）に優れ，（　②　）しているため，（　③　）で取扱いが容易である。また，（　④　）が比較的大きいことも特徴である。

解説

鋼鉄製の管を鋼管といい，用途や使用場所によってさまざまな種類がありますが，その特徴をしっかり押さえましょう。なお，管の運搬や保管では，凹みに注意することも覚えておきましょう。

解答①耐食性②薄肉化③軽量④引張強さ

問2

鋼管に関する次の記述のうち, 不適当なものはどれか。

(1) 鋼管は軽量, かつ, 耐食性に優れており, 取扱いが容易である。

(2) 鋼管の内面に, 硬質塩化ビニルをライニングした硬質塩化ビニルライニング鋼管は, 外面仕様によってSGP-CA, SGP-CB, SGP-CDの3つに分類される。

(3) 耐熱性硬質塩化ビニルを鋼管の内面にライニングした耐熱性硬質塩化ビニルライニング鋼管の連続使用許可温度は, 85℃以下である。

(4) ポリエチレン粉体ライニング鋼管は, 外面仕様によって, SGP-PA, SGP-PB, SGP-PDの3つに分類される。

解説

硬質塩化ビニルライニング鋼管は, **SGP-VA, SGP-VB, SGP-VD**の3種類に分類されます。

解答 (2)

問3

ステンレス鋼鋼管に関する次の記述のうち, 不適当なものはどれか。

(1) ステンレス鋼鋼管は, 耐食性, 強度, すり傷やかき傷のつきにくさが, 鋼管よりも優れている。

(2) 継手を少なくすることができる配管は, 波状ステンレス鋼管である。

(3) ステンレス鋼鋼管に, 波状の加工を施した波状ステンレス鋼管には可とう性があるため, 変位吸収性のある管として使用できる。

(4) 配水管の分岐から水道メーターの範囲でよく用いられる配管は, 波状ステンレス鋼管である。

解説

ステンレス鋼鋼管は, すり傷やかき傷がつきやすいので, 取扱いの際には注意が必要です。

解答 (1)

銅管

1 銅管

銅管（CP）は，引張強さが比較的大きいうえ，アルカリに侵されず，**スケールの発生が少ない**というメリットがあります。

また，耐食性に優れ，電気伝導度や熱伝導度が比較的大きく，軽量で**柔軟性**もあるため，取扱いが容易で，**施工しやすい**のも特徴です。また，耐寒性能があることから，寒冷地の配管に多く用いられています。しかし，管の保管や運搬に際しては，凹みがつかないように注意しなければなりません。

肉厚により，K，L，Mタイプがあり，一番肉厚なのはKタイプです（すべて外径は同じ，銅管の呼び名は外径で表します）。

なお，給湯配管に銅管を使用したときは，**遊離炭酸**（水中に溶解している二酸化炭素）が多くpHが低い水質では，**孔食が発生**することがあります。

2 硬質銅管と軟質銅管

銅管は，おもに**硬質銅管**と**軟質銅管**に分類されます。軟質銅管は，数回凍結したくらいでは破損しない耐寒性をもっているので，**寒冷地の配管**によく用いられています。

また，軟質銅管は，現場での**手曲げ加工**が可能ですが，硬質銅管は，現場での手曲げ配管には適しません。

補足 ▶

CP

CPは，Copper Pipeの略で，銅管を表します。

スケール

水中に含まれる炭酸カルシウム，硫酸カルシウム，シリカなどの無機塩類が配管内壁に析出したものをスケールといいます。スケールを構成する物質により，シリカスケール，カルシウムスケール，マグネシウムスケール，スライムなどといった種類があります。

孔食

金属の局部腐食の一種で，金属の表面に小さな孔（ピンホールと呼ばれます）ができ，その内部で腐食が進行することを孔食といいます。

3 被覆銅管

　銅管の外面に, 3〜6mm の塩化ビニルやポリエチレンを被覆したものを, 被覆銅管といいます。おもに外傷の防止と, 土壌腐食防止の効果があります。

チャレンジ問題

問1

難　**中**　易

銅管に関する次の記述のうち, 不適当なものはどれか。

(1) スケールの発生が少なく, アルカリに侵されず引張強さが比較的大きい配管は, 銅管である。

(2) pHが低く, 遊離炭酸が多い水質で給湯配管に銅管を使用すると, 孔食が発生することがある。

(3) 銅管のうち, 軟質銅管には耐寒性があるので, 寒冷地でよく用いられている。

(4) 被覆銅管は, 銅管の内面に塩化ビニルやポリエチレンをライニングしたものをいう。

解説

被覆銅管は, 銅管の外面に塩化ビニルやポリエチレンを被覆したものをいいます。

解答 (4)

問2

難　中　**易**

銅管に関する次の記述の (　　) 内の①〜④に入る語句を答えよ。

銅管は, 引張強さが比較的大きく, (　①　) に侵されず, (　②　) の発生が少ないというメリットがある。一方で, 給湯配管に銅管を使用した場合には, pHが低く, (　③　) が多い水質では, (　④　) が起こることがある。

解説

銅管にはほかにも, 優れた耐食性, 比較的大きい電気伝導度や熱伝導率, 軽量・柔軟で取扱いが容易, 施工しやすいという特徴もあります。

解答①アルカリ②スケール③遊離炭酸④孔食

鋳鉄管

1 鋳鉄管

　ねずみ鋳鉄を材料にした管を，鋳鉄管といいます。明治時代初期から昭和30年頃まで，導水・送水・配水管などに用いられていましたが，より優れたダクタイル鋳鉄管に代わり，現在では製造されていません。

2 ダクタイル鋳鉄管

　ダクタイル鋳鉄を材料にした管を，ダクタイル鋳鉄管といいます。ダクタイル鋳鉄は鋳鉄組織中の黒鉛が球状のため衝撃に強く，耐久性にも優れています。配水管などに使用され，ダクタイル鋳鉄管の接合には管が地盤変動に適応でき，伸縮可とう性のある形式のものが採用されます。

チャレンジ問題

問1
難　中　**易**

次の記述のうち，不適当なものはどれか。

(1) ねずみ鋳鉄を材料にした鋳鉄管は，現在では製造されていない。

(2) ダクタイル鋳鉄は，鋳鉄組織中の黒鉛が球状のため衝撃に強く，耐久性がある。

(3) ダクタイル鋳鉄は延性に優れているが，靭性に劣る。

(4) ダクタイル鋳鉄管は，継手に伸縮可とう性がある。

解説
靭性に劣るのは従来の鋳鉄管で，ダクタイル鋳鉄管は靭性にも優れているため衝撃にも強い特徴があります。

解答（3）

ビニル管（合成樹脂管）

1 硬質ポリ塩化ビニル管

　硬質ポリ塩化ビニル管（VP）をはじめとした合成樹脂管は，有機溶剤やガソリン，灯油などに接すると管に浸透して**管の劣化や軟化**，**水質事故**などを起こすため，これらの物質と接触させてはなりません。

　硬質ポリ塩化ビニル管は，引張強さが比較的大きいうえ，**耐電食性**，**耐食性**に優れています。また，**施工しやすく**，価格が**安価**です。しかし，熱と衝撃に弱く，温度変化による伸縮や，直射日光にあたることによって生じる劣化などがあります。

　硬質塩化ビニル管は，**50℃以下**で使用するのが一般的で，接合方法には，**TS 接合**と**ゴム輪接合（RR 接合）**があります。

　硬質ポリ塩化ビニル管は，宅地内および道路内の埋設管に用いられており，異形管の接続箇所には原則として，**管防護**が必要となります。

　また，接着剤には VP（硬質ポリ塩化ビニル管）用，HIVP（耐衝撃性硬質ポリ塩化ビニル管）用があり，区別して使用しなければなりません。

2 耐衝撃性硬質ポリ塩化ビニル管

　硬質ポリ塩化ビニル管の耐熱性と衝撃性を向上させた管を，**耐衝撃性硬質ポリ塩化ビニル管（HIVP）**といい，耐衝撃荷重が大きいため，屋外配管やコンクリート内配管に使用されるほか，地中埋設などで荷重がかかる場所などに用いられます。

　なお，この硬質ポリ塩化ビニル管は，ビニル管のため，熱には強くはありません。したがって，**給湯配管には使用できません**。

　また，長期間日光にさらされると耐衝撃強度が低下することがあります。

③ 耐熱性硬質ポリ塩化ビニル管

硬質ポリ塩化ビニル管の耐熱性を向上させた管を，**耐熱性硬質ポリ塩化ビニル管（HTVP）**といいます。

耐熱性硬質ポリ塩化ビニル管は，**90℃以下の給湯配管に使用可能**ですが，**瞬間湯沸器には使用できません**。また，金属管と比較して**温度による伸縮量が大きい**ため，配管方法によって伸縮を吸収するか，耐熱性硬質ポリ塩化ビニル継手を使用する必要があります。

なお，使用温度が高くなると，最大許容圧力は低くなります。

④ 架橋ポリエチレン管

高分子であるポリエチレン分子を架橋反応させることで，分子構造を網目構造にし，物理的性質を改善させたポリエチレンを架橋ポリエチレンといいます。

架橋ポリエチレン管は耐熱性，耐寒性，耐食性に優れており，**軽量，かつ，柔軟性に富む**特徴があります。管内にはスケールがつきにくいうえ，流体抵抗が小さく施工が容易であるため，集合住宅などの**さや管ヘッダ工法**や**先分岐工法**の給水・給湯配管に使用されています。管を保管する際には直射日光を避け，傷がつかないようにします。運搬や施工にも同様の注意が必要です。また，**有機溶剤やガソリン，灯油**などに接すると管に浸透し，管の**軟化や劣化，水質事故**を起こす危険があるため，**接触させることは厳禁**です。

なお，架橋ポリエチレン管は，**95℃以下の給湯配管に使用できます**が，水温による設計圧力が規定されているので，上限を超えないよう**減圧弁を設置**します。

補足

VP
Vinyl Pipeの略で，硬質塩化ビニル管のことです。

HIVP
High Impact VPの略で，耐衝撃性硬質ポリ塩化ビニル管のことです。

HTVP
High Temperature VPの略で，耐熱性硬質ポリ塩化ビニル管のことです。

XPEP
X-Polyethylene Pipeの略で，架橋ポリエチレン管のことです。

先分岐工法
チーズやエルボなどの継手を使用し，主管から洗面所や台所などの末端水栓に順次分岐しながら配管する工法で，在来からよく使用されていたため，在来工法とも呼ばれます。

5 ポリエチレン二層管

性質と材質の異なるポリエチレンの二層構造になった管を，ポリエチレン二層管（PP）といいます。

柔軟性に富むため，現場における**生曲げ配管**が可能で，長尺管のため継手を少なくすることができます。柔軟性に富んでいるということは，ほかの管種よりも柔らかく，**傷がつきやすい**ことを意味するので，取扱いには注意が必要です。

なお，架橋ポリエチレン管と同様に，**有機溶剤やガソリン，灯油**などに接すると管に浸透し，管の**軟化や劣化，水質事故**を起こす危険があるため，**接触させてはなりません**。

ポリエチレン二層管は，低温での衝撃耐性や耐寒性に優れているので，**寒冷地の配管**に用いられています。また，管長が長いので，少ない継手で施工することができます。

●**ポリエチレン二層管**

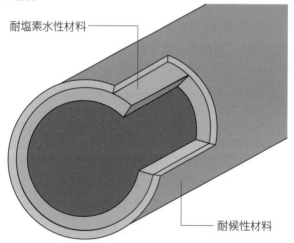

耐塩素水性材料

耐候性材料

ポリエチレン二層管の外側は，ポリエチレン本来の色である乳白色ではなく，耐候性を高めるためカーボンブラックを配合し，黒色としている。黒は紫外線を遮断し，内部の藻の発生を抑える役割も果たしている

6 ポリブテン管

ポリブテンは，ポリプロピレンやポリエチレンと同じポリオレフィン系の樹脂で，このポリブテンでできた管を**ポリブテン管（PBP）**といいます。

高温時でも優れた**内圧強度**を発揮し，金属管に発生しやすい浸食もないため，**温水用配管**に適しています。給湯温度は **90℃以下**とし，熱による膨張破裂を起こすおそれがあるため，使用圧力が高くなる場合には，**減圧弁**を設置します。

金属管よりも**摩擦抵抗係数**が小さく，内面が滑らかで，スケールが付着しにくい特徴があります。

さらにポリブテン管は軽量で取扱いやすく，切断や接合といった施工も簡単なため，集合住宅などのさや管ヘッダ工法や，先分岐工法の給水・給湯配管に使用されています。

また，細径のものは，給水だけでなく，給湯や暖房，冷温水間によく利用されます。電気絶縁性が良好で，金属管で発生しやすい電気腐食や，パイプを伝わって漏電を起こすこともありません。

酸，アルコール類，アルカリ，塩類などに対しては，高温時でも安定しています。しかし，有機溶剤やガソリン，灯油などに接すると管に浸透して，管の劣化や軟化，水質事故などを引き起こすため，これらの物質と接触させてはなりません。

管を保管する際には直射日光を避け，傷がつかないように注意します。運搬や施工にも，同様の注意が必要です。

補足

PP
Polyethylene Pipeの略で, ポリエチレン二層管のことです。

PBP
Polybutene Pipe の略で, ポリブテン管のことです。

　　　　　　　　　　　　　　　　　　難　中　易

給水管に関する次の記述のうち，**不適当なもの**はどれか。

(1) 道路内および宅地内の埋設管に使われる硬質ポリ塩化ビニル管は，衝撃と熱に弱いものの，耐電食性，耐食性に優れ，引張強さが比較的大きい。

(2) 耐衝撃性硬質ポリ塩化ビニル管は，90℃以下の給湯配管に使用可能である。

(3) 耐熱性硬質ポリ塩化ビニル管は，伸縮量が大きいので耐熱性硬質ポリ塩化ビニル継手を使用するか，配管方法によって伸縮を吸収する。

(4) 架橋ポリエチレン管は，上限を超えないよう減圧弁を設置すれば95℃以下の給湯配管に使用できる。

解説

90℃以下の給湯配管に使用可能なのは耐熱性硬質ポリ塩化ビニル管で，耐衝撃性硬質ポリ塩化ビニル管は給湯配管には使用できません。

解答 (2)

　　　　　　　　　　　　　　　　　　難　中　易

給水管に関する次の記述のうち，**不適当なもの**はどれか。

(1) 架橋ポリエチレン管の保管，運搬，施工で注意すべきことは，傷がつかないようにすることと，直射日光を避けることである。

(2) 施工が容易で，流体抵抗が小さく，管内にスケールがつきにくいのは，架橋ポリエチレン管である。

(3) ポリブテン管は，電気絶縁性に優れスケールが付着しにくい。

(4) ポリエチレン二層管は，耐寒性，衝撃耐性に優れ傷がつきにくく頑丈である。

解説

ポリエチレン二層管は，生曲げ配管が可能なため，ほかの管種よりも柔らかく，傷がつきやすい特徴があります。

解答 (4)

給水管の継手（接合）

① 継手（接合）

　給水管に用いられる管種と接合用のおもな継手は，次の通りです。

　硬質塩化ビニルライニング鋼管の**ねじ接合**には，**管端防食継手**を用いなければなりません。

　また，架橋ポリエチレン管用のおもな継手には，**メカニカル継手**と**電気融着式（EF）継手**があります。

●各種配管のおもな継手

配管（管種）	おもな継手（接合方法）
硬質塩化ビニルライニング鋼管	管端防食継手※
ステンレス鋼鋼管	伸縮可とう式継手，プレス式継手
銅管	ろう付，はんだ付継手，プレス式継手
ダクタイル鋳鉄管	メカニカル継手（GX形異形管，K形），プッシュオン継手（GX形直管，NS形，T形），フランジ継手
硬質ポリ塩化ビニル管	TS継手（接着形），RR継手（ゴム輪形）
ポリエチレン二層管	金属継手
水道排水用ポリエチレン管	電気融着式（EF）継手，メカニカル継手，金属継手
架橋ポリエチレン管	メカニカル継手，電気融着式（EF）継手
ポリブテン管	メカニカル継手，電気融着式（EF）継手，熱融着式継手

※水道用硬質塩化ビニルライニング鋼管，耐熱性硬質塩化ビニルライニング鋼管，ポリエチレン粉体ライニング鋼管も同様

継手

継手は管継手，配管継手とも呼ばれ，管と管，管とバルブなどをつないで意図した経路に管を引くための配管部品です。管の分岐，集合，進路変更，太さ変更，延長，末端の閉鎖などが可能です。また，振動や熱膨張の対策にも重要な役割を果たしています。

② 各種配管の規格および継手の規格

各種配管の規格と継手の規格は，次の通りです。

●各種配管の配管規格と継手規格

管種	管の規格	継手の規格
硬質塩化ビニルライニング鋼管	水道用硬質塩化ビニルライニング鋼管（JWWA K 116:2004）	水道用ライニング鋼管用管端防食形継手（JWWA K 150:2004）
耐熱性硬質塩化ビニルライニング鋼管	水道用耐熱性硬質塩化ビニルライニング鋼管（JWWA K 140:2004）	水道用耐熱性硬質塩化ビニルライニング鋼管用管端防食形継手（JWWA K 150:2005）
ポリエチレン粉体ライニング鋼管	水道用ポリエチレン粉体ライニング鋼管（JWWA K 132:2004）	硬質塩化ビニルライニング鋼管の規格の継手と共用
ステンレス鋼鋼管	水道用波状ステンレス鋼管（JWWA G 115:2012），水道用波状ステンレス鋼管（JWWA G 119:2004）	水道用ステンレス鋼管継手（JWWA G 116:2012）
銅管	水道用銅管（JWWA H 101:2004），銅・銅合金継目無管（JIS H 3300:2012）	水道用銅管継手（JWWA H 102:2004），銅・銅合金管継手（JIS H 3401:2001）
ダクタイル鋳鉄管	水道用ダクタイル鋳鉄管（JWWA G 113:2010），水道用ダクタイル鋳鉄異形管（JWWA G 114:2010）	メカニカル継手（GX形異形管，K形），プッシュオン継手（GX形直管，NS形，T形），フランジ形
硬質ポリ塩化ビニル管	水道用硬質ポリ塩化ビニル管（JIS K 6742:2007），水道用ゴム輪形硬質ポリ塩化ビニル管（JWWA K 129:2011）	［TS継手］水道用硬質ポリ塩化ビニル管継手（JIS K 6743:2011）［ゴム輪形継手］水道用ゴム輪形硬質ポリ塩化ビニル管継手（JWWA K 130:2011）
架橋ポリエチレン管	水道用架橋ポリエチレン管（JIS K 6787:2013），架橋ポリエチレン管（JIS K 6769:2013），水道配水用ポリエチレン管（JWWA K 144:2009），水道用ポリエチレン二層管（JIS K 6762:2012）※1種二層管・2種二層管あり（2種は高密度ポリエチレン）	水道用架橋ポリエチレン管継手（JIS K 6788:2011），架橋ポリエチレン管継手（JIS K 6770:2011），水道配水用ポリエチレン管継手（JWWA K 145:2009），水道用ポリエチレン管金属継手（JWWA B 116:2012）
ポリブテン管	水道用ポリブテン管（JIS K 6792:2009），ポリブテン管（JIS K 6778:2009）	水道用ポリブテン管継手（JIS K 6793:2011），ポリブテン管継手（JIS K 6779:2011）

3 管端防食継手

　管端防食継手とは，硬質塩化ライニング鋼管における端部（管端）の腐食防止機能をもつ継手のことをいいます。

　管端防食継手は，内蔵コア，シールリング，外面コーティングなどによって構成されています。

●**硬質塩化ライニング鋼管用管端防食形継手の構造**

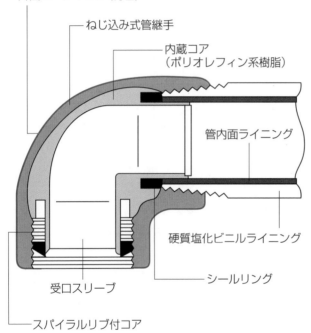

外面コーティング（青色）

ねじ込み式管継手

内蔵コア
（ポリオレフィン系樹脂）

管内面ライニング

硬質塩化ビニルライニング

シールリング

受口スリーブ

スパイラルリブ付コア

一体形成したポリオレフィン樹脂などの内蔵コアにより，ねじの奥およびライニング鋼管の端部（管端）の鉄露出部を流体（水）から隠ぺいして防縮効果を発揮させる

4 プレス式継手

ステンレス鋼鋼管（ステンレス配管）の接合に用いられるのは，**プレス式継手と伸縮可とう式継手**です。

このうち，プレス式継手とは，専用締付工具によって**プレス作業**を行うことで，パイプを接続する継手のことです。

●**プレス式継手**

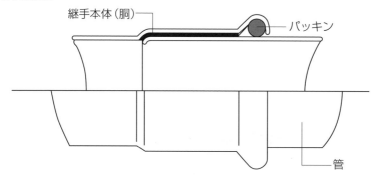

5 銅管用継手

JIS 規格の**銅管用継手は，エルボ**（方向を変える L 字形をした継手）と**チーズ**（分岐させるための T 字形をした継手）しかありません。そのほかには，JCDA（日本銅センター）規格が用いられています。

接合に関しては，ろう付，**プレス式接合用の銅管用継手における接合**，はんだ付継手などがあります。

6 鋳鉄管継手

鋳鉄管継手は，可とう性および施工性に優れているので，地盤などの変動に管が追従できるのが特徴です。

給水装置では，**フランジ継手，メカニカル継手**（GX 形異形管，K 形），**プッシュオン継手**（GX 形直管，NS 形，T 形）の 3 種類があります。

●ダクタイル鋳鉄管継手

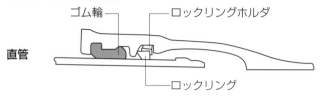

直管

●異形管

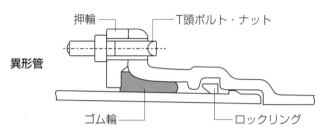

異形管

7 TS接合およびゴム輪接合

　硬質ポリ塩化ビニル管の継手には,TS継手(水道
用硬質ポリ塩化ビニル管継手)と,ゴム輪形継手(水
道用ゴム輪形硬質ポリ塩化ビニル管継手)の2種類が
あります。

●TS継手

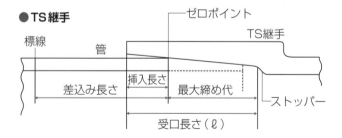

●ゴム輪形継手

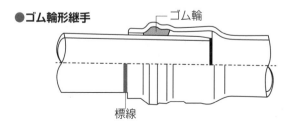

架橋ポリエチレン管の継手には，架橋ポリエチレン管継手，水道用架橋ポリエチレン管継手，水道配水用ポリエチレン管継手，水道用ポリエチレン管金属継手などがあります。

接合方法には，金属継手接合，メカニカル式接合，EF（電気融着式）接合の3種類があります。

●EF（電気融着式）接合

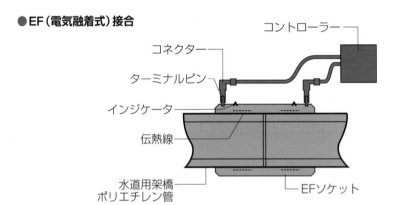

EFとは，Electro Fusion(エレクトロフュージョン)の略で，樹脂製の管と樹脂継手との接続に使用する電気融着のことです。

接合には，接合面に電熱線を埋め込んだ管継手（受口）に管（挿し口）をセットし，コントローラから通電して電熱線を発熱させます。その熱で管継手内面と管外面の樹脂を加熱溶融して融着し，一体化させます。

9 ポリブデン管の接合

ポリブデン管の接合方法としては，継手に内蔵された電熱線を通電し，管継手の非架橋部同士が溶融して接合する電気融着式接合や，メカニカル式接合といった方法があります。

さらに，電熱線などを組み込んだ接合器具を利用し，管および継手を加熱して融着接合する熱融着式接合があります。

問1

次の記述のうち, 不適当なものはどれか。

(1) 硬質塩化ライニング鋼管の端部の腐食防止機能をもつ継手を, 管端防食継手という。

(2) ステンレス鋼鋼管の接合には, プレス式継手と電気融着式 (EF) 継手が用いられる。

(3) 銅管の接合方法には, プレス式接合用の銅管継手における接合, ろう付, はんだ付などがある。

(4) 鋳鉄管継手の特徴は, 施工性と可とう性に優れていることである。

解説

ステンレス鋼鋼管の接合に使用されるのは, プレス式継手と伸縮可とう式継手の2種類です。

解答 (2)

問2

次の記述のうち, 不適当なものはどれか。

(1) 硬質ポリ塩化ビニル管の継手には, ゴム輪形継手とPS継手がある。

(2) 架橋ポリエチレン管の継手は, 架橋ポリエチレン管継手, 水道配水用ポリエチレン管継手などがある。

(3) ポリブデン管の接合に用いる電気融着式接合は, 継手に内蔵された電熱線を通電し, 管継手の非架橋部同士が溶融して接合する方法である。

(4) ポリブデン管の接合に用いる熱融着式接合は, 電熱線などを組み込んだ接合器具で管および継手を加熱する方法である。

解説

硬質ポリ塩化ビニル管の継手は, ゴム輪形継手とTS継手の2種類です。

解答 (1)

3 水道メーターおよび増圧給水設備

まとめ&丸暗記　この節の学習内容とまとめ

☐ 水道メーター　　　　　需要者の使用する水量を積算表示するための計量器

☐ 流速式（推測式）　　　水の流速を測定して流量に換算する

☐ 容積式（実測式）　　　水の体積を測定する

☐ 羽根車式水道メーター　羽根車の回転数と通過水量が比例する特徴を捉えて計量する

☐ 電磁式水道メーター　　起電力が流速に比例する電磁誘導作用を利用して計量する

☐ 計量部　　　　　　　　単箱式と複箱式

☐ 計量部の機能　　　　　正流式（正方向からの通過水量のみ計量）と可逆式（正逆両方の方向からの通過水量を計量可能）

☐ 指示部　　　　　　　　円読式と直読式

☐ 指示伝達機構　　　　　機械式と電子式

☐ 遠隔指示装置　　　　　設置したメーターの指示水量をメーターから離れた場所で検診する装置

☐ 直結加圧形ポンプユニット　中高層建物向けに必要な吐水圧を確保するための設備。ユニット形式になっている

☐ 増圧ポンプ（加圧ポンプ）　複数台のポンプを設置し自動切換え機能, 自動交互運転機能も有している

☐ 圧力タンク　　　　　　頻繁な入・切の繰り返しを防ぐ。停電時に水を供給するためのバックアップ機能はない

☐ 制御盤　　　　　　　　ポンプの運転制御を司る, 司令塔の役割を果たす

水道メーターの概要と種類

① 水道メーター

　需要者の使用する水量を**積算表示**するための計量器が，**水道メーター**で，計量法が規定する特定計量器の検定検査に合格したものを使用します。機器検定の有効期限は**8年**と定められており，この期間内に新たな水道メーターと**交換**しなければなりません。

●**水道メーターの概要**

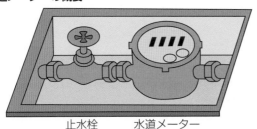

止水栓　　　水道メーター

　水道メーターは計量の方法により，水の流速を測定して流量に換算する**流速式（推測式）**と，水の体積を測定する**容積式（実測式）**の2種類があります。

●**流速式（推測式）**
直接実測せずに，推測で行います。羽根車の回転数から水量を推測する**羽根車式**や，器内2点間の差圧から水量を計る**差圧式**（ベンチュリ管形）などがあります。

●**容積式（実測式）**
実際に計量室内の容積を，推測ではなく，1回1回**計量**する仕組みの計量方式です。

水道メーター
水道事業者によって，使用する水道メーターの型式が異なるため，設計の際は，あらかじめ確認することが必要です。なお，水道メーターの計量方式は容積式と流速式に分類されますが，国内で使用されている水道メーターは，流速式が主流です。

2 水道メーターの種類

　水道メーターは，羽根車式と電磁式の2種類に分けられます。羽根車式は，羽根車の回転数と通過水量が比例する特徴を捉えて計量する方式のことで，接線流羽根車式と軸流羽根車式の2種類があります。

●**水道メーターの種類**

3 接線流羽根車式水道メーター

　接線流羽根車式水道メーターは，計量室内に設けられた羽根車にノズルより接線方向に噴射水流をあてることにより羽根車を回転させ，通過水量を積算するものです。

　接線流羽根車式水道メーターには，その計量部の形状により単箱形と複箱形の2つに分類されます（P.96 参照）。

4 軸流羽根車式水道メーター

　軸流羽根車式水道メーターは，管状の器内に設けられた流れに平行な軸をもつ螺旋状の羽根車を回して通過水量を積算するもので，たて形とよこ形の2種類があります。

たて形軸流羽根車式水道メーターは，メーターケースに流入した水流が，整流器を通過し，垂直に設けられた螺旋状羽根車に沿って下方から上方へ流れて羽根車を回転させる構造になっています。メーター内で水の流れが迂流するためやや圧力損失が大きくなりますが，小流量から大流量まで幅広い計量が可能です。

　よこ形軸流羽根車式水道メーターは，メーターケース内に流入した水流が，整流器を通過し，水平に設けられた螺旋状羽根車に沿って流れ羽根車を回転させる構造です。圧力損失は小さいものの，微少流領域の性能が劣る特徴があります。

補足 ▶

水道メーターの主流

水道メーターは，羽根車式と電磁式に分類されますが，国内での主流は羽根車式です。水道メーターは，水道事業者が設置し需要者が保管します。位置は水道事業者が指定し，集合住宅の配管スペース内に設置の場合，ほかの配管設備の影響を受けないよう点検および取替え作業スペースを確保します。

● **軸流羽根車式水道メーター（たて形・よこ形）の構造**

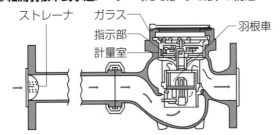

たて形軸流羽根車式

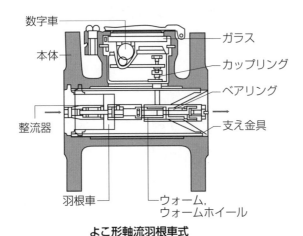

よこ形軸流羽根車式

5 電磁式水道メーター

電磁式水道メーターは，起電力が流速に比例する**電磁誘導作用**を利用して計量する水道メーターです。

これは水の流れの方向に垂直に磁界をかけると，水の流れに対して垂直に起電力が発生するという**フレミングの右手の法則**を応用したものです。

電磁式水道メーターは呼び径と同じ直管部によって構成されており，羽根車などの機械的可動部が存在しないため，異物による故障や可動部の磨耗の心配も不要です。圧力損失が少なく，長期にわたり計測精度が安定し，耐久性にも優れています。微少流領域の性能が劣る軸流羽根車式水道メーターとは異なり，電磁式水道メーターは微小流量から大流量まで，広い範囲で計量が可能となっています。

●**電磁式水道メーターの原理**

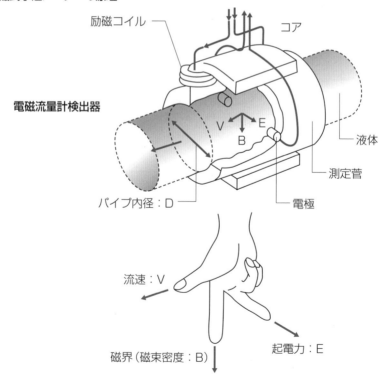

94

問1

難　**中**　易

水道メーターに関する次の記述のうち, 不適当なものはどれか。

(1) 特定計量器の検定検査に合格したものを使用する水道メーターでは, 機器検定の有効期限は10年となっている。

(2) 水道メーターには羽根車式と電磁式があり, 羽根車式は羽根車の回転数と通過水量が比例する特徴を利用して計量するものである。

(3) 羽根車式水道メーターには, 軸流羽根車式と接線流羽根車式がある。

(4) 計量室内に設置された羽根車にノズルから接線方向に噴射水流をあてることにより羽根車を回転させ, 通過水量を積算するのは, 接線流羽根車式水道メーターである。

解説

水道メーターにおける機器検定の有効期限は8年です。

解答 (1)

問2

難　**中**　易

次の記述のうち, 不適当なものはどれか。

(1) 軸流羽根車式水道メーターには, よこ形とたて形の2種類がある。

(2) たて形軸流羽根車式水道メーターは, 整流器を通過した水流が, 垂直に設けられた螺旋状羽根車に沿って下方から上方へ流れ羽根車を回転させる。

(3) よこ形軸流羽根車式水道メーターは, 整流器を通過した水流が, 水平に設けられた螺旋状羽根車に沿って流れて羽根車を回転させる。

(4) 電磁式水道メーターは, 流速に起電力が反比例する性質を利用している。

解説

電磁式水道メーターは, 起電力が流速に比例する電磁誘導作用を利用して計量しています。

解答 (4)

計量部および指示部の形態

1 計量部の形態

　水道メーターの計量部の構造は，単箱式と複箱式の２種類があります。単箱式は，メーターケース内に流入した水流を直接羽根車に流入させる構造となっています。

　複箱式は，メーターケース内部に別の計量室（インナーケース）を設け，複数のノズルから噴射水流を羽根車に与える構造となっています。

●水道メーターの種類

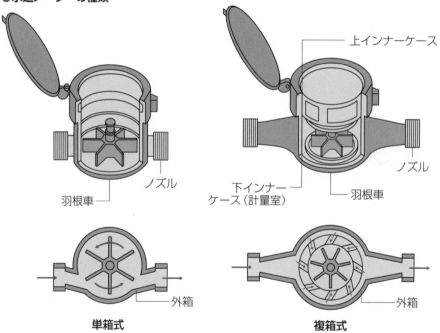

単箱式

複箱式

　水道メーターの計量部の機能は，正流式と可逆式に分けられます。

　正流式は正方向からの通過水量のみ計量するもので，可逆式は，正逆両方の方向からの通過水量を計量できます。

2 指示部の形態

　水道メーターの指示部の形態は，円読式と直読式に分けられます。

　円読式はアナログ表示（回転）で，直読式は，計量値を数値によってデジタル表示（数字）するものです。

3 指示伝達機構

　水道メーターの指示伝達機構は，機械式と電子式に分けられます。

　機械式は，歯車装置を用いて羽根車の回転を減速し，指示機構に伝達して通過水量を積算表示します。

　電子式は，羽根車に取付けた永久磁石によって羽根車の回転を磁気センサにより電気信号として検出して，通過水量を液晶表示します。

　なお，電磁式には，機械的可動部はありませんが，電子式には，永久磁石を取付けた羽根車といった機械的可動部があります。

4 遠隔指示装置

　水道メーターの遠隔指示装置は，設置したメーターの指示水量をメーターから離れた場所で効率よく検針するために設けられています。

　遠隔指示装置は，発信（または記憶）装置，信号伝送部（ケーブル），受信器によって構成されています。マンションなどの中高層の集合住宅や，店舗の密集した地下街などでの検針の効率化のほか，積雪で検針が困難となる地域などで有効です。

補足 ▶

遠隔指示装置の方式

パルス発信方式，およびエンコーダ方式，電子支持方式があります。エンコーダ方式とは，単位水量ごとに羽根車の回転により蓄積されたエネルギーを放出する間欠早送り機構をもった方式をいいます。

問1

難　中　易

次の記述のうち，不適当なものはどれか。

(1) 水道メーターにおける計量部の構造は，複箱式と単箱式に分けられる。

(2) 単箱式の構造は，メーターケース内に流入した水流を直接羽根車に流入させる形となっている。

(3) 複箱式の構造は，メーターケース内に別の計量室を設置し，複数のノズルから噴射水流を羽根車に与える形となっている。

(4) 水道メーターの計量部の機能には可逆式と正流式があり，正逆両方の方向からの通過水量を計量できるのは正流式である。

解説

正流式は正方向からの通過水量のみに対応し，正逆両方の方向からの通過水量を計量できるのは可逆式です。

解答 (4)

問2

難　中　易

次の記述のうち，不適当なものはどれか。

(1) 水道メーターの遠隔指示装置は発信（または記憶）装置と受信器によって構成され，信号の伝送は無線で行われる。

(2) 水道メーターの指示伝達機構には，電子式と機械式の2種類がある。

(3) 電子式指示伝達機構は，永久磁石を羽根車に取付けて羽根車の回転を磁気センサで電気信号として検出し，通過水量を液晶表示する。

(4) 機械式指示伝達機構は羽根車の回転を歯車装置で減速し，指示機構に伝達して通過水量を積算表示する。

解説

信号の伝送は信号伝送部（ケーブル）によって行われるので，遠隔指示装置は発信（または記憶）装置，受信器，信号伝送部によって構成されています。

解答 (1)

直結加圧形ポンプユニット（増圧給水設備）

1 直結加圧形ポンプユニット

　中高層建物は配水管の圧力では給水できないため，末端最高位の給水用具を使用するために必要な圧力まで増圧し，必要な吐水圧を確保するための設備が必要になります。それが，**直結加圧形ポンプユニット**です。この直結加圧形ポンプユニットは，必要な機器をすべて組み込んだユニット形式になっており，給水装置に設置します。

　直結加圧形ポンプユニットは，**電動機，制御盤，加圧ポンプ，バイパス管（逆止弁を含む），圧力タンク，流水スイッチ**などによって構成されています。

補足 ▶

直結加圧形ポンプユニットの長所

①受水槽および高置水槽が不要になり，衛生上の問題が解消される
②受水槽の設置場所が不要になる
③水道本管の水圧と給水に必要な水圧との差が必要な動力なので省エネになる

●直結加圧形ポンプユニットの構造

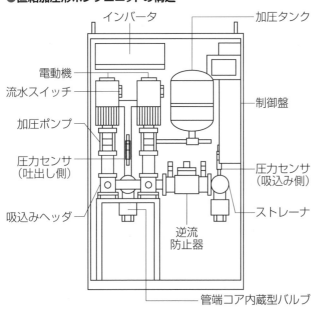

2 自動交互運転

　直結加圧形ポンプユニットは一般的に，複数台のポンプを設置しています。これは，1台が故障したり，保守点検の際に断水したりしないようにするためで，故障などが発生した際には，別のポンプが稼働するよう**自動切換え機能**も有しています。

　また，**自動的に交互運転**により，複数のポンプにおける給水機能や運転に偏りが出ないようにする機能もあります。

3 圧力タンク

　直結加圧形ポンプユニットの**圧力タンク**は，水の使用がなくなってポンプが停止したあとに，圧力タンクの**蓄圧機能**によって管内をポンプ停止前の圧力に保ち，ポンプ停止後の少量の水使用には，圧力タンク内の水を供給して対応する機能をもっています。そのため，ポンプが**頻繁にオン（入）・オフ（切）を繰り返すことを防ぐ**ことができます

　圧力タンクは吐出口側配管に設けられ，ポンプの起動・停止時の**圧力変動**（水圧保持）や定常運転時の**圧力脈動**を**防止**します。ただし，圧力タンクを設けなくても吐出圧力や吸込圧力，自動停止の性能を満たし，吐出圧力が保持できる場合にはこの限りではありません。

　タンク内は，おもに**ゴム製隔膜**で空気室と水室とに分けられ，空気室にはあらかじめ空気が封入されています。

　なお，圧力タンクには，停電時にポンプが停止したときに，水を供給するためのバックアップ機能はありません。したがって，**停電**によってポンプが停止すると，すぐに**断水**になるので注意が必要です。

　また，圧力タンクは，保守点検や修繕のしやすい位置に設置することが望ましく，そのためのスペースを確保しなければなりません。

4 増圧ポンプ（加圧ポンプ）

　直結加圧形ポンプユニットの圧力ポンプは，**多段遠心ポンプやうず巻きポンプ**などが使われ，電動機に直結しています。

　ポンプが故障した場合や，保守点検時の断水を避けるため，**2台のポンプで構成される**のが一般的です。特定のポンプだけが稼働することがないように，自動的に切り替わります。

　圧力ポンプの要件は，次の通りです。

①水質に影響をおよぼさないこと
②配水管の水圧の変化および使用水量に対応でき，安定給水ができること
③吸込側の水圧が，通常の範囲より低下したときは自動停止し，水圧が回復したときは自動復帰すること
④安全性を十分確保していること

5 配水管の圧力変動および脈動防止

　直結加圧形ポンプユニットは，始動・停止および運転中の過度な応答による配水管の**圧力変動**が小さく，ポンプ運転により配水管の圧力に**脈動**が生じないものを用いる必要があります。

補足

脈動水
圧力，温度，速度などが一定ではない状態の水のことを脈動水といいます。

6 制御盤

直結加圧形ポンプユニットで，ポンプの運転制御を行う司令塔のような役割を果たすのが制御盤です。

制御盤は，制御用マイコン，開閉器，インバータ，継電器類（リレー），電圧計，表示器，電流計などから構成されています。これらの内蔵機器により，制御に関するすべてを行います。

7 ユニット据付けの際に留意する点

直結加圧形ポンプユニットの設置にあたっては，次の事項について考慮しなければなりません。

①停滞空気が発生しない構造とし，かつ，衝撃防止のための必要な措置を講じる

②低層階などで，給水圧が過大になるおそれがある場合には，必要に応じ減圧することが望ましい

③増圧給水設備の設置位置は，原則として水道メーターの下流側で保守点検および修繕を容易に行える場所とし，これらに必要なスペースを確保する

④逆流防止機器は，減圧式逆流防止器などの信頼性の高い逆止弁とし，配管への逆流を防止する

⑤減圧式逆流防止器を設置する場合は，その吐水口からの排水などにより，増圧給水設備が水没することなどのないよう，排水処理を考慮する

⑥直結加圧形ポンプユニットには，電気設備などが含まれているため，設置の際は，設備に精通した者が施工を行うこと

問1

次の記述のうち, **不適当なもの**はどれか。

(1) ユニット形式になっている直結加圧形ポンプユニットは, 給水装置に設置する。

(2) 直結加圧形ポンプユニットは, 加圧ポンプ, バイパス管, 電動機, 制御盤などによって構成されている。

(3) 直結加圧形ポンプユニットは, 中高層建物には必要ない。

(4) 通常, 直結加圧形ポンプユニットには, 複数台のポンプを設けてある。

解説

中高層建物は配水管の圧力では給水できないので, 吐水圧を確保するための直結加圧形ポンプユニットが必要です。

解答 (3)

問2

次の記述のうち, **不適当なもの**はどれか。

(1) 直結加圧形ポンプユニットには自動切換え機能があり, 故障の際には別のポンプが稼働できるようになっている。

(2) 直結加圧形ポンプユニットの圧力タンクは, 頻繁なオン (入)・オフ (切) の繰り返しを防ぐ目的がある。

(3) 直結加圧形ポンプユニットの圧力タンクは, 停電によってポンプが停止すると, すぐに断水する。

(4) 直結加圧形ポンプユニットの圧力ポンプには, うず巻きポンプや多段遠心ポンプが使われ, 電動機には直結しない。

解説

直結加圧形ポンプユニットの圧力ポンプは, 電動機に直結しています。

解答 (4)

4 湯沸器および浄水器ほか

まとめ&丸暗記 | この節の学習内容とまとめ

☐ 湯沸器
水を加熱し湯を製造するための給水用具

☐ 瞬間湯沸器
元止め式（給湯配管はできず出湯能力も小さい）と, 先止め式（2カ所以上に給湯配管可能）

☐ 貯湯湯沸器
給水管と直結している密閉された貯湯槽に貯えられた水を加熱する。貯湯部に圧力がかかる

☐ 貯蔵湯沸器
ボールタップを備えた容器に貯えた水を一定温度に加熱し, 給湯する。水圧がかからない

☐ 太陽熱利用貯湯湯沸器
太陽集熱器に集熱された太陽熱をおもな熱源にして水を加熱, 給湯する（2回路型, 水道直結型, シスターン型）

☐ 自然冷媒ヒートポンプ給湯器湯沸器
大気中の空気の熱を圧縮して湯を製造する

☐ 自動給湯給湯器と給湯付ふろがま
自動湯張り型自然循環式ふろがまと, 自動湯張り型強制循環式ふろがま

☐ 浄水器
水道水に含まれるの溶存物質や濁度等の減少を主な目的とした器具

☐ 先止め式
水洗の流入側に取付けられ常時水圧が加わる

☐ 元止め式
水洗の流出側に取付けられる

☐ 浄水器のろ過材
中空糸幕を中心としたろ過膜, 活性炭, セラミック, ゼオライトなど

☐ 節水型給水用具
吐水量を絞るもの, 自閉構造によるもの, 制御方式によるもの

湯沸器ほか

1 湯沸器の種類

　湯沸器は水を加熱して湯を製造するための給水用具のことで，熱源には電気，ガス，太陽熱などが用いられます。

　小規模な給湯設備の加熱装置に用いられ，その種類は瞬間湯沸器（細管を水が流れる間に加熱されて湯が製造される），貯湯湯沸器（貯湯部に圧力がかかる），貯蔵湯沸器（水圧がかからない）などがあります。

2 瞬間湯沸器

　瞬間湯沸器は，器内の吸熱コイル管で熱交換をして，水がコイル管内を通る間にガスバーナなどで加熱する構造になっています。

　給湯に連動してガス通路を開閉する機構を備えており，85℃まで温度を上げることができますが，通常は40℃前後で使用されます。瞬間湯沸器には，元止め式と先止め式の2種類があります。

●元止め式

給湯配管はできず，出湯能力も小さいという特徴があります。湯沸器に設けられている止水栓の開閉によってメインバーナが点火・消火する構造になっています。

●先止め式

2カ所以上に給湯配管が可能となっています。給湯配

補足 ▶

貯湯湯沸器と貯蔵湯沸器
両者の違いを区別して覚えておきましょう。水圧がかかるのが貯湯湯沸器，水圧がかからないのが貯蔵湯沸器です。

管を通じ，湯沸器から離れた場所でも使用することができます。

●直結加圧形ポンプユニットの構造

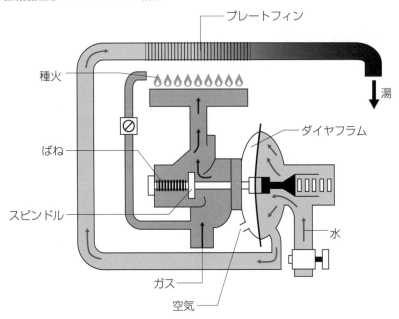

3 貯湯湯沸器

　貯湯湯沸器は，給水管と直結している密閉された貯湯槽に貯えられた水を深夜電力などで加熱する構造で，自動的に湯温と連動して燃料通路の開閉または電源の切換え（オン／オフ）が可能な機能をもっています。

　給水装置として取扱われる貯湯湯沸器は，大半が貯湯部にかかる圧力が100kPa以下で，かつ，伝熱面積が4㎡以下のものです。これは簡易ボイラーと呼ばれるもので，労働安全衛生法令が規定するボイラーおよび小型ボイラーには該当しません。

　給水管と直結している貯湯湯沸器には，減圧弁および安全弁（逃し弁），逆止弁を取付けなければなりません。

4 貯蔵湯沸器

　貯蔵湯沸器は，ボールタップを備えた容器に貯えた水を一定温度に加熱し，給湯する給湯用具です。

　水圧がかからないため，湯沸器の**設置場所**でしか湯を使うことができないという制約があります。

5 太陽熱利用貯湯湯沸器

　太陽熱利用貯湯湯沸器は，一般用貯湯湯沸器を本体として，太陽集熱器に集熱された太陽熱をおもな熱源にして水を加熱，給湯する給水用具です。

　２回路型，水道直結型，シスターン型の３種類があります。

● ２回路型
蓄熱槽内で，太陽熱集熱装置系と上水道系が別系統になっているものです。

●水道直結型
上水道系が，太陽熱集熱装置内を循環するものです。

●シスターン型
シスターン（受水槽）の吐水口空間によって，上水道の縁が切れているものです。

●水道直結型太陽熱利用貯湯沸器

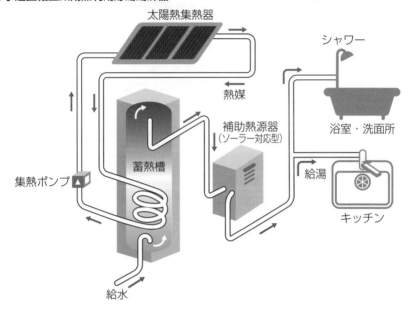

6 自然冷媒ヒートポンプ給湯器湯沸器

　自然冷媒ヒートポンプ給湯器湯沸器は，大気中の空気の熱を圧縮して高温化することで，高効率の湯を製造できる**電気式給湯器**のことです。エコキュートとも呼ばれています。

●**自然冷媒ヒートポンプ給湯器湯沸器のしくみ**

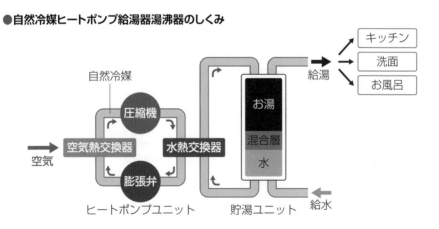

7 自動給湯する給湯器と給湯付ふろがま

自動給湯する給湯器と給湯付ふろがまは，給湯器とふろ機構とを組み合わせたものです。**自動湯張り型自然循環式ふろがま**と，**自動湯張り型強制循環式ふろがま**の2種類があります。

一般的な自動湯張り型ふろがまについては，**給水装置の構造および材質の基準に関する省令第5条第1項**に，次のように規定されています。

① 浴槽に直結し，かつ，自動給湯する給湯機および給湯付ふろがま（②に規定するものを除く）
② 浴槽に直結し，かつ，自動給湯する給湯機および給湯付ふろがまであって逆流防止装置の流出側に循環ポンプを有するもの

補足 ▶

自然循環式と強制循環式における焚き上がりの違い

自然循環式は湯船上部が熱くなる温度むらが発生するのに対して，強制循環方式は，ほぼ均一に焚き上がります。

●自動湯張り型強制循環式ふろがま

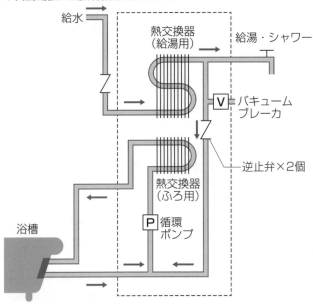

問1

難　**中**　易

湯沸器に関する次の記述のうち, 不適当なものはどれか。

(1) 貯蔵湯沸器には, 貯湯部に水圧がかかるが, 貯湯湯沸器にはかからない。

(2) 瞬間湯沸器は40℃前後で使用されることが多いが, 85℃まで温度を上げることができる。

(3) 瞬間湯沸器には, 出湯能力が小さい元止め式と, 2カ所以上に給湯配管が可能な先止め式がある。

(4) 元止め式は, 湯沸器に設けられている止水栓の開閉によってメインバーナが点火および消火する構造で, 先止め式は, 2カ所以上に給湯配管が可能となっている。

解説

貯湯部に圧力がかかるのは貯湯湯沸器で, かからないのは貯蔵湯沸器です。

解答 (1)

問2

難　**中**　易

湯沸器に関する次の記述のうち, 不適当なものはどれか。

(1) ボールタップを備えた容器に貯えた水を一定温度に加熱し, 給湯する給湯用具は貯蔵湯沸器である。

(2) 給水装置として取扱われる貯湯湯沸器は, 一般的に労働安全衛生法令が規定するボイラーに該当する。

(3) 太陽熱利用貯湯湯沸器には, シスターン型, 水道直結型, 2回路型がある。

(4) 自然冷媒ヒートポンプ給湯器湯沸器は, エコキュートとも呼ばれ, 大気中の空気の熱を圧縮して高温化して湯を製造する。

解説

給水装置として取扱われる貯湯湯沸器は, 簡易ボイラーであり, 労働安全衛生法令が規定するボイラーおよび小型ボイラーには該当しません。

解答 (2)

浄水器ほか

1 浄水器

　水道水に含まれる残留塩素などの溶存物質や，濁度などの減少および除去をおもな目的とした器具を，浄水器といいます。

　水栓の流入側に取付けられ，常に水圧が加わるものを先止め式といいます。また，水栓の流出側に取付けられて，常に水圧が加わらないものを元止め式といいます。

　浄水器の中には，こうした溶存物質や濁度などの減少だけでなく，鉛，臭気，微量有機物（トリハロメタンなど）を減少させるものもあります。

　浄水器は，浄水器の材料，性能などの品質の表示が家庭用品品質表示法施行令によって義務付けられています。

2 給水用具に該当する浄水器

　水栓の流入側に取付けられ，常時水圧が加わる先止め式は，すべて給湯器具に該当します。

　一方，水洗の流出側に取付けられ，常時水圧が加わらない元止め式は，給水用具には該当しません。しかし，水栓と浄水器が一体（ビルトイン型またはアンダーシンク型）として製造・販売されているものは，給湯器具に該当します。

　なお，水道法第3条第9項で給水用具について，「給水装置とは，需要者に水を供給するために水道事業者

補足 ▶

給水用具に該当しない浄水器

給水用具に該当しない浄水器は，浄水器単独で製造販売されているもので，消費者が取付けるものに限られます。

の施設した配水管から分岐して設けられた給水管およびこれに直結する給水用具をいう」と規定しています。

●アンダーシンク浄水器（浄水原水分岐タイプ）

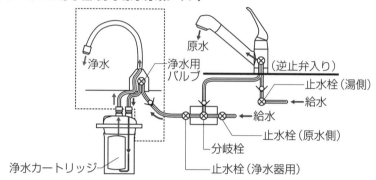

3 浄水器のろ過材

　浄水器のろ過材には，中空糸幕を中心としたろ過膜（ポリエチレン，ポリプロピレン，ポリスルホンなど），活性炭，セラミック，ゼオライトなどがあります。

　浄水器のろ過材のカートリッジは，有効期限を確認して，適切に交換することが必要です。

4 ウォータクーラ

　ウォータクーラは，水を冷却し，押しボタン式または足踏み式の開閉弁を押すことで冷水を出す装置です。冷却槽は貯水タンクの水を冷却するのではなく，給水管内の水を冷却します。

5 節水型給水用具

　節水型給水用具には，吐水量を絞るもの，自閉構造によるもの，制御方式によるものの3種類があります。吐水量を絞るものには，空気を混ぜて泡状

に吐水する**泡沫式水栓**と，水圧に関係なく一定流量に制御する**定流量弁**があります。

自閉構造によるものには，押棒を上げて手を放すと自動的に止水する**手洗衛生洗浄弁**（衛生水洗），ハンドルを離すと水が流れ，**ばねの力**で自動的に止水する**自閉式水栓**，**赤外線ビーム**など遮断すると**電子制御装置**が働き，給水用具に触れず吐水・止水が自動的に制御される**電子式水栓**があります。ほかにもハンドルを押している間だけ水が出る**湯屋カラン**，設定水量を吐水し，自動的に止水する**定量水栓**も自閉構造によるものです。

制御方式によるものには，自動食器洗い機，大便器洗浄用ユニット，小便器洗浄用電磁弁などがあります。

補 足 ▶

中空糸幕

多孔質を有する薄膜をストロー状に成型したろ過膜を，中空糸幕といいます。

チャレンジ問題

問1   難　中　易

次の記述のうち，不適当なものはどれか。

(1) 先止め式浄水器は常時水圧が加わるもので，水栓の流入側に取付ける。

(2) 浄水器のろ過材のカートリッジは，汚れがひどくなってから交換する。

(3) 節水型給水用具には制御方式，自閉構造，吐水量を絞るものがある。

(4) 泡沫式水栓は，空気を混ぜて泡状に吐水する方式である。

解説

浄水器のろ過材のカートリッジは，有効期限を確認して適切に交換します。

解答 (2)

5 水栓と弁類

まとめ&丸暗記　この節の学習内容とまとめ

- ☐ 分水栓　　　　　配水管から給水管を分岐して取出す給水用具（水道用分水栓, サドル付き分水栓, 割T字管）

- ☐ 止水栓　　　　　給水を制限または停止するために使用する給水用具（甲形止水栓, ボール式止水栓, 仕切弁, 玉形弁）

- ☐ 仕切弁　　　　　弁体が上下して全開・全閉する。損失水頭は極めて小さい

- ☐ 玉形弁　　　　　流れがS字形になる。損失水頭は大きい

- ☐ バタフライ弁　　回転して流量を制御する。損失水頭は小さい

- ☐ 逆止弁　　　　　逆圧による水の逆流を防止する給水用具（ばね式, スイング式, リフト式, ダイヤフラム式など）

- ☐ 減圧弁　　　　　1次側の圧力が変動しても, 2次側を1次側より低圧力に保持できる給水用具

- ☐ 安全弁　　　　　1次側の圧力が設定以上になると弁体が自動的に開き過剰圧力を逃がし, 圧力が所定値に降下すると閉じる

- ☐ 定流量弁　　　　1次側の水圧にかかわらず流量が一定になるよう制御する

- ☐ 空気弁　　　　　自動的に管内に停滞した空気を排出する

- ☐ 吸排気弁　　　　管内に負圧が生じた際, 自動的に空気を多量に給気して給水管内の負圧を解消する

- ☐ 吸気弁　　　　　排水時に胴配管内に空気を導入して水抜きを円滑にする

- ☐ バキュームブレーカ　逆止弁により逆流を防ぎ, 逆止弁より2次側の負圧部分へ空気を自動的に取入れて負圧を破壊する

- ☐ 大便器洗浄弁　　大便器の洗浄に用いる給水用具

- ☐ ミキシングバルブ　湯と水を混合して, 設定温度の湯を吐水する

水栓

① 分水栓

　配水管から給水管を分岐して，取出すための給水用具を**分水栓**といい，次の3種類があります。

●水道用分水栓（甲形，乙形）
鋳鉄管からの分岐に使用され，不断水穿孔機で管にめねじを切って取付けます。

●サドル付き分水栓
配水管に取付けるサドル機構と，不断水分岐の止水機構を一体化したもの（分岐口径は 13 〜 50mm）です。

●サドル付き分水栓
ボール
スピンドル
サドル
配水管
バンド

●割T字管
ダクタイル鋳鉄製で，分割型のT字管と仕切弁が一体になっており，配水管にボルトで取付けます。

② 止水栓

　給水の開始・中止や給水装置の修理などの目的で，給水を制限または停止するための給水用具が**止水栓**です。止水栓には，**甲形止水栓，ボール式止水栓**があり，**仕切弁，玉形弁**などの弁類も止水栓といいます。

補足 ▶

割T字管の種類
割T字管には2つ割と3つ割の種類があり，いずれもボルトで固定します。

●甲形止水栓

甲形止水栓は止水部が落としこま構造になっており，損失水頭が大きい特徴があります。流水抵抗によりこま，パッキンが摩耗するため，定期的に交換しないと止水できなくなるおそれがあります。

●甲形止水栓

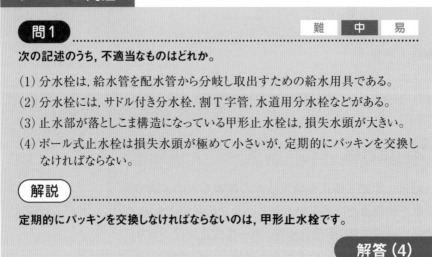

- スピンドル
- パッキン押えナット
- ボンネット
- 本体
- ハンドル
- パッキン押さえ
- Oリング
- Oリング
- こま
- ジョイントパッキン
- ジョイントカラー
- ジョイントナット
- 伸縮パイプ
- 伸縮代
- 袋ナット

●ボール式止水栓

弁体が球状のボール式止水栓は，90°回転することで全開・全閉することができます。損失水頭は極めて小さいですが，逆流防止機能はありません。

チャレンジ問題

問1   難 中 易

次の記述のうち，不適当なものはどれか。

(1) 分水栓は，給水管を配水管から分岐し取出すための給水用具である。

(2) 分水栓には，サドル付き分水栓，割T字管，水道用分水栓などがある。

(3) 止水部が落としこま構造になっている甲形止水栓は，損失水頭が大きい。

(4) ボール式止水栓は損失水頭が極めて小さいが，定期的にパッキンを交換しなければならない。

解説

定期的にパッキンを交換しなければならないのは，甲形止水栓です。

解答 (4)

弁類

1 仕切弁

仕切弁は，弁体が上下することで全開・全閉する構造で，損失水頭は極めて小さくなっています。

●**仕切弁**

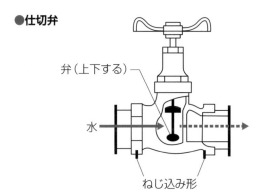

弁（上下する）

水

ねじ込み形

補足 ▶

吊りこま構造
止水部内にこまが吊られており，開閉によってこまが上下するものを吊りこま構造といいます。

2 玉形弁

玉形弁は，止水部が吊りこま構造になっていて，弁部の構造により流れがS字形になるため，損失水頭が大きくなっています。

●**玉形弁**

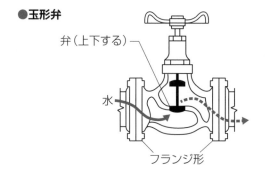

弁（上下する）

水

フランジ形

3 バタフライ弁

バタフライ弁は，平らな弁体が蝶の羽根のような形をしており，回転して流量を制御します。**損失水頭は小さい**特徴があります。

4 逆止弁

逆止弁は，逆圧による水の**逆流を防止**するための給水用具で，**ばね式，スイング式，リフト式，ダイヤフラム式**などの種類があります。

●ばね式逆止弁

ばねで弁体を弁座に押しつけ，逆止効果を高めたものをばね式逆止弁といい，単式逆流防止弁，複式逆流防止弁，二重式逆流防止器，減圧式逆流防止器などがあります。

●スイング式逆止弁

スイング式逆止弁は，弁体がヒンジピンを視点にして自重で弁座面に圧着し，通水時には弁体が押し開かれ，逆圧によって自動閉止する構造のものです。損失水頭が比較的小さいうえ，垂直，水平に取付けが可能です。

●スイング式逆止弁

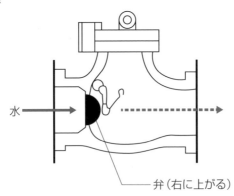

水 →

弁（右に上がる）

●リフト式逆止弁

リフト式逆止弁は，弁体が弁箱またはフタに設置されたガイドによって弁座に対して垂直に作用し，弁体の自重で閉止位置に戻る構造になっています。

損失水頭が比較的大きく，設置は水平にしなければならない制約があります。

補足 ▶

リフト式逆止弁のバリエーション

リフト式逆止弁には，ほかにも球体の弁体や弁部にばねを組み込んだものが存在します。

●リフト式逆止弁

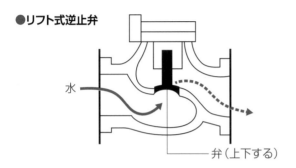

水

弁（上下する）

●ダイヤフラム式逆止弁

ダイヤフラム式逆止弁は，逆流防止用に使用されるほか，給水装置に生じる水撃作用や給水栓の異常音などを緩和するのに有効な給水用具です。

●ダイヤフラム式逆止弁の順方向と逆方向

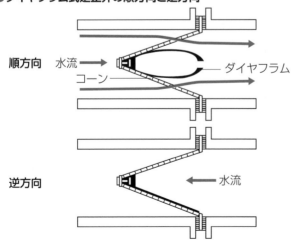

順方向 水流 コーン ダイヤフラム

逆方向 水流

●自重式逆止弁

自重式逆止弁は，逆止弁体を1次側の流水圧で押し上げることで通水し，停止（または逆圧時）は，逆止弁体が自重と逆圧で弁座を閉じる構造となっています。

●単式逆流防止弁

単式逆流防止弁は，ばねで1個の弁体を弁座に押しつけて逆流を防止します。

●単式逆流防止弁

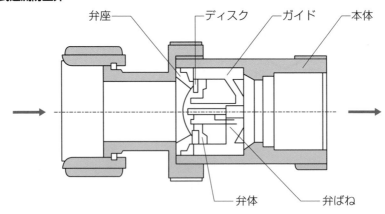

弁座　ディスク　ガイド　本体

弁体　弁ばね

●複式逆流防止弁

複式逆流防止弁は，各々が独立して動作する2つの逆流防止弁が組み込まれ，それぞればねによって弁体が弁座に押しつけられているものをいいます。

●複式逆流防止弁

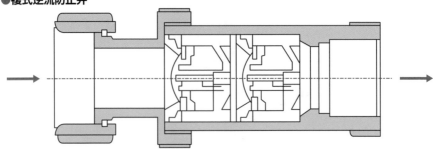

●二重式逆流防止器

二重式逆流防止器は，逆止弁を2つ備え，片方が故障した場合でも残りが機能して逆流を防ぐ構造となっています。各逆止弁のテストコックによる性能チェックと作動不良時の逆止弁の交換が，配管に取付けたまま可能となっているのも特徴です。

●減圧式逆流防止器

減圧式逆流防止器は，独立して動く第1逆止弁と第2逆止弁および中間室を組み合わせたものです。損失水頭は大きいものの，逆流防止の信頼性が高いため，直結加圧形ポンプユニットなどに使用されています。

●減圧式逆流防止器

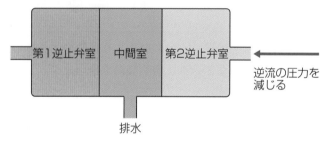

●減圧弁

減圧弁は，調整ばね，ダイヤフラム，弁体などの圧力調整機構により1次側の圧力が変動した場合でも，2次側を1次側よりも低い圧力に保持することができる給水用具です。

補足

中間室

中間室は，第1逆止弁と第2逆止弁の間に1次側との差圧で作動する逃し弁を備え，逆止弁が作動しないときは逃し弁が開いて排水する構造となっています。

●安全弁（逃し弁）

安全弁は逃し弁ともいい，1次側の圧力があらかじめ設定された圧力以上になると，弁体が自動的に開くことで過剰圧力を逃がし，圧力が所定の値に降下すると閉じる機能をもつ給水用具です。

●安全弁（温水機器用逃し弁）

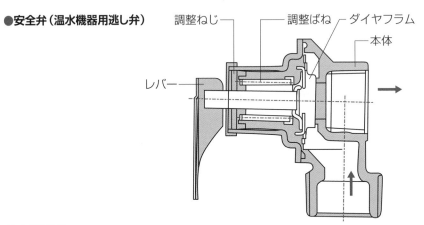

調整ねじ　調整ばね　ダイヤフラム　本体　レバー

●定流量弁

定流量弁は1次側の水圧にかかわらず流量が一定になるように制御する弁のことで，ばね，オリフィス，ニードルなどの流量調整機構を用います。

●定流量弁3種

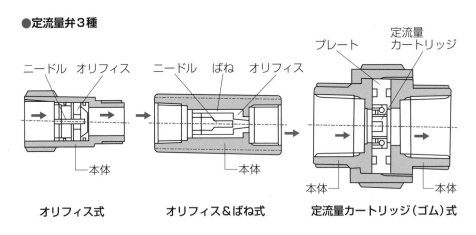

ニードル　オリフィス　ニードル　ばね　オリフィス　プレート　定流量カートリッジ　本体

オリフィス式　　オリフィス＆ばね式　　定流量カートリッジ（ゴム）式

●空気弁
空気弁は，管内に停滞した空気を自動的に排出する機能をもった給水器具です。

●吸排気弁
給水立て管頂部に設置され，管内に負圧が生じた場合，自動的に空気を多量に給気して給水管内の負圧を解消する機能をもった給水用具です。さらに，管内に停滞した空気を自動的に排出する機能もあります。

●吸気弁
寒冷地などの水抜き配管で，不凍栓を使用して2次側配管内の水を排水し，凍結を防止する配管において排水時に銅配管内に空気を導入して水抜きを円滑にするための自動弁です。

●バキュームブレーカ
給水管内に負圧が生じた際，使用済みの水などが逆サイホン作用により逆流し，水が汚染されることを防ぎます。逆止弁で逆流を防ぐとともに，逆止弁より2次側（流出側）の負圧部分へ空気を自動的に取入れ，負圧を破壊する機能をもつ給水用具です。

●バキュームブレーカ

補足 ▶

バキュームブレーカの種類
バキュームブレーカには，常時圧力のかからない部分に設ける大気圧式と，常時圧力はかかるが背圧のかからない配管部分に設ける圧力式があります。

逆サイホン作用
給水管内に生じた負圧により，洗面器，流し，浴槽などの水受け容器にいったん吐水された水が，サイホン作用によって給水管内に逆流することをいいます。

●大便器洗浄弁

大便器の洗浄に用いる給水用具のことを，大便器洗浄弁といいます。JIS B2061: 2013（給水栓）またはそれに準じる構造のものは，多量の水を瞬間的に必要とするため配管は口径 25mm 以上にしなければなりません。

●ミキシングバルブ

湯・水管の途中に取付けて湯と水を混合して，設定温度の湯を吐水する給水用具のことをミキシングバルブといいます。ミキシングバルブには，ハンドル式とサーモスタット式があります。

①**ハンドル式**：給水圧力および給湯圧力ともに変動がない場合に適する
②**サーモスタット式**：給水圧力および給湯圧力に変動がある場合に適する

●ミキシングバルブ

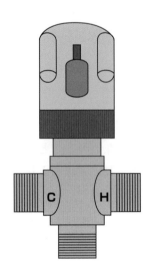

問1

難　**中**　易

次の記述のうち, 不適当なものはどれか。

(1) 玉形弁は, 流れがS字形になるため損失水頭が大きく, 仕切弁は弁体が上下して全開・全閉するため損失水頭は極めて小さい。

(2) ばね式逆止弁には, 二重式逆流防止器, 単式逆流防止弁, 複式逆流防止弁, 加圧式逆流防止弁などがある。

(3) リフト式逆止弁は, 損失水頭が比較的大きく, 水平に設置するようにする。

(4) ダイヤフラム式逆止弁は, 給水栓の異常音や給水装置に生じる水撃作用の緩和に有効である。

解説

加圧式逆流防止弁ではなく, 正しくは減圧式逆流防止器です。

解答 (2)

問2

難　**中**　易

次の記述のうち, 不適当なものはどれか。

(1) 複式逆流防止弁には, 2つの逆流防止弁が組み込まれており, 各々が独立して動作する。

(2) 安全弁は, 1次側の圧力が設定圧力を超えると, 弁体が自動的に開いて過剰圧力を逃がすもので, 逃し弁ともいう。

(3) 空気弁は, 自動的に管内へ空気を取入れる給水器具である。

(4) バキュームブレーカは, 給水管内に負圧が生じた際, 逆止弁で逆流を防ぎつつ, 逆止弁より2次側 (流出側) の負圧部分へ空気を自動的に取入れて負圧を破壊する。

解説

空気弁は, 空気を取入れるのではなく, 管内に停滞した空気を自動的に排出する機能をもった給水器具です。

解答 (3)

6 給水栓および給水用具の故障と対策

☐	混合水栓	ツーハンドル湯水混合水栓, シングルレバー湯水混合水栓, サーモスタット湯水混合水栓
☐	泡沫式水栓	空気を水流に混合して泡状に吐水させて流量を絞る
☐	自閉式水栓	手をハンドルから離すと, 水が流れたのち, ばねの力で自動的に止水する
☐	電子式自閉水栓	電子制御装置で吐水, 止水が自動的に制御される
☐	湯屋カラン	ハンドルを押している間だけ水が出て, ハンドルから手を離すと止水する
☐	ボールタップ	フロートの上下によって弁を自動的に開閉する
☐	漏水	こま, またはパッキンを取替える
☐	不快音	摩耗したこまを取替える
☐	水の出が悪い	水栓を取外してストレーナのごみを除去する
☐	水撃作用 （ウォータハンマ）	パッキンの交換, パッキンの材質変更, キャップナットを緩める
☐	湯沸器	吸熱板部分の清掃
☐	受水槽の副弁付定水位弁・ボールタップ	水が出ない：ストレーナの分解清掃／水が止まらない：ボールタップまたはパッキンの取替え
☐	大便器洗浄弁	常に少量の水が流出：ピストンバルブを取外して異物を取除く／常に大量の水が流出：ピストンバルブを取出してブラシなどで軽くこする／吐水量が少ない：水量調整ねじを左に回すまたはUパッキンを交換する
☐	小便器洗浄弁	吐水量が少ない（多い）：調整ねじを左（右）に回す／水勢が弱い（強い）：開閉ねじを左（右）に回す
☐	ボールタップ付ロータンク	鎖をたるませるまたは新しいフロート弁に交換する

給水栓類

① 水栓

水栓は，用途に応じて立水栓，横水栓，湯水混合水栓，電子式自閉水栓，小便器洗浄弁，大便器洗浄弁など多種多様なものがあります。

●よこ水栓

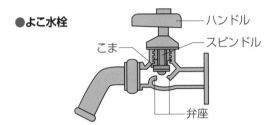

② 混合水栓

混合水栓には，次のような種類があります。

●ツーハンドル湯水混合水栓
止水と吐水および吐水温度と量の調整は，湯側，水側の2つのハンドルを操作することで行います。

●シングルレバー湯水混合水栓
止水と吐水および吐水温度と量の調整は，1つのハンドル操作によって行います。

●サーモスタット湯水混合水栓
吐水温度をあらかじめ設定しておけば，湯水の温度や圧力が変化しても，湯水混合量を自動的に調整して，設定温度の混合水の供給が可能となります。

補足

手洗衛生洗浄弁
手洗衛生洗浄弁は，自閉機構による節水型給水用具で，押棒を上げている間だけ吐水し，押棒から手を離すと自動的に止水する弁です。

3 泡沫式水栓

泡沫式水栓は，吐水量を絞ることによる節水型給水用具です。水栓に取付けられたフィルターにより空気を水流に混合し泡状に吐水させることで，流量を絞ります。

水に空気を含ませることで使用感が優しく，水はねが少ないことが特徴で，おもに家庭の台所の水道や，シャワーなどに多く用いられています。

4 自閉式水栓

自閉式水栓は，自閉機構による節水型給水用具です。手をハンドルから離すと，しばらく吐水（一定量の水）が流れたのち，ばねの力で自動的に止水します。

公共施設や商業施設のトイレや手洗い場，温泉施設や銭湯などに多く用いられている水栓です。

5 電子式自閉水栓

電子式自閉水栓は，自閉機構による節水型給水用具です。手を差し出して，赤外線ビームなどを遮断すると電子制御装置が作動して吐水，止水が自動的に制御されます。

蛇口などに触れることなく吐水・止水でき，節水効果も高いことから，おもに商業施設のトイレなどで多く用いられています。

6 定量水栓

ハンドルの目盛を必要とする水量にセットしておけば，設定した水量が吐水されたのち，自動的に止水する自閉機構による節水型給水用具の1つです。

あらかじめ設定した湯量になると自動的に湯水が止まる機能から，おもに浴室用に多く用いられます。

7 湯屋カラン

湯屋カランは，自閉機構による節水型給水用具です。ハンドルを押している間だけ水が出て，ハンドルから手を離すと自動的に止水します。

8 ボールタップ

ボールタップは，水洗便器のロータンクや受水槽に給水する役目をもった給水用具です。フロートの上下によって弁を自動的に開閉する構造になっており，一般形ボールタップ（てこの構造により単式と複式に分かれます），ダイヤフラム式ボールタップなどの種類があります。

> **補足** ▶
>
> **ダイヤフラム式ボールタップ**
> 圧力室内部の圧力変化を利用してダイヤフラムを動かすことで吐水，止水します。確実な止水が可能で，給水圧力による止水位の変動が小さい特徴があります。

チャレンジ問題

問1　　　　　　　　　　　　　難　**中**　易

次の記述のうち，不適当なものはどれか。

(1) サーモスタット湯水混合水栓は，吐水温度を設定しておくと湯水の温度や圧力が変化しても湯水混合量を自動的に調整する。

(2) シングルレバー湯水混合水栓は，止水と吐水および吐水温度と量の調整を3つのハンドル操作によって行う。

(3) ツーハンドル湯水混合水栓は，止水と吐水および吐水温度と量の調整を湯側，水側の2つのハンドル操作によって行う。

(4) 湯屋カランは，ハンドルを押している間だけ水が出るものである。

解説

シングルレバー湯水混合水栓は，1つのハンドル操作で調整を行います。

解答 (2)

故障と対策

1 水栓

水栓のおもな故障と対策は，以下の通りです。

①漏水：こまやパッキンの摩耗や損傷があるときには，こまやパッキンを取替える。弁座の摩耗や損傷があるときは，軽度の摩耗や損傷ならばパッキンを，そのほかの場合は水栓を取替える

②不快音：スピンドルの孔とこま軸の外径が合わなくなると発生することがあるので，摩耗したこまを取替える

③水の出が悪い：水栓のストレーナにごみが詰まると生じることがあるため，水栓を取外してストレーナのごみを除去する

④水撃作用（ウォータハンマ）：摩耗によってこまとパッキンの外径が不揃いになっているときは，正規のものに取替える。パッキンが軟らかくキャップナットを締めすぎているときには，パッキンの材質を変更するか，キャップナットを緩める

⑤水栓のスピンドルのがたつき：スピンドルのねじ山の摩耗があると生じることがあるので，スピンドルまたは水栓を取替える

2 湯沸器

　湯沸器の燃焼が悪いときは，ごみ，すす，さびが熱交換器吸熱板（フィン）部分に詰まって完全燃焼できていない可能性があるため，吸熱板部分を清掃します。湯沸器にはさまざまな種類があり，構造も複雑なので，需要者などが修理することが困難な場合は製造メーカーに修理を依頼します。

3 受水槽の副弁付定水位弁およびボールタップ

受水槽の副弁付定水位弁およびボールタップのおもな故障と対策は，次の通りです。

①**水が出ない**：ストレーナの異物詰まりなどが原因なので，ストレーナを分解して清掃する

②**水が止まらない**：ボールタップの弁座の損傷などが原因なので，ボールタップを取替える。パッキンの摩耗が原因の場合は，パッキンを取替える

4 大便器洗浄弁

大便器洗浄弁のおもな故障と対策は，次の通りです。

①**常に少量の水が流出**：弁座とピストンバルブの間に異物がかみ込んでいることがあるため，ピストンバルブを取外して異物を取除く

②**常に大量の水が流出**：ピストンバルブの小孔やストレーナに異物が詰まっていることがあるので，ピストンバルブを取出してブラシなどで軽くこする

③**吐水量が少ない**：水量調整ねじをねじ込みすぎている場合には，ねじを左に回して水量調整する。ピストンバルブのUパッキンが摩耗しているときは交換する

④**吐水量が多い**：水量調整ねじを開けすぎているときには，水量調整ねじを右に回して水量を調整する

⑤**水撃作用（ウォータハンマ）が発生**：ピストンゴムパッキンを押すビスが緩んでいることが考えられるので，ビスの締め直しをする

ストレーナ設置の目的

ストレーナは，異物が給水用具に混入することを防ぐために設けられています。したがって，ストレーナを取外した状態で給水用具を使用してはなりません。

5 小便器洗浄弁

小便器洗浄弁のおもな故障と対策は，次の通りです。

①吐水量が少ない（多い）：吐水量が少ない（多い）ときには，水量調整ねじを左（右）に回して吐水量を調整する

②水勢が弱い（強い）：水勢が弱い（強い）ときには，開閉ねじを左（右）に回して水勢を調整する。

③少量（多量）の水が流れ放し：大便器洗浄弁と同様

6 ボールタップ付ロータンク

水が止まらない場合は，鎖のからまり，フロート弁の損傷などが原因です。鎖をたるませる，新しいフロート弁に交換で対応します。

チャレンジ問題

問1　　　　　　　　　　　　　　　　　難　**中**　易

次の記述のうち，不適当なものはどれか。

(1) 水栓の働きで水の出が悪い場合は，水栓のストレーナにごみが詰まっていることがあるので，水栓を取外してストレーナのごみを除去する。

(2) 水栓のスピンドルががたついている場合は，スピンドルのねじ山の摩耗が原因となることがあるためスピンドルまたは水栓を取替える。

(3) 小便器洗浄弁の吐水量が多い場合は，調整ねじを左に回して調整する。

(4) 小便器洗浄弁の水勢が強い場合には，開閉ねじを右に回して水勢を調整する。

解説

吐水量が多い場合には，調整ねじを右に回します。

解答 (3)

第 **4** 章

給水装置計画論

1 給水装置の基本的な計画

まとめ&丸暗記　この節の学習内容とまとめ

☐ 給水方式	直結式, 受水槽式, 直結・受水槽併用式
☐ 直結式	配水管より需要者の設置した給水装置の末端まで有圧で直接給水する（直結直圧式, 直結増圧式）
☐ 受水槽式	水道水を受水槽で受け, この受水槽から建物内に給水する（高置水槽式, 圧力水槽式, ポンプ直送式）
☐ 直結・受水槽併用式	1つの建物で直結式と受水槽式を併用する方式
☐ 受水槽の構造	2槽構造, 水槽内の水位を下げられる構造がよい, 容器の天井は1/100以上の勾配をつける, 設置場所は周囲と距離があること, 六面点検が可能なこと, 床, 壁からの離隔は60cm以上, 天井からは1m以上離れていること
☐ 給水配管	上向き式配管, 下向き式配管
☐ 計画使用水量	給水装置に給水される水量
☐ 同時使用水量	いくつかの末端給水用具が同時に使用された場合の使用水量
☐ 施行者の指定と供給の条件	水道事業者は給水装置工事を適正に施行できると認められる者の指定ができる
☐ 計画1日使用水量	人数（N）×建物種類別単位給水量 [L／人]（q）[L／日]（Qd）
☐ 受水槽の有効容量	（0.4〜0.6）×計画1日使用水量 [L／日]（Qd）[L, ㎥]（V）

給水方式の決定

1 給水方式

　給水方式には，**直結式**，**受水槽式**，**直結・受水槽併用式**があります。どの給水方式にするかは，**給水する高さ**，**所要水量**，使用用途および維持管理面を考慮して決定します。所要水量は，**計画使用水量**から求めます。計画使用水量とは，給水管口径などの給水装置系統の主要諸元を計画する場合の**基礎**であり，建物の用途および水の使用用途，使用人数，給水栓の数量などを考慮して決められます。

　給水方式の決定にあたっては，設計に先立って**水道事業者**に確認しなければなりません。なぜなら，水道事業者ごとに水圧状況，配水管整備状況などによって給水方式の取扱いが異なるからです。

補足

計画使用水量
計画使用水量は，給水管口径をはじめとする給水装置系統の主要諸元を計画する際の基礎となるものです。

●給水方式

直結式 給水方式	直結直圧式	配水管の動水圧により直接給水
	直結増圧式	給水管に直結加圧形ポンプユニットを設置して高水位まで直結給水。また，直結加圧形ポンプユニットに近接して有効な逆止弁を設置
受水槽式 給水方式	高置水槽式	受水槽に受水ののち，ポンプで高置水槽へ汲み上げて自然流下によって給水
	圧力水槽式	受水槽に受水ののち，ポンプで圧力水槽に貯えて内部圧力によって給水
	ポンプ直送式	受水槽に受水したのち，使用水量に応じポンプの運転台数変更や回転数制御によって給水
直結・受水槽併用式 給水方式		1つの建築物で直結式・受水槽式の給水方式を併用

2 直結式給水方式

　配水管より需要者の設置した給水装置の末端まで有圧で直接給水する方式を，直結式給水方式といい，直結直圧式と直結増圧式があります。直結式給水方式は，水質管理が行き届いた安全な水を需要者に直接供給できます。

　直結式給水方式では，水道事業者の直結給水ステムの基準などにしたがい，給水管の口径の決定，同時使用水量の算定，ポンプ揚程の決定などを行い計画します。既設建物の給水設備を受水槽式給水方式から直結式給水方式に切り替える際には，水道事業者の直接給水システムの基準などを確認します。

　直接増圧式給水を行うには，適切な配管工系の決定および直結加圧形ポンプユニットの適正容量の決定に不可欠な同時使用水量を適正に設定することが必要です。

●直結直圧式

直結直圧式は，配水管の動水圧によって直接給水する方式です。各水道事業者において給水サービスの向上を図るため，逐次その対象範囲の拡大を図っていて，5階を超える建物をその対象としている水道事業者もあります。

●直結増圧式

直結増圧式は，給水管に直結加圧形ポンプユニットを設置し，水圧の不足分を加圧して高位置まで直接給水します。各戸への給水方法には，給水栓まで直接供給する直送式，既設改造の場合などでポンプより高所に設置された高置水槽に給水し，給水栓まで自然流下させる高置水槽式があります。

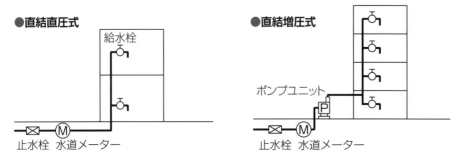

●直結直圧式

給水栓

止水栓　水道メーター

●直結増圧式

ポンプユニット

止水栓　水道メーター

3 受水槽式給水方式

受水槽式給水方式は，水をいったん受水槽で受け，受水槽から建物内に給水する方式です。受水槽入口で配水系統と縁が切れます。

一時に多量の水を使用する際，または使用水量の変動が大きい際に配水管の水圧低下を起こす場合に採用されます。配水管の水圧が変動しても給水圧，給水量を一定に保持できるため，断水時や災害時でも貯水能力があり給水の確保が可能です。配水管への負担が少なく，**水量の調整に役立ち**，排水管内の水を逆流で汚染することもありません。ただし，受水槽の設置スペースが必要で，受水槽の管理が不十分な場合や夏場の水温上昇などで**衛生上の問題**が生じることがあります。

受水槽の容量は計画１日使用水量により定めますが，配水管の口径と比較して単位時間あたりの受水量が大きいときは，配水管の水圧低下や付近の給水に支障を与えることがあります。この場合には**定流量弁**を設ける，タイムスイッチ付電動弁の取付などで水圧が高い時間帯に限り受水することもあります。

配水管の水圧が高い場合には，受水槽への流入時に給水管を流れる流量が過大となり，水道メーターの性能，耐久性に支障が出ることがあります。この場合には，定流量弁や**減圧弁**を設けます。

受水槽式給水方式には，次の３つの方式があります。

●高置水槽式

受水槽に受水後，ポンプで高置水槽へ汲み上げて，**自然流下**によって給水する方式です。１つの高置水槽から適当な水圧で給水可能な範囲は**10階程度**のた

め，高層建物では，その高さに応じて高置水槽や減圧弁を**多段に設置**する必要があります。

●**高置水槽式**

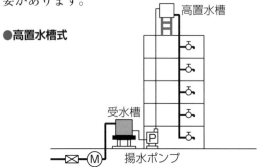

●圧力水槽式

圧力水槽式は，受水槽に受水したのち，ポンプで圧力水槽に貯えて，その内部圧力によって給水する方式です。

●**圧力水槽式**

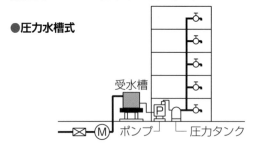

●ポンプ直送式

ポンプ直送式は，受水槽に受水したのち，使用水量に応じてポンプの回転数制御や運転台数の変更によって給水する方式です。

●**圧力水槽式**

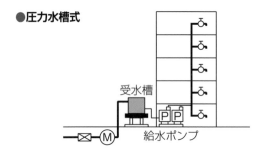

4 直結・受水槽併用式

　直結・受水槽併用式は，１つの建物で低層階を直結式，中層・高層階を受水槽式（高置水槽式）の２つの給水方式を併用して給水する方式です。

●直結・受水槽併用式

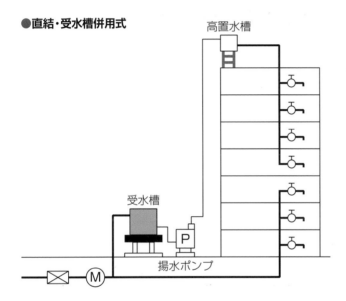

5 受水槽の構造

　受水槽の構造を，次に述べます。

①受水槽内を清掃しているときにも給水可能な状態にするには，２槽構造にする

②水の使用量が少ないと，水が受水槽内での滞留時間が長くなり，残留塩素濃度が低くなるため，水の使用量が極端に少ない時期には水槽内の**水位を下げられる**構造にしておくことで，水の入れ替えが促進される

補 足

２槽構造にするメリット

受水槽を２槽構造にしておくと，片側を使用しながら交互に清掃が可能となるので効率的です。

③水はけをよくするため，容器の天井は 1/100 以上の勾配をつける

④設置場所は周囲と距離があり点検しやすいこと，6 面点検（受水槽のすべ
ての面から点検）が可能なこと，床，壁からの離隔は 60cm 以上，天井
からは 1m 以上離れていることが必要

6 給水方式による配水管の設置方式

給水配管には，上向き式配管と下向き式配管の 2 種類があります。上向き
式配管は 1 階床または天井に設置し，上方にある給水栓に給水します。下向
き式配管は，給水主管を建物の最上階や屋上に配置して，下方にある給水栓
に給水するもので，高置水槽はこの方式を用います。

チャレンジ問題

問 1   難 **中** 易

次の記述のうち，不適当なものはどれか。

(1) 直結式給水方式は，配水管から需要者の設置した給水装置の末端まで有
圧で直接給水する方式である。

(2) 直結式給水方式のうち，給水管に直結加圧形ポンプユニットを設置し，不足
している水圧を加圧で補って高位置まで直接給水するものを，直結直圧式
という。

(3) 受水槽に受水後，ポンプで圧力水槽に貯えその内部圧力で給水する方式
を，圧力水槽式という。

(4) 受水槽の容量は，計画 1 日使用水量の 0.4〜0.6 倍程度を標準にして定める。

解説

直結直圧式ではなく，直結増圧式です。

解答 (2)

水量の決定

1 水量計画の基本

水量計画を考えるにあたって，ここでは基本的な用語を押さえておきましょう。

水量計画は，給水管口径などの主要諸元を計画する際の基礎となるもので，給水装置に給水される水量は**計画使用水量**といいます。この計画使用水量は建物の用途，水の使用用途，給水栓の数，使用人数などを考慮して決定します。

したがって，計画使用水量の算出にあたっては，直結式給水では**同時使用水量[L／分]**から，受水槽式給水の場合は**1日あたりの使用水量[L／日]**から求めます。

給湯器や給水栓などの末端給水用具のうち，いくつかの末端給水用具が同時に使用された場合の使用水量を**同時使用水量**といいます。これは，瞬時の最大使用水量に相当します。

給水装置に給水される1日あたりの水量を，**計画1日使用水量**といいます。

用途	使用水量（L／min）	給水管口径（mm）
シャワー	8〜15	13
便器（洗浄タンク付）	12〜20	13
流し	12〜40	13，20
浴槽	20〜60	13，20，25
大便器（洗浄弁付）	70〜130	25

補足 ▶

同時使用水量の計算

同時使用水量は，末端の給水用具の種類などによって異なるため，詳細に実態を調査または想定して同時使用水量を計算します。

器具の種類により，使用水量が異なるため，かなりの幅があります。しかし，具体的な設計段階になれば使用水量は確定するため，はっきりとした同時使用水量を計算することができます。

よく使われる一般的な給水管の口径は，小さい順に 13mm，20mm，25mm で，これに接続される給水用具の標準水量との関係は，次の通りです。

●一般的な給水管口径と給水用具の標準水量の関係

給水管口径（mm）	13	20	25
標準流量（L／分）	17	40	65

2 計画使用水量

計画使用水量は，設計使用水量ともいい，給水装置に給水される想定の水量を意味します。給水管口径や仕様などといった主要諸元の計画をする際の基礎とされるもので，次の2点を考慮して求めます。

各種算定方法の特徴を十分考慮して，実態にあった水量を設定することが必要です。

①建物の用途，水の使用用途，使用人数，給水栓の数など
②計画使用水量の算出は，直結式給水は同時使用水量［L／分］から，受水槽式給水は1日あたりの使用水量［L／日］から求められる（P.141 参照）

3 一戸建ての同時使用水量の算定方法

給水用具を設定して計算する方法は，次の通りです。

●同時使用する給水用具を設定して計算する方法

①1つの住戸内に存在する給水用具の数を合計する
②同時使用する給水用具の数を表から求める

③使用水量の多い給水用具から順に，②で求めた数の分だけ使用水量を足す

実際に計算してみましょう。

①1つの住戸内に存在する給水用具の数の合計は表「1戸あたりの末端給水用具の個数と使用水量」から読み取ると，6個である
②総給水用具数は6個なので，表「同時使用を考慮した末端給水用具数」の5〜10に相当し，同時使用する給水用具の数は3個となる
③使用水量の多い給水用具の上位3個は浴槽（洋式），洗たく流し，台所流しとなる。これらの使用水量を合計すると，35 + 30 + 25 = 90［L／分］となる

同時使用水量の算定が，計算問題として出題されます。例題を参考にしながら，確実に計算を解けるように練習をしておきましょう。

● 1戸あたりの末端給水用具の個数と使用水量

給水用具	個数	使用水量（L／分）
浴槽（洋式）	1	35
洗たく流し	1	30
台所流し	1	25
大便器（洗浄タンク）	1	15
洗面器	1	10
手洗器	1	5

● 同時使用を考慮した末端給水用具数

総給水用具数	1	2〜4	5〜10	11〜15	16〜20	21〜30
同時に使用する給水用具数	1	2	3	4	5	6

●標準化した同時使用水量（同時使用水量比）で計算する方法

この方法では，次の式で計画使用水量を求めることができます。

$$同時使用水量 [Q_p] = \frac{給水用具の全使用水量 [L/分] [\Sigma q \cdot n]}{給水用具の総数 [\Sigma n]} \times 同時使用水量比 [p]$$

n：器具の個数　　q：給水用具別使用水量 [L/分]

では，実際に計算してみましょう。同時使用水量比は，末端給水用具数が6個なので，表「給水用具数と使用水量比」から2.4であることが分かります。上記の式にあてはめると，

$$Q_p = \frac{[\Sigma q \cdot n]}{[\Sigma n]} \cdot p$$

$$= \frac{35 \times 1 + 30 \times 1 + 25 \times 1 + 15 \times 1 + 10 \times 1 + 5 \times 1}{6} \times 2.4$$

$$= 48 [L/分]$$

●種類別吐水量と対応する末端給水用具の呼び径

給水用具	使用水量 [L/分]	対応する末端給水用具の呼び径 [mm]
台所流し	12～40	13～20
洗たく流し	12～40	13～20
洗面器	8～15	13
浴槽 (和式)	20～40	13～20
浴槽 (洋式)	30～60	20～25
シャワー	8～15	13
小便器 (洗浄タンク)	12～20	13
小便器 (洗浄弁)※1	15～30	13
大便器 (洗浄タンク)	12～20	13
大便器 (洗浄弁)※2	70～130	25
手洗器	5～10	13

※1　1回 (4～6秒) の吐水量：2～3L　　※2　1回 (8～12秒) の吐水量：13.5～16.5L

●末端給水用具数と使用水量比

総給水用具数	1	2	3	4	5	6	7	8	9	10	15	20	30
使用水量比	1	1.4	1.7	2.0	2.2	2.4	2.6	2.8	2.9	3.0	3.5	4.0	5.0

4 集合住宅の同時使用水量の算定方法

集合住宅の同時使用水量の算定方法は，一戸建ての同時使用水量の算定方法①〜③に以下の④を追加して計算します。

④総戸数と個数による同時使用戸数率を掛ける

●給水戸数と同時使用戸数率

戸数	1〜3	4〜10	11〜20	21〜30	31〜40	41〜60	61〜80	81〜100
同時使用戸数率（%）	100	90	80	70	65	60	55	50

では，40戸の集合住宅を想定して，実際に計算してみましょう。

①1つの住戸内に存在する給水用具の数の合計は6個
②同時使用する給水用具の数は3個
③使用水量の多い給水用具の上位3個は浴槽（洋式），洗たく流し，台所流しで，これらの使用水量の合計は35＋30＋25＝90［L／分］
④40戸であることから，表「給水戸数と同時使用戸数率」より同時使用戸数率は65%である。よって，全体では90×40×0.65＝2340［L／分］となる

5 事務所ビルなどの同時使用水量の算定方法

事務所ビルなどの同時使用水量は，給水用具給水負荷単位数（FU）より，給水用具給水負荷単位による同時使用水量の線図を利用して算定されます。

給水用具給水負荷単位数（FU）

給水用具給水負荷単位数は，給水用具給水負荷単位を合計したもので，給水用具の種類による使用時間，使用頻度，多数の器具による同時使用を考慮した負荷率を見込んでいます。

それでは，実際に計算してみましょう。Aというビルには4つの事務所が入っており，各事務所には大便器（洗浄タンク），小便器（洗浄タンク），洗面器（給水栓），事務室用流し（給水栓），掃除用流し（給水栓）が1栓ずつ設置されています。このとき，事務所ビル全体の同時使用水量を給水用具給水負荷単位により算定します。

1戸あたりの給水用具給水負荷単位は，表「給水用具給水負荷単位」よりFU＝17となります。ビル全体の給水用具給水負荷単位の合計は，17×4＝68です。同時使用量Qpは，図「給水用具給水負荷単位による同時使用水」より横軸Σ（FU）＝68と曲線Bの交点を結び，この点の縦軸の値となります。ビル全体の同時使用水量Qpは，この図からQp＝130［L／分］となります。

●給水用具給水負荷単位

給水用具名	水栓	器具給水負荷単位 [公衆用]
大便器	洗浄タンク	5
小便器	洗浄タンク	3
洗面器	給水栓	2
事務室用流し	給水栓	3
掃除用流し	給水栓	4

●給水用具給水負荷単位による同時使用水量

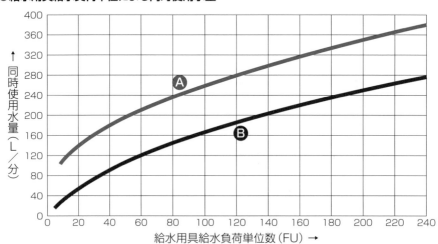

6 受水槽式給水の計画使用水量

　受水槽への給水量は，受水槽の容量と使用水量の時間的変化を考慮したうえで定めます。一般的には，1日あたりの計画使用水量を使用時間で除した水量とします。

　計画1日使用水量は，使用時間，人員，建物種類別単位給水量をもとに算定し，当該施設の内容と規模，給水区域内におけるほかの使用実態などを考慮して設定します。

　計画1日使用水量は，次の形で算定します。

　なお，ここで用いる建物種類別単位給水量の値については，表「建物種類別単位給水量」（P.148）を参照します。

> 計画1日使用水量［L／日］（Qd）
> ＝人数（N）×建物種類別単位給水量［L／人］（q）

7 受水槽の容量

　受水槽の有効容量は，一般的には計画1日使用水量の 0.4 ～ 0.6 倍とし，次の式で求められます。

> 受水槽の有効容量［L, ㎥］（V）
> ＝（0.4～0.6）×計画1日使用水量［L／日］（Qd）

●建物種類別単位給水量

建物種類	単位給水量 （1日あたり）	使用時間 （h／日）	注記	有効面積 あたりの人員	備考
戸建て住宅	200〜400L／人	10	居住者 1人あたり	0.16人／㎡	―
集合住宅	200〜350L／人	15			
独身寮	400〜600L／人	10		―	
官公庁・ 事務所	60〜100L／人	9	在勤者 1人あたり	0.2人／㎡	男子50L／人，女子 100L／人，社員食堂，テ ナントなどは別途加算
工場	60〜100L／人	操業 時間 +1	在勤者 1人あたり	座作業0.3人 ／㎡立作業 0.1人／㎡	男子50L／人，女子 100L／人，社員食堂，シャ ワーなどは別途加算
総合病院	1500〜3500L／床 30〜60L／㎡	16	延べ面積 1㎡あたり	―	設備内容などにより詳細 に検討する
ホテル全体 ホテル客室部	500〜6000L／床 350〜450L／床	12	―	―	同上 客室部のみ
保養所	500〜800L／人	10	―	―	―
喫茶店	20〜35L／客 55〜130L／店舗㎡	10	―	店舗面積には 厨房面積を含 む	厨房で使用される水量の み 便所洗浄などは別途加算
飲食店	55〜130L／客 110〜530L／店舗 ㎡		―	同上	同上 定性的には，軽食・そば・ 和食・洋食・中華の順に多 い
社員食堂	25〜50L／食 80〜140L／食堂㎡		―	同上	同上
給食センター	20〜30L／食			同上	同上
デパート・ スーパー マーケット	15〜30L／㎡	10	延べ面積 1㎡あたり	―	従業員分・空調用水を含 む
小・中・ 普通高等学校 大学講義棟	70〜100L／人 2〜4L／㎡	9	（生徒+職員） 1人あたり 延べ面積 1㎡あたり	―	教師・職員分を含む。プー ル用水（40〜100L／人） は別途加算実験・研究用 水は別途加算
劇場・映画館	25〜40L／㎡ 0.2〜0.3L／人	14	延べ面積 1㎡あたり 入場者 1人あたり	―	従業員分・空調用水を含 む
ターミナル駅	10L／100人	16	乗降客 1000人あたり	―	列車給水・洗車用水は別 途加算従業員分・多少の テナント分を含む
普通駅	3L／100人				
寺院・教会	10L／人	2	参会者 1人あたり	―	常住者・常勤者分は別途 加算
図書館	25L／人	6	閲覧者 1人あたり	0.4人／㎡	常勤者分は別途加算

※単位給水量は設計対象給水量であり，年間1日平均給水量ではない
※備考に特記のないかぎり，空調用水，冷凍機冷却水，実験・研究用水，プロセス用水，プール・サウナ用水などは別途加算する
[出典：空気調和衛生工学会：空気調和衛生工学便覧第14版より抜粋]

問1

水量に関する次の記述のうち，不適当なものはどれか。

(1) 同時使用水量とは，末端給水用具のうち，同時にいくつかの末端給水用具が使用された場合の使用水量をいう。

(2) 給水管の口径の大きさと，これに接続される給水用具の標準水量には，特段の関係はない。

(3) 計画使用水量とは，給水装置に給水される水量を指す。

(4) 計画使用水量の決定に関して，使用人数，給水栓の数，水の使用用途などを考慮しなければならない。

解説

口径の大きさと標準水量には，一定の関係があります。

解答 (2)

問2

受水槽式による総戸数90戸（2LDK40戸，3LDK50戸）の集合住宅1棟の標準的な受水槽容量の範囲として，次のうち，適当なものはどれか。
ただし，2LDK1戸あたりの居住人員は3人，3LDK1戸あたりの居住人員は4人とし，1人1日あたりの使用水量は250Lとする。

(1) 16㎥〜32㎥

(2) 32㎥〜48㎥

(3) 48㎥〜64㎥

(4) 64㎥〜80㎥

解説

間取りと居住人数から戸数全体の人数の計算をすると，2LDKの居住総数：3人×40（戸）＝120（人），3LDKの居住総数：4（人）×50（戸）＝200人，全体の居住総数（90戸）：120（人）＋200（人）＝320人となり，1日あたりの使用水量は250Lなので，250［L／日］×320人＝80,000［L／日］。㎥に換算すると80［㎥／日］となる。受水槽容量の計画1日使用水量は0.4〜0.6が標準とされるので，80［㎥／日］の0.4〜0.6は，32㎥〜48㎥となります。

解答 (2)

2 給水管の口径などの算定

まとめ&丸暗記　この節の学習内容とまとめ

☐ 給水管の口径決定の手順
- ①各給水用具の吐水量の設定
- ②同時使用給水用具の決定
- ③各区間流量の決定
- ④管径の仮定
- ⑤給水装置末端から水理計算
- ⑥各区間の損失水頭
- ⑦各区間の所要水頭
- ⑧各分起点の所要水頭
- ⑨給水装置全体の所要水頭が配水管の計画最小動水圧の水頭以下であるか

☐ 動水勾配線図
（直結直圧式）
動水勾配線, 計画最小動水圧の水頭などを図示したもの

☐ 動水勾配
給水管の単位長さあたりの摩擦損失水頭を千分率で表現したもの

☐ 直管換算長
水道メーター, 弁, 栓などの圧力損失がこれと同系統の直管のどの程度の圧力損失に相当するかを直管の長さ [m] で表現したもの

☐ 損失水頭
水が通過するときに摩擦によって失う水頭のこと

☐ ウエストン公式の流量図
縦軸に流量, 横軸に動水勾配, 斜軸に口径をとり, これら3つの条件の関係を示したもの

☐ 給水管の摩擦損失水頭
口径50mm以下ではウエストン公式, 口径75mm以上はヘーゼン・ウィリアムス公式で求める

給水管の口径決定

1 口径決定の手順

給水管の口径決定の手順は，次の図の通りです。

● **給水管の口径決定手順**

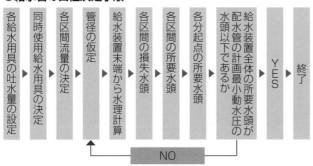

各給水用具の吐水量の設定 ▶ 同時使用給水用具の決定 ▶ 各区間流量の決定 ▶ 管径の仮定 ▶ 給水装置末端から水理計算 ▶ 各区間の損失水頭 ▶ 各区間の所要水頭 ▶ 各分起点の所要水頭 ▶ 水頭以下であるか 給水装置全体の所要水頭が配水管の計画最小動水圧の ▶ YES ▶ 終了

NO

給水管の口径は，**計画最小動水圧**（水道事業者が定める配水管の水圧）において，計画使用水量を十分に供給できるもので，かつ，**経済性**も考えた合理的な大きさとします。そして，**給水用具の立上り高さと計画使用水量**に対する**総損失水頭**を加えたものが，給水管を取出す配水管の計画最小動水圧の水頭以下になるように定めます。将来の使用水量の増加，配水管の水圧変動などの圧力水頭を考慮して，ある程度**余裕水頭**を確保しておく必要があります。

最低必要圧力を確保しなければならない給水用具があるときには，その水頭も確保します。水道メーターは呼び径により**適正使用流量範囲**，瞬時使用の**許容流量**があり，口径決定の大きな要因となります。

なお，給水管内の流速は原則として過大にならない程度の 2.0〔m ／秒〕以下としておきます。

補足 ▶

水理計算

水理計算は理論上，水に関して導き出される物理的な数値を計算することを指します。具体的には，給水の水量や水圧などから適切な給水管の口径や長さ，ポンプの能力などと算出することです。

2 直結直圧式の動水勾配線図

　配水管から分岐した水は，分水栓，止水栓などを経由して給水栓から吐水されますが，このときに各種栓類の局部抵抗や給水管の**摩擦損失**などによって圧力が失われていきます。この圧力の大きさは**水頭**で表すことができ，その様子は次の**動水勾配線図**のようになります。

●**直結直圧式の動水勾配線図**

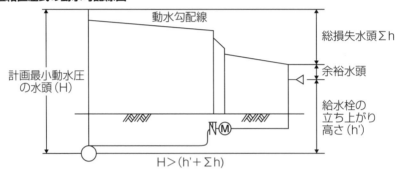

　ここに，H：計画最小動水圧の水頭［m］

　　　　　h_1：総損失水頭［m］

　　　　　h_2：給水栓の立上り高さ［m］

　　　　　h_3：余裕水頭［m］

　とすると，

$$H = h_1 + h_2 + h_3 \quad \cdots\cdots \quad H > h_1 + h_2$$

●口径が太くなり無駄なため，h_3 を過大にしません。

●動水勾配＝損失水頭 × 1000 ／管の長さとなります。

●摩擦損失水頭も管の長さも［m］で動水勾配の単位は［‰］で表します。

3 直結増圧式の動水勾配線図

　直結増圧式の口径決定には，使用実態に合った同時使用水量を用いて適正

に設定しなければなりません。なぜなら，建物内の使用水量の変動が**直結加圧形ポンプユニット**や取出し給水管の**給水能力に直接影響**するからです。

　直結増圧式の口径決定の手順は，建物内の同時使用水量を適正に設定し，必要な水量が給水可能な性能の直結加圧形ポンプユニットを選定，必要な水量に応じた取出し給水管の口径を決定する形となります。

　直結加圧形ポンプユニットの吐水圧（圧力水頭）の設定値は，直結加圧形ポンプユニットの渦流側の給水管および用具の**損失水頭**，末端最高位の給水用具を用いるために必要な**圧力（圧力水頭）**および直結加圧形ポンプユニットと末端最高位の給水用具との**高低差の合計**で求めるようにします。

補足 ▶

千分率

千分率とは，1000分の1を単位として表した比率のことで，単位はパーミル［‰］です。

●**直結増圧式の動水勾配線図**

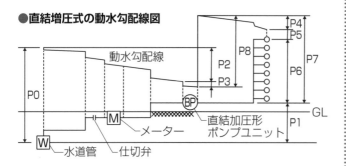

ここに，P_0：配水管の水頭［m］

　　　　P_1：配水管と直結加圧形ポンプユニットとの高低差［m］

　　　　P_2：直結加圧形ポンプユニットの上流側の給水管および給水用具の**圧力損失**［m］

　　　　P_3：直結加圧形ポンプユニットの**圧力損失**［m］

　　　　P_4：直結加圧形ポンプユニットの下流側の給水管および給水用具の**圧力損失**［m］

P_5：末端最高位の給水用具を使用するために必要な圧力〔m〕

P_6：直結加圧形ポンプユニットと末端最高位の給水用具との**高低差**〔m〕

P_7：直結加圧形ポンプユニットの**吐水圧**〔m〕

P_8：直結加圧形ポンプユニットの加圧ポンプの全揚程〔m〕

直結加圧形ポンプユニットの吐水圧の設定値（P_7）は，以下の式で表されます。直結加圧形ポンプユニットの下流側の給水管，給水用具の**損失圧力**（P_4），**末端最高位の給水用具を使用するのに必要な圧力**（P_5）および直結加圧形ポンプユニットと末端最高位の給水用具との**高低差**（P_6）の合計となります。

$$P_7 = P_4 + P_5 + P_6$$

直送式の直結加圧形ポンプユニットの吐水圧は，末端最高位の給水用具を使用するのに必要な圧力を確保できるように設定します。

4 動水勾配

動水勾配は，給水管の単位長さあたりの**摩擦損失水頭**を千分率で表現したもので，次の式で求めることができます。

$$動水勾配（i）= \frac{給水管の摩擦損失水頭（h）〔m〕}{給水管の長さ（L）〔m〕} \times 1000〔‰〕$$

5 直管換算長

直管換算長は，水道メーター，弁，栓などの**圧力損失**が，これと同系統の直管のどの程度の圧力損失に相当するかを，**直管の長さ**〔m〕で表現したものです。

6 摩擦損失水頭

給水管の**摩擦損失水頭**は，水が通過するときに摩擦によって失う水頭のことで，次の式から求めます。

$$摩擦損失水頭（h_f）[m]$$
$$= \frac{給水管の長さ（L）[m] \times 動水勾配（i）[‰]}{1000} [m]$$

補足 ▶

摩擦損失水頭と給水管の長さの単位

摩擦損失水頭と給水管の長さの単位はどちらもメートル[m]ですが，前者は圧力を表す単位で，後者は長さを表す単位です。それぞれ表現している内容が異なりますので，注意しましょう。

●水栓類の損失水頭（給水栓・止水栓・分水栓）

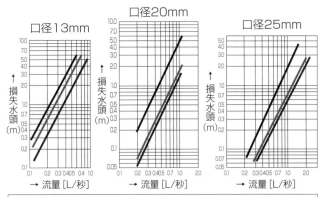

●水道メーターの損失水頭

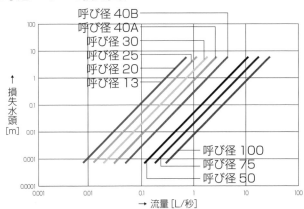

問1

難　中　**易**

次の記述のうち，不適当なものはどれか。

(1) 給水管の口径は計画最小動水圧において，経済性を考慮した合理的な大きさかつ計画使用水量を十分に供給できるものとする。

(2) 直結増圧式の口径は，使用実態に合致した同時使用水量を用いて適正に設定したうえで決定する。

(3) 配水管から分岐した水における各種栓類の局部抵抗や給水管の摩擦損失などによって失われた圧力は，水頭で表現できる。

(4) 給水管の口径決定に際して，給水管内の流速は原則として4.0 [m／秒] 以下とする。

解説

給水管内の流速は，原則として2.0 [m／秒] 以下とします。

解答 (4)

問2

難　**中**　易

次の記述のうち，不適当なものはどれか。

(1) 給水管の口径決定において，余裕水頭を考慮する必要はない。

(2) 直結増圧式の口径決定の手順は，①建物内の同時使用水量を適正に設定する②必要な水量が給水可能な性能の直結加圧形ポンプユニットを選定③必要な水量に応じた取出し給水管の口径を決定する。

(3) 動水勾配は，給水管の摩擦損失水頭と給水管の長さの比で表すことができる。

(4) 水道メーターや栓などの圧力損失が，これと同系統の直管のどの程度の圧力損失に相当するかを直管の長さ [m] で表現したものを，直管換算長という。

解説

将来の使用水量の増加，配水管の水圧変動などの圧力水頭を考慮して，ある程度，余裕水頭を確保しておく必要があります。

解答 (1)

流量図を用いた計算

1 ウエストン公式の流量図を用いた計算

　ウエストン公式の流量図は，たて軸に**流量**［L／秒］，よこ軸に**動水勾配**［‰］，斜軸に**口径（D）**［mm］をとり，これら３つの条件の関係を示した線図のことです。流量，動水勾配，口径のうち２つの条件が決まれば線図上の位置が確定するため，残りの条件を決めることができます。次の「ウエストン公式による給水管の流量図」から，実際に数値を読み取ってみましょう。

- 流量１［L／秒］，動水勾配100［‰］のときの口径は，30mm に相当します。
- 口径20mm，動水勾配５［‰］のときの流量は，0.06［L／秒］に相当します。
- 流量0.6［L／秒］，口径40mm のときの動水勾配は，10［‰］に相当します。

補足 ▶

流量図の目盛
流量図の目盛は縦軸，横軸ともに等間隔ではありません。これは，両方とも対数目盛になっているためで，しっかりと読み込まないと計算結果が大きく異なってしまうため注意しましょう。

●**ウエストン公式による給水管の流量図**

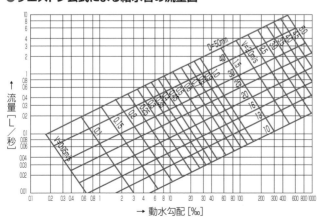

給水管の摩擦損失水頭は，口径 50mm 以下ではウエストン公式，口径 75mm 以上は**ヘーゼン・ウィリアムス**の公式で求めることが可能です。

　ウェストン公式は，次のようになります。

管の摩擦損失水頭（h）[m]

$$= (0.0126 + \dfrac{0.01739 - 0.1087 \times 管の口径（D）[m]}{\sqrt{管内の平均流速（v）[m／秒]}})$$

$$\times \dfrac{管の長さ（L）[m]}{管の口径（D）[m]} \times \dfrac{（管内の平均流量）^2（v^2）[9.8m／秒]}{2 \times 重力の加速度（g）[9.8m／秒^2]}$$

$$動水勾配（I）[‰] = \dfrac{管の摩擦損失水頭（h）[m]}{管の長さ（L）[m]} \times 1000$$

流量（Q）[m³／秒]

$$= \dfrac{\pi \times （管の口径）^2（D^2）[m]}{4} \times 管内の平均流量（v）[m／秒]$$

2　ヘーゼン・ウィリアムスの公式

　口径 75mm 以上の場合の給水管の摩擦損失水頭は，次の**ヘーゼン・ウィリアムス**の公式で求めます。

$h = 10.666 \times 流速係数^{-1.85}（C^{-1.85}） \times D^{-4.87} \times Q^{1.85} \times L$

$v = 0.35464 \times C \times D^{0.63} \times I^{0.54}$

$Q = 0.27853 \times C \times D^{2.63} \times I^{0.54}$

チャレンジ問題

問1

次の記述のうち, 不適当なものはどれか。

(1) ウエストン公式の流量図は, 斜軸に口径, よこ軸に動水勾配, たて軸に流量をとる。

(2) 流量は給水管の口径の2乗に比例する。

(3) ウエストン公式の流量図で, 線図上の位置が確定するのに必要な条件は口径, 動水勾配, 流量のうち2つである。

(4) ヘーゼン・ウィリアムスの公式は, 口径50mm以上の給水管の摩擦損失水頭を求めるときに用いる。

解説

ヘーゼン・ウィリアムスの公式は, 口径75mm以上の給水管の摩擦損失水頭を求めるときに用います。

解答 (4)

問2

ウエストン公式に関する次の記述の ( ) 内の①〜④に入る語句を答えよ。

ウエストン公式の (①) は, たて軸に (②), よこ軸に (③), 斜軸に (④) をとり, これら3つの条件の関係を示した線図のことである。

解説

ウエストン公式では, 口径が50mm以下の場合, 給水管の摩擦損失水頭を計算することができます。口径が75mm以上の場合は, ヘーゼン・ウィリアムスの公式により求めることができます。

解答①流量図②流量③動水勾配④口径

3 給水装置の図面の作成

まとめ&丸暗記 この節の学習内容とまとめ

☐ 図面	どのような形で配水管が建物内などへ布設されるかを表現したもの
☐ 平面図	給水装置工事の計画, 施行に用いる
☐ 立面図	建物や配管などを記入する
☐ 詳細図	縮尺を変更し拡大図にして図示する
☐ 図面作成での留意点	平面図の縮尺は, 1/100〜1/500の範囲で作成する
	給水管, 配水管の口径はミリメートル [mm] の単位を用いる
	配管の長さはメートル [m] の単位を用いる
☐ 表示記号	図面を作成するときに用いられる給水管の管種, 弁・栓類, 給水栓 (平面および立面), 受水槽などを表した一部図案化された記号
☐ 作図の原則	①図面の方位は, 原則的に上が北
	②受水槽式給水の図面は, 直結給水部分と受水槽以下に分ける
	③管種, 口径の表示は, 平面図・立面図それぞれ一口径, 一管種に限り, 余白に凡例表示することで省略が可能

図面作成の基本と表示記号

1 図面の種類

　図面はどのような形で配水管から給水管が建物内などへ布設されるかを表現したもので，平面図，立面図，詳細図の３種類があります。

●平面図
給水装置工事の計画，施行に用います。必要に応じて立面図，詳細図を作成します。

●立面図
平面図で表現不可能な建物や配管などを記入するためのものです。

●詳細図
平面図で表現できない部分について，縮尺を変更し拡大図にして図示するためのものです。

2 図面作成での留意点

　平面図の縮尺は，1/100 〜 1/500 の範囲で作成し，給水管，配水管の口径はミリメートル［mm］の単位を用いますが，単位記号はつけません。
　また，配管の長さはメートル［m］の単位を用いますが，単位記号はつけません。

3 表示記号

図面の表示記号には，次のようにさまざまな種類があります。

●給水管の管種の表示記号

管　種	表示記号	管　種	表示記号
硬質塩化ビニルライニング鋼管	SGP-V	ポリエチレン二層管	PP
耐熱性硬質塩化ビニルライニング鋼管	SGP-HV	架橋ポリエチレン管	XPEP
ポリエチレン粉体ライニング鋼管	SGP-P	ポリブデン管	PBP
塗覆装鋼管	STWP	ダクタイル鋳鉄管	DIP
ステンレス鋼鋼管	SSP	鋳鉄管	CIP
銅管	CP	鉛管	LP
硬質ポリ塩化ビニル管	VP	亜鉛めっき鋼管	GP
耐衝撃性硬質ポリ塩化ビニル管	HIVP	ポリエチレン複合鉛管	PEPb
耐熱性硬質塩化ビニル管	HTVP	石綿セメント管	ACP

●弁・栓類の表示記号

名称	表示記号	名称	表示記号	名称	表示記号
仕切弁	—┤├—	消火栓	—●—	管の交差	
止水栓	—✕—	防護管（さや管）	═══	メーター	—Ⓜ—
逆止弁	—∅—	口径変更	—▷—	ヘッダ	

162

●給水栓類の表示記号（立面図）

種別	表示記号	種別	表示記号	種別	表示記号
給水栓類		シャワーヘッド		フラッシュバルブ	
ボールタップ		湯水混合水栓	湯側　水側	特殊器具	

●給水栓類の表示記号（平面図）

種別	表示記号
給水栓類	
湯水混合水栓	湯側　水側
特殊器具	

●受水槽その他の表示機能

名称	受水槽	高置水槽	ポンプ	加圧ポンプ
表示記号			P	BP

●工事別表示方法

名称	給水管		給湯管		撤去	廃止
	新設	既設	新設	既設		
種別	実線	破線	一点鎖線	二点鎖線	実線を斜線で消す	
記入例	——	-------	—·—·—	—··—··—		

補 足 ▶

図面の作図

図面は，工事施工の基本で，維持管理や技術的基礎資料としても大切な役割をします。そのため，誰にでもわかりやすいように表現することを心がけましょう。

問1　　難　中　易

図面に関する次の記述のうち, 不適当なものはどれか。

(1) 図面には, 詳細図, 立面図, 平面図の3種類がある。

(2) 立面図は, 平面図で表現不可能な給水管の布設状況などを図示したものである。

(3) 詳細図は, 平面図で表現できない部分を縮尺を変えて拡大図にして図示したものである。

(4) 基本的に給水装置工事の計画, 施行に用いる図面は詳細図で, 必要に応じて平面図, 立面図を作成する。

解説

通常, 給水装置工事の計画, 施行に用いる図面は平面図で, 必要に応じて立面図, 詳細図を作成します。

解答 (4)

問2　難　中　易

図面に関する次の記述のうち, 不適当なものはどれか。

(1) 平面図の縮尺は, 1/100〜1/1000の範囲で作成する。

(2) 平面図では, 給水管, 配水管の口径はミリメートル [mm] を用い, 単位記号はつけない。

(3) 図面は, 配水管から給水管がどのような形で建物内などへ布設されるかを表現したものである。

(4) 平面図では, 配管の長さはメートル [m] を用いるが, 単位記号はつけない。

解説

平面図の縮尺は, 1/100〜1/500の範囲で作成します。

解答 (1)

164

平面図と立面図の関係と図面の見方

補足 ▶

凡例（はんれい）

書物の著述の目的や
編集方針，また，グラ
フや図面では使用す
る記号や要素の定義
を説明したもののこ
とです。

1 作図

　作図をする際には，誰が見ても容易に理解できるよ
うに表現することが必要です。
　作図の原則は，次の通りです。

①図面の方位は，原則的に上を北とする
②受水槽式給水の場合の図面は，直結給水部分と受水
　槽以下に分けるようにする
③管種および口径の表示は，平面図・立面図とも給水
　管および給湯管についてそれぞれ一口径，一管種に
　限り省略が可能となっている。このとき，省略した
　口径，管種は図面の余白に凡例表示する

2 平面図と立面図の図面の見方

　平面図と立面図を見ていきましょう（P.166 参照）。
ただし，これらの図面は，管種，口径および延長は省
略し，給水栓などの給水用具の図示記号も考慮してい
ません。
　平面図では，水道メーター以降，北と南に分岐し，
給水栓が南に1個設置されています。
　1階には，台所とトイレの横に立ち上り部があり，
立面図を見るとトイレの横にあるものは2階へ立ち上
がったのち，洗面とトイレがある西側へ配管されてい
ることがわかります。

●平面図と立面図

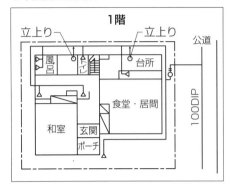

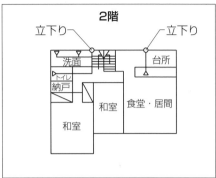

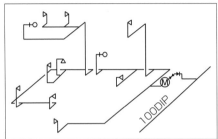

公道の配水管から給水管を分岐し,住宅に給水する図面である。平面図の1階は,敷地と公道の位置および配水管からの給水引込みの経路も図示されている

チャレンジ問題

問1

難　**中**　易

図面に関する次の記述のうち,不適当なものはどれか。

(1) 上に掲載してある平面図と立面図から,2階の洗面所とトイレの配管は,1階のトイレ横から立ち上がっている。

(2) 受水槽式給水の図面は,直結給水部分と受水槽以下は分ける必要はない。

(3) 平面図・立面図ともに給水管および給湯管について,それぞれ一口径,一管種に限り省略が可能である。

(4) 原則として,図面の下は南の方位を意味する。

解説

受水槽式給水の図面は,直結給水部分と受水槽以下に分けるようにします。

解答 (2)

第 **5** 章

給水装置の構造
および性能

1 耐圧性能に関する基準

まとめ&丸暗記　この節の学習内容とまとめ

☐ 耐圧性能基準　水道の水圧によって給水装置の水漏れ，破損などが生じることを防ぐ

☐ 浸出性能基準　給水装置などより金属などが浸出することで飲用に供される水が汚染されることを防止する

☐ 水撃限界性能基準　水撃作用（ウォータハンマ）によって給水装置に破壊などが生じることを防止する

☐ 逆流防止性能基準　給水装置を通じて汚水が逆流することで，水道水の汚染，公衆衛生上の問題が発生することを防止する

☐ 負圧破壊性能基準　断水時などによって生じる負圧で給水装置の吐水口から汚水が逆流し，公共への危害などが生じることを防止する

☐ 吐水口空間　吐水口の最下端から越流面までの垂直距離および近接壁から吐水口の中心（25mmを超えるものは吐水口の最下端）までの水平距離

☐ 吐水空間の確保　負圧破壊や逆流の防止に用いる

☐ 耐久性能基準　頻繁な作動を繰り返すうちに弁類が故障し，その結果，給水装置の耐圧性，逆流防止などに支障が出ることを防止する

☐ 耐寒性能基準　給水用具内の水が凍結し，給水用具に破壊などが生じることを防止する

耐圧性能基準

① 耐圧性能基準の適応対象および適用対象除外

　耐圧性能基準の目的は，給水装置の水漏れ，破損などが水道の水圧によって生じることを防ぐことです。この耐圧性能基準はすべての給水管および給水用具が対象となりますが，最終の止水機構の流出側に設置される給水用具は除きます。

　シャワーヘッドや大気圧式バキュームブレーカは，最終の止水機構の流出側に設置され，最終の止水機構を閉止することで漏水などを防止できるうえ，高水圧が加わらないため耐圧性能基準は適用されません。

　水栓の**カラン**など，止水機構を有する器具で，器具の流出側が大気に開放されているものの二次側の部分については，耐圧性能基準の**適用対象除外**となります。

② 耐圧性能基準

　耐圧性能基準については，給水装置の構造および材質の基準に関する省令で次のように定められています。

●給水装置の構造および材質の基準に関する省令第1条

　（耐圧に関する基準）
　給水装置（最終の止水機構の流出側に設置されている給水用具を除く）は，次に掲げる耐

補足 ▶

給水装置の構造および性能の7基準

給水装置の構造および性能の7基準（耐圧性能基準, 浸出性能基準, 水撃限界性能基準, 逆流防止性能基準, 負圧破壊性能基準, 耐寒性能基準, 耐久性能基準）は頻出項目ですので，十分に理解しておきましょう。

圧のための性能を有するものでなければならない。

一　給水装置（次号に規定する加圧装置および当該加圧装置の下流側に設置されている給水用具ならびに第3号に規定する熱交換器内における浴槽内の水などの加熱用の水路を除く）は，厚生労働大臣が定める耐圧に関する試験（以下「耐圧性能試験」という）により1.75MPaの静水圧を1分間加えたとき，水漏れ，変形，破損その他の異常を生じないこと

二　加圧装置および当該加圧装置の下流側に設置されている給水用具（次に掲げる要件を満たす給水用具に設置されているものに限る）は，耐圧性能試験により当該加圧装置の最大吐出圧力の静水圧を1分間加えたとき，水漏れ，変形，破損その他の異常を生じないこと

　　イ　当該加圧装置を内蔵するものであること

　　ロ　減圧弁が設置されているものであること

　　ハ　ロの減圧弁の下流側に当該加圧装置が設置されているものであること

　　ニ　当該加圧装置の下流側に設置されている給水用具についてロの減圧弁を通さない水との接続がない構造のものであること

三　熱交換器内における浴槽内の水等の加熱用の水路（次に掲げる要件を満たすものに限る）については，接合箇所（溶接によるものを除く）を有せず，耐圧性能試験により1.75MPaの静水圧を1分間加えたとき水漏れ，変形，破損その他の異常を生じないこと

　　イ　当該熱交換器が給湯および浴槽内の水等の加熱に兼用する構造のものであること

　　ロ　当該熱交換器の構造として給湯用の水路と浴槽内の水等の加熱用の水路が接触するものであること

四　パッキンを水圧で圧縮することにより水
　　密性を確保する構造の給水用具は，第1
　　号に掲げる性能を有するとともに，耐圧
　　性能試験により20kPaの静水圧を1
　　分間加えたとき，水漏れ，変形，破損そ
　　の他の異常を生じないこと

2　給水装置の接合箇所は，水圧に対する充
　　分な耐力を確保するためにその構造およ
　　び材質に応じた適切な接合が行われてい
　　るものでなければならない

3　家屋の主配管は，配管の経路について構
　　造物の下の通過を避けることなどにより
　　漏水時の修理を容易に行うことができる
　　ようにしなければならない

耐圧試験の実施
配管工事後の耐圧試
験の試験水圧に関し
て定量的な基準はな
く，水道事業者が給
水区域内の実情を考
慮して試験水圧を定
めることができます。
したがって，一律試験
水圧1.75MPaを1
分間保持する水圧試
験を実施しなければ
ならないということ
ではありません。

　なお，厚生労働省給水装置データベースの「給水管
および給水用具の性能基準の解説」において，次のよ
うに規定されています。

1.適用対象
　　耐圧性能基準の適用対象は，原則としてす
べての給水管および給水用具である。ただし，
大気圧式バキュームブレーカ，シャワーヘッ
ドなどのように最終の止水機構の流出側に設
置される給水用具については，最終の止水機
構を閉止することにより漏水などを防止でき
ること，高水圧が加わらないことから，適用
対象から除外した。

また，止水機構を有する器具であって，通常の使用状態において器具の流出側が大気に開口されているものの2次側の部分（たとえば水栓のカランの部分）についても，同様の考え方で耐圧性能は求めないこととした。

耐圧性能基準は，水道の水圧により給水装置に破壊などが生じることを防止するためのもので，**最終の止水機構の流出側**に設置される給水用具については，**適用されません**。

また O リングなどを使用した給水用具についても，O リングなどを水圧で接続部に密着させることによって水密性を保つ構造の伸縮継手，伸縮可とう継手などについては，むしろ**低水圧**時に密着力が低下し，外部への漏水が生じるおそれがあることから，20kPa の低水圧による試験もあわせて行うこととしています。

なお，O リングなどを使用する器具であっても，ネジなどで O リングなどを締付けて水密性を確保している場合には，低水圧時に密着力が低下するおそれがないことから，適用対象外となります。

③ 試験圧力の条件および判定基準

試験水圧の 1.75MPa は，通常の使用状態における水圧，**ウォータハンマ**による水撃圧などを考慮して，日本の水道の使用圧力で給水装置に加わる**最大水圧**を想定して設定しています。**新設工事**では適正な給水装置工事の施工の確保の観点から，接合部や配管の施工が確実に行われたか，試験水圧 1.75MPa を 1 分間保持する**耐圧試験の実施**が望ましいとされています。

試験時間が 1 分間と決められているのは，この時間内で変形や破損が認められなければそれ以上試験を続けても結果はほぼ変わらない，水漏れが発生した場合には，その時間内で確認できる経験則に基づき設定されています。

判定基準における変形とは，形状の異常な変化を指すものです。水圧を**フレキシブル継手**に加えた際，形状の変化がその仕様の範囲内であれば変形に

は該当しません。

　このほか，給水用具のうち O リングを使用するものの中で O リングをねじで締付け水密性を確保する器具では，1分間 20kPa の静水圧を加える試験の実施は不要です。低水圧時に密着力が低下するおそれがないからです。

●耐圧に関する試験装置例

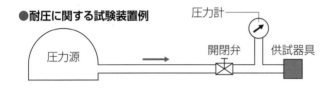

4　耐圧試験実施時の圧力低下

　給水管の敷設後耐圧試験を実施する際には，適切な大きさの加圧圧力と適切な長さの加圧時間にしなければなりません。もし，過大にした場合には，柔軟性のある分水栓や合成樹脂管などを損傷するおそれがあるからです。

　こうしたポリブデン管，ポリエチレン二層管，架橋ポリエチレン管などの柔軟性のある合成樹脂管に対して耐圧試験を実施する場合には，水圧を加えると管の特性によって，管が膨張して圧力が低下します。

　さらに，水温や気温などで圧力低下の状況が異なるため，注意する必要があります。

5　耐圧試験実施時の分水栓および止水栓の開閉

　分水栓，止水栓の耐圧試験は，すべて開状態で実施します。なぜなら，この耐圧試験は止水性能を確認するための試験ではないからです。

給水管および給水用具の性能基準の解説

給水装置の構造および材質の基準に関する省令のうち，個々の給水管および給水用具が満たすべき性能基準の根拠となる考え方，解釈などについて解説したものです。「耐圧性能基準」「浸出性能基準」「水撃限界性能基準」「逆流防止性能基準」「負圧破壊性能基準」「耐寒性能基準」「耐久性能基準」について解説しています。

膨張による圧力低下

金属管やライニング鋼管などに対しては，膨張による圧力低下を考慮する必要はありません。

問1

難　**中**　易

次の記述のうち，不適当なものはどれか。

(1) 耐圧性能基準で除外されるものは，最終の止水機構の流出側に設置される給水用具である。

(2) 耐圧性能試験の目的は，水道の水圧によって給水装置の水漏れ，破損などが生じることを防止することにある。

(3) 耐圧性能試験では，給水装置は1.75MPaの静水圧を3分間加えて，水漏れ，変形，破損そのほかの異常を生じないことが必要である。

(4) 大気圧式バキュームブレーカ，水栓のカランは耐圧性能基準の適用対象除外である。

解説

耐圧性能試験では，給水装置は1.75MPaの静水圧を1分間加えます。

解答 (3)

問2

難　**中**　易

次の記述のうち，不適当なものはどれか。

(1) 1分間20kPaの静水圧を加える試験は，給水用具のうちOリングを使用するものすべてに適用しなければならない。

(2) 試験水圧の1.75MPaは，現在の日本の水道の使用圧力において給水装置に加わる最大水圧を想定して設定されている。

(3) フレキシブル継手に水圧を加えたとき，形状変化がその仕様の範囲内であれば変形には該当しない。

(4) ポリエチレン二層管など柔軟性のある合成樹脂管に耐圧試験を実施する場合，管が膨張して圧力が低下する。

解説

1分間20kPaの静水圧を加える試験は，Oリングを使用する器具の中でも，Oリングをねじで締付けて水密性を確保する器具に関しては不要です。

解答 (1)

浸出性能基準

1 浸出性能基準の概要と目的

浸出性能基準は，給水装置などより，金属などが浸出することで飲用に供される**水が汚染されることを防止**するためのものです。給水装置は，飲用に供する水を供給する装置として，**厚生労働大臣の定める「浸出に関する試験」**（「浸出性能試験」という）により，供試品について浸出させたとき，その浸出液は表「浸出性能基準」（P.176 参照）に掲げる基準に適合しなければなりません。なお，給水栓など末端の給水用具の基準は，おおよそ**水質基準の 1/10** としています。

浸出性能基準は，国内外の浸出性能基準・規格のうち，合理的および体系的と考えられる NSF（米国衛生財団）による規格（NSF61）に準拠し，日本国内の水道水質，給水装置の使用実態，試験などを考慮して修正を加えたものとなっています。

この浸出性能基準の適用対象は，通常の使用状態で**飲用に供する水が接触する可能性がある給水管や給水用具に限定**されます。そのため，浸出性能基準は継手，給水管，給水管に接続される**すべての給水用具に適合していなければならないというわけではありません**。

浸出性能試験は，最終製品で行う器具試験以外にも部品試験や材料試験も選択可能とされていますが，金属材料については材料試験から**除外**されています。

営業用として用いられる**製氷機**などは，給水管との接続口から給水用具内の水受け部への吐水口までの間の部分について評価を行えばよいとされています。

補足

ボールタップの浸出性能基準
水洗便所のロータンク用ボールタップは，浸出性能基準の適用対象外ですが，受水槽用ボールタップは浸出性能基準の適用対象となりますので注意しましょう。

2 浸出性能試験による浸出液の基準

●浸出性能基準

事項	水栓その他給水装置の末端に設置されている給水用具の浸出液に係る基準	給水装置の末端以外に設置されている給水用具の浸出液、または給水管の浸出液に係る基準
カドミウムおよびその化合物	0.001mg／L 以下	0.01mg／L 以下
水銀およびその化合物	0.00005mg／L 以下	0.0005mg／L 以下
セレンおよびその化合物	0.001mg／L 以下	0.01mg／L 以下
鉛およびその化合物	0.001mg／L 以下	0.01mg／L 以下
ヒ素およびその化合物	0.001mg／L 以下	0.01mg／L 以下
六価クロム化合物	0.002mg／L 以下	0.02mg／L 以下
亜硝酸態窒素	0.004mg／L 以下	0.04mg／L+ 以下
シアン化合物イオンおよび塩化シアン	0.001mg／L 以下	0.01mg／L 以下
硝酸態窒素および亜硝酸態窒素	1.0mg／L 以下	10mg／L 以下
フッ素およびその化合物	0.08mg／L 以下	0.8mg／L 以下
ホウ素およびその化合物	0.1mg／L 以下	1.0mg／L 以下
四塩化炭素	0.0002mg／L 以下	0.002mg／L 以下
1,4-ジオキサン	0.005mg／L 以下	0.05mg／L 以下
1,2-ジクロロエタン	0.0004mg／L 以下	0.004mg／L 以下
シス-1,2-ジクロロエチレンおよびトランス-1,2-ジクロロエチレン	0.004mg／L 以下	0.04mg／L 以下
ジクロロメタン	0.002mg／L 以下	0.02mg／L 以下
テトラクロロエチレン	0.001mg／L 以下	0.01mg／L 以下
トリクロロエチレン	0.001mg／L 以下	0.01mg／L 以下
ベンゼン	0.001mg／L 以下	0.01mg／L 以下
ホルムアルデヒド	0.008 mg／L 以下	0.08mg／L 以下
亜鉛およびその化合物	0.1mg／L 以下	1.0mg／L 以下
アルミニウムおよびその化合物	0.02mg／L 以下	0.2mg／L 以下
鉄およびその化合物	0.03mg／L 以下	0.3mg／L 以下
銅およびその化合物	0.1mg／L 以下	1.0mg／L 以下
ナトリウムおよびその化合物	20mg／L 以下	200mg／L 以下
マンガンおよびその化合物	0.005mg／L 以下	0.05mg／L 以下
塩化物イオン	20mg／L 以下	200mg／L 以下
蒸発残留物	50mg／L 以下	500mg／L 以下
陰イオン界面活性剤	0.02mg／L 以下	0.2mg／L 以下
非イオン界面活性剤	0.005mg／L 以下	0.02mg／L 以下
フェノール類	0.0005mg／L 以下	0.005mg／L 以下
有機物（全有機炭素（TOC）の量）	0.5mg／L 以下	3mg／L 以下
味	異常でないこと	異常でないこと
臭気	異常でないこと	異常でないこと
色度	0.5度 以下	5度 以下
濁度	0.2度 以下	2度 以下
エピクロロヒドリン	0.01mg／L 以下	0.01mg／L 以下
アミン類（トリエチレンテトラミンとして）	0.01mg／L 以下	0.01mg／L 以下
2,4-トルエンジアミン	0.002mg／L 以下	0.002mg／L 以下
2,6-トルエンジアミン	0.001mg／L 以下	0.001mg／L 以下
酢酸ビニル	0.01mg／L 以下	0.01mg／L 以下
スチレン	0.002mg／L 以下	0.002mg／L 以下
1,2-ブタジエン	0.001mg／L 以下	0.001mg／L 以下
1,3-ブタジエン	0.001mg／L 以下	0.001mg／L 以下

※主要部品の材料として銅合金を使用している水栓その他給水装置の末端に設置されている給水用具の浸出液に係る基準にあっては、この表鉛およびその化合物の項中「0.001mg／L」とあるのは「0.007mg／L」と、亜鉛およびその化合物の項中「0.1mg／L」とあるのは「0.97mg／L」と、銅およびその化合物の項中「0.1mg／L」とあるのは「0.98mg／L」とする

3 適用対象および適用対象外

浸出性能基準の適用対象は，次の通りです。

①給水管
②元止め式瞬間湯沸器，台所や洗面所用の水栓，自動販売機，浄水器（先止め式および元止め式で浄水器と水栓が一体として製造・販売されているもの），ウォータクーラなどの飲用水を供給する末端給水用具
③継手類，受水槽用ボールタップ，貯湯湯沸器，先止め式瞬間湯沸器，バルブ類などの末端給水用具以外の給水用具

浸出性能基準の適用対象外のものは，次の通りです。

①洗髪用の水栓，ふろ用の水栓，食器洗浄用の水栓，洗浄弁，洗浄便座，散水栓，水洗便所のロータンク用ボールタップ
②浄水器のうち，浄水器単独で製造・販売され，消費者が取付けるもの

補足 ▶

営業用自動販売機の評価

営業用として使用される自動販売機については，給水管との接続口から，給水用具内の水受け部への吐水口までに至る間の部分について評価すればよいとされています。

●浸出性能基準の適用対象器具と適用対象外器具

	適用対象器具例	適用対象外器具例
給水管および末端給水用具以外の給水用具	給水管	―
	継手類	
	バルブ類	
	受水槽用ボールタップ	
	先止め式瞬間湯沸器および貯湯湯沸器	
末端給水用具	台所・洗面用などの水栓	ふろ・洗髪・食器洗浄用などの水栓
	元止め式瞬間湯沸器および貯湯湯沸器	洗浄弁，洗浄便座，散水栓
	浄水器（冷水機）	水洗便器のロータンク用ボールタップ
	自動販売機	ふろ給湯専用の給湯器およびふろがま
	ウォータクーラ	自動食器洗い機

浸出性能試験の浸出用液に使用する精製水は，**イオン交換法**，**蒸留法**などで精製した水とし，水道水は用いません。そして評価は，**滞留状態**においてのみ行うようにします。

給水装置は内容積が小さいことから，滞留状態で基準を満たすことができれば，当然ながら**流水状態でも基準を満たす**ことになるからです。

チャレンジ問題

問1   難　**中**　易

次の記述のうち，不適当なものはどれか。

(1) 受水槽用ボールタップ，給水管は浸出性能基準の適用対象である。

(2) 水洗便所のロータンク用ボールタップ，ふろ用の水栓は，浸出性能基準の適用対象外である。

(3) 浸出性能試験の材料試験では，金属材料は除外されている。

(4) 浸出性能基準は，継手，給水管，給水管に接続されるすべての給水用具に適合していなければならない。

解説

浸出性能基準は，通常の使用状態において飲用に供する水が接触する可能性がある給水管および給水用具に限定されます。したがって，すべての給水用具に適合しなければならないわけではありません。

解答 (4)

水撃限界性能基準

1 水撃限界性能に関する基準

　水撃作用（ウォータハンマ）とは，急に止水機構を閉止したときに，管路内に生じる急激な圧力の変動作用をいいます。

　水撃限界性能基準の目的は，水撃作用によって給水装置に**破壊**などが生じることを**防止**することです。

2 適用対象

　水撃限界性能基準の適用対象は，水撃作用を生じるおそれのある給水用具となります。

　具体的には，次の給水用具が該当します。

①水栓（おもにシングルレバー水栓）
②ボールタップ，電磁弁（電磁弁内蔵の全自動洗濯機，食器洗い器など）
③元止め式瞬間湯沸器など

　ただし，水撃作用を生じるおそれがあるすべての給水用具について，この**基準を満たさなければならない**というわけではありません。

　基準を満たしていない給水用具を用いる場合は，水撃防止用具を給水用具の上流側に近接設置すれば，全体として基準を満たしていることになります。

補足 ▶

水撃限界性能基準を満たしていない給水用具を用いる場合
水撃限界性能基準を満たさない給水用具を用いる場合は，水撃防止器具（エアチャンバなど）を設置するなど，全体として水撃限界性能基準を満たす措置を講じる必要があります。

3 試験条件

　水栓そのほか水撃作用を生じるおそれのある給水用具は，厚生労働大臣の定める「水撃限界に関する試験」により，給水用具内の**流速を2[m／秒]**または**動水圧を0.15MPa**とする条件下で，給水用具の止水機構を**急閉止**（閉止動作が自動で行われる給水用具では自動閉止）をした際，その水撃作用によって上昇する水圧は**1.5MPa以下**である性能を有するものでなければならないとされています。

●**水撃限界に関する試験装置例**

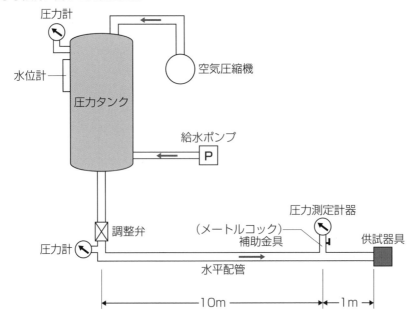

4 判定基準

　水撃限界性能試験における上昇する圧力は，**水撃圧の最大値と通水路の動水圧との差**をいいます。なお，湯水混合水栓については，同一仕様の止水機構が水側および湯側についている場合，いずれか一方の止水機構の試験を実施すればよいことになっています。

5 ウォータハンマの防止

ウォータハンマが発生するおそれのある場合で，給水管の水圧が高いときには減圧弁を設置して給水圧をさげ，ウォータハンマが発生するおそれのある箇所についてはその手前にエアチャンバなどの水撃防止器具を近接して設置するなどの対策を施します。

このほか，単式ボールタップは複式ボールタップよりもウォータハンマが発生しやすいので，水槽にボールタップで給水する場合には，必要に応じて波立ち防止板などの設置が必要です。

補足 ▶

エアチャンバ
空気を溜めておくところなので，空気室ともいいます。バルブ閉止時に水の慣性力をチャンバ内の空気を圧縮させて吸収することで，水撃作用を防止します。

チャレンジ問題

問1　　　　　　　　　　　　　　　難　**中**　易

次の記述のうち，不適当なものはどれか。

(1) 水撃限界性能試験では，動水圧を0.15MPaまたは給水用具内の流速2［m／秒］とする条件下で給水用具の止水機構を急閉止した際，その水撃作用によって上昇する水圧は1.5MPa以下でなければならない。

(2) ボールタップ，電磁弁，水栓など，水撃作用を生じるおそれのある給水用具はすべて水撃限界性能基準を満たさなければならない。

(3) 水撃限界性能試験における水撃作用によって上昇する圧力は，水撃圧の最大値と通水路の動水圧との差を指す。

(4) 複式ボールタップは，単式ボールタップよりもウォータハンマが発生しにくい。

解説

水撃作用を生じるおそれがあるすべての給水用具について，水撃限界性能基準を満たさなければならないというわけではありません。

解答 (2)

逆流防止性能基準

1 逆流防止に関する基準

　逆流防止性能基準の**目的**は，給水装置を通じて汚水が逆流することで，**水道水の汚染，公衆衛生上の問題が発生することを防止**することです。逆流防止性能に関する基準は，次の①〜③の逆流防止性能を有する給水用具が，水の逆流を防止できる適切な箇所に設置されていることが必要です。

① **減圧式逆流防止器**：逆流防止性能試験により，3kPa および 1.5MPa の静水圧を 1 分間加えたとき，変形，水漏れ，破損そのほかの異常を生じないとともに，負圧破壊性能試験により流入側から − 54kPa の圧力を加えた際，減圧式逆流防止器に接続した透明管内の水位上昇が 3mm を超えないこと

② **逆止弁および逆流防止装置を内部に備えた給水用具（逆流防止給水用具）**：逆流防止性能試験により，3kPa および 1.5MPa の静水圧を 1 分間加えたとき，変形，水漏れ，破損そのほかの異常を生じないことが必要

③ **逆止弁など**：1 次側と 2 次側の圧力差がほぼ無くても，2 次側から水撃圧などの高水圧が加わったとき，ともに水の逆流を防止できるものとする

④ 次の逆流防止給水用具については，それぞれに示した静水圧を 1 分間加えたとき，変形，水漏れ，破損そのほかの異常を生じないことが必要

(a) 減圧弁の試験水圧は 3kPa および減圧弁の設定圧力とする

(b) シャワーヘッドの試験水圧は 3kPa のみとする

(c) 浴槽に直結し，かつ，自動給湯する給湯器および給湯付ふろがま（自動湯張り自然循環式ふろがま，自動湯張り型高温水供給式ふろがま，自動湯張り型強制循環式ふろがま）で，逆流防止装置の流出側に循環ポンプを有するものの試験水圧は，3kPa および循環ポンプの最大吐出圧力または 50kPa のいずれか高い圧力とする

(d) (c) において循環ポンプを有しないものは，試験水圧を 3kPa および 50kPa とする

●逆流防止給水用具に対する規定の適用

逆流防止給水用具の区分	読み替えられる字句	読み替える字句
①減圧弁	1.5MPa	減圧弁の設定圧力
②逆流防止装置の流出側に止水機構が設けられておらず，かつ，大気に開口されている逆流防止給水用具（③および④に規定するものを除く）	3kPaおよび1.5MPa	3kPa
③浴槽に直結し，かつ，自動給湯する給湯機および給湯付ふろがま（④に規定するものを除く）	1.5MPa	50kPa
④浴槽に直結し，かつ，自動給湯する給湯機および給湯付ふろがまであって逆流防止装置の流出側に循環ポンプを有するもの	1.5MPa	循環ポンプの最大吐出圧力または50kPaのいずれかの高い圧力

補足 ▶

減圧式逆流防止器

減圧式逆流防止器は信頼性の高い逆流防止器であり，厚生労働大臣が定める逆流防止性能試験および負圧は改正能試験によって，所定の性能を有するものでなければなりません。

2 適用対象

逆流防止性能基準の適用対象は，逆止弁，減圧式逆流防止器および逆流防止装置を内部に備えた給水用具です。

3 試験

試験は，次の2つの場合について実施します。どちらの場合も，逆流防止性能が必要となります。

①1次側（流入側）と2次側（流出側）の圧力差がほぼないとき（低水圧）

●逆流防止に関する試験装置例

＜静水圧3kPaの場合＞

②2次側（流出側）から高水圧が加わったとき

●逆流防止に関する試験装置例

＜静水圧3kPa以外の場合＞

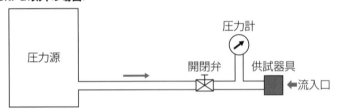

チャレンジ問題

問1

難　中　易

減圧式逆流防止器の逆流防止性能試験に関する次の記述の①～④に入る語句を答えよ。

減圧式逆流防止器の逆流防止性能試験では，（　①　）および（　②　）の静水圧を1分間加えたとき，水漏れ，破損，変形そのほかの異常を生じないとともに，負圧破壊性能試験により流入側から（　③　）の圧力を加えた際，減圧式逆流防止器に接続した透明管内の水位上昇が（　④　）を超えないことが必要である。

解説

各性能試験で用いられる数値および単位を覚えておくようにしましょう。

解答①3kPa ②1.5MPa ③−54kPa ④3mm

負圧破壊性能基準

1 負圧破壊性能に関する基準

　負圧破壊性能基準は，断水時などによって生じる負圧で給水装置の吐水口から汚水が逆流し，公共への危害などが生じることを防止するためのものです。

① バキュームブレーカは負圧破壊性能試験により流入側から− 54kPa の圧力を加えたとき，バキュームブレーカに接続した透明管内の水位の上昇が 75mm を超えないこと

　試験では，バキュームブレーカの下端または逆流防止装置が働く位置（取付け基準線）より水面までの垂直距離を 150mm になるように取付けます。

② 負圧破壊装置を内部に備えた給水用具については，負圧破壊性能試験によって流入側から− 54kPa の圧力を加えたとき，給水用具に接続した透明管内の水位の上昇を次の通りとすること

（a）バキュームブレーカを内部に備えた給水用具では，逆流防止機能が働く位置から水受け部の水面までの垂直距離の 1/2 を超えないこと

（b）バキュームブレーカ以外の負圧破壊装置を内部に備えた給水用具[※1]では，給水口に接続している管と流入管の接続部分の最下端または吸気口の最下端のうち，いずれか低い点から水面までの垂直距離の 1/2[※2] を超えないこと

補足 ▶

負圧破壊性能
負圧によって給水装置の吐水口から汚水が逆流し，水が汚染されない性能のことを負圧破壊性能といいます。

負圧破壊装置を内部に備えた給水用具
給水用具から負圧破壊装置を取外して試験を実施しても問題ありません（本文[※1]）。

負圧破壊性能試験の垂直距離の判断基準
試験では，吸気口に接続している管と流入管の接続部分の最下端または吸気口の最下端のうち，いずれか低い点から水面までの距離を判断基準とします（本文[※2]）。

③吐水口一体型給水用具は，負圧破壊性能試験によって流入側から－
54kPa の圧力を加えた際，吐水口から水を引き込まないこと

●**圧力式バキュームブレーカの設置位置例**

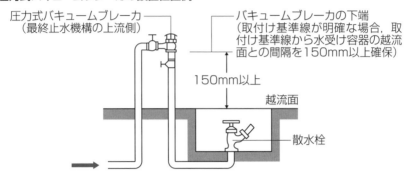

2 適用対象

　負圧破壊性能基準の適用対象は，バキュームブレーカ，負圧破壊装置を内部に備えた給水用具および吐水口一体型給水用具です。

●バキュームブレーカ
器具単独で販売され，水受け容器からの取付けの高さが施工時に変更可能なものをいいます。圧力式と大気圧式があります。

●負圧破壊装置を内部に備えた給水用具
給水用具自体に負圧破壊装置が組み込まれており，製品の仕様として負圧破壊装置の位置が一定に固定されているものを指します。吐水口水没型ボールタップ，大便器洗浄弁などがあります。

●吐水口一体型給水用具
水受け部と吐水口が一体の構造，かつ，水受け部の越流面と吐水口の間が分離されていることで水の逆流を防止するものです。貯蔵湯沸器，ボールタップ付ロータンク，自動販売機，冷水機などがあります。

3 試験

試験に際しては，通常の状態で供試品を取付け，－54kPa の圧力で各給水用具の基準に照らします。

●負圧破壊に関する試験装置例

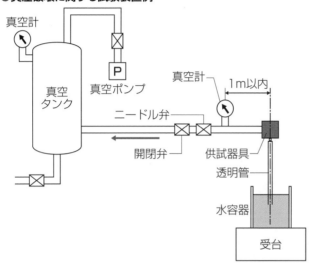

●吐水口一体型給水用具に係る負圧破壊に関する試験装置例

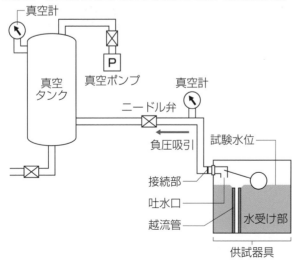

補足

供試品が吐水口一体型の場合

供試品が吐水口一体型の場合の試験では，透明管を設けません。

4 吐水口空間の確保

負圧破壊や逆流の防止に，吐水口空間を確保する方法があり，給水装置の構造および材質の基準に関する省令第 5 条に規定されています。

吐水口空間とは，吐水口の最下端から越流面までの垂直距離および近接壁から吐水口の中心（25mm を超えるものは吐水口の最下端）までの水平距離をいいます。

吐水口を有する給水装置より浴槽へ給水するときは，越流面からの吐水口空間は 50mm 以上を確保しなければなりません。吐水口を有する給水装置より，プールに給水するときならびに事業活動にともない，洗剤または薬品を入れる水槽および容器に給水するときには，越流面からの吐水口空間は 200mm 以上を確保する必要があります。

事業活動にともない，水質を汚染するおそれがある場所に給水するときは，当該場所の水管そのほかの設備と給水装置を分離するなどして，適切な逆流防止のための措置を講じなければなりません。

そのため，水質を汚染するおそれがある有害物質などを取扱う場所に給水する給水装置は，受水槽式にすることを原則とします。

●規定の吐水口空間基準（呼び径が 25mm 以下のもの）

呼び径の区分	越流面から吐水口の中心までの垂直距離（A）	近接壁から吐水口の中心までの水平距離（B）
13mm 以下	25mm 以上	25mm 以上
13mm を超え 20mm 以下	40mm 以上	40mm 以上
20mm を超え 25mm 以下	50mm 以上	50mm 以上

●吐水口を有する給水装置の例

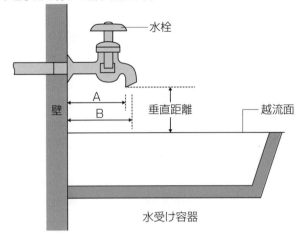

●水槽などの吐水口空間（1）たて取り出しの越流管

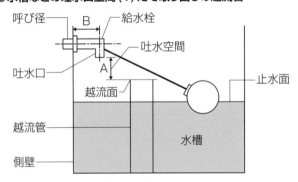

●水槽などの吐水口空間（2）よこ取り出しの越流管

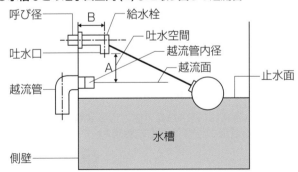

問1

難　**中**　易

次の記述のうち, 不適当なものはどれか。

(1) バキュームブレーカの負圧破壊性能試験では, 流入側から−54kPaの圧力を加えた際, 透明管内の水位上昇が75mmを超えないことが求められる。

(2) 吐水口一体型給水用具は, 負圧破壊性能試験によって流入側から−54kPaの圧力を加えた際, 吐水口から水を引き込まないことが必要である。

(3) 洗剤や薬品を入れる水槽に給水する場合, 越流面からの吐水口空間は50mm以上を確保しなければならない。

(4) 水質汚染のおそれがある有害物質などを取扱う場所に給水する給水装置は, 原則的に受水槽式にする。

解説

洗剤や薬品を入れる水槽に給水するときは, 200mm以上を確保する必要があります。

解答 (3)

問2

難　**中**　易

次の記述のうち, 不適当なものはどれか。

(1) 負圧破壊性能基準の適用対象は, バキュームブレーカ, 負圧破壊装置を内部に備えた給水用具および吐水口一体型給水用具である。

(2) 負圧破壊装置を内部に備えた給水用具は, 負圧破壊装置の位置を自由に移動できるもので, 吐水口水没型ボールタップ, 大便器洗浄弁などがある。

(3) バキュームブレーカは, 器具単独で販売され, 水受け容器からの取付けの高さが施工時に変更可能なものをいい, 圧力式と大気圧式がある。

(4) 吐水口一体型給水用具は, 水受け部と吐水口が一体の構造, かつ, 水受け部の越流面と吐水口の間が分離されていることで水の逆流を防止するものである。

解説

負圧破壊装置を内部に備えた給水用具は, 給水用具自体に負圧破壊装置が組み込まれ, 製品の仕様として負圧破壊装置の位置は一定に固定されています。

解答 (2)

耐久性能基準

1 耐久性能基準

　耐久性能基準は，頻繁な作動を繰り返すうちに弁類が故障し，その結果，給水装置の耐圧性，逆流防止などに支障が出ることを防止するためのものです。

　弁類（耐寒性能が求められているものは除外）は，耐久性能試験により10万回の開閉操作を繰り返したのち，給水用具にかかわる耐圧性能，水撃限界性能，逆流防止性能，負圧破壊性能を有しなければなりません。

　また，弁類が頻繁な動作で故障し，給水装置の耐圧性，逆流防止などに支障が起こることを防止するためのものです。

2 耐久性能基準適用対象

　耐久性能基準の適用対象となるのは，弁類のうち機械的，自動的に頻繁に作動し，かつ，通常は消費者が自分の意志で選択ができ，または設置や交換ができない弁類を指します。

　具体的には，減圧弁，逃し弁，逆止弁，空気弁および電磁弁で，弁類単体として製造，販売され，施工時に取付けられるものに限定されます。

　なお，水栓やボールタップについては，通常，故障などが発見しやすい位置に設置され，耐久の度合いに基づく製品の選択は消費者に委ねることが可能であることから，耐久性能基準の適用対象にしないこととされています。

補足▶

耐久性能基準試験における弁類の開閉

耐久性能基準試験に用いる弁類の開閉回数のカウント方法は，弁の「開」と「閉」の動作をもって1回とカウントします。

●給水管および給水用具の性能基準適用例

給水管および給水用具	性能基準	耐圧	浸出	水撃限界	逆流防止	負圧破壊	耐久	耐寒
給水管（サドル分水含む）		●	●	ー	ー	ー	ー	△
給水栓	飲用	●	●	●	○	○	ー	△
給水栓	ふろ用など飲用以外	●	ー	●	○	○	ー	△
バルブ		●	●	※	ー	ー	●	△
継手		●	●	ー	ー	ー	ー	△
浄水器		●	●	ー	○	ー	ー	
湯沸器	飲用	●	●	※	○	○	ー	△
湯沸器	ふろ用など飲用以外	●	ー	ー	○	○	ー	△
逆流防止装置		●	●	ー	●	○	ー	△
水撃防止装置		●	●	●	ー	ー	ー	△
ユニット機器	飲用	●	●	○	○	○	ー	△
ユニット機器	ふろ用など飲用以外	●	ー	○	○	○	ー	△
家電機器類	飲用	●	●	○	○	○	ー	△
家電機器類	ふろ用など飲用以外	●	ー	○	○	○	ー	△

●:例外なく適用される性能基準　○:一般的に適用される性能基準　△:適用される場合があるもの　ー:適用外

③ 試験

　試験圧力は**最高使用圧力の 1/2** ですが，安全弁（逃し弁）は圧力の異常上昇によって作動し，圧力を降下させる機能をもつので，試験圧力は最高使用圧力の**1.5 倍**としています。

　耐久性能試験で求められているのは，最低でも 2 〜 3 年程度の使用に相当する 10 万回の開閉操作です。この開閉操作は，弁の「開」および「閉」の動作をもって 1 回と数えます。

●耐久に関する試験装置例

補足 ▶

耐久性能基準と浸出性能基準

耐久性能試験は開閉操作であり，この開閉操作では材質などの変化はあり得ないため，浸出性能は確認しなければならない性能基準項目から除外されています。

チャレンジ問題

問1　　　　　　　　　　　　　　　　　　難　中　易

次の記述のうち，不適当なものはどれか。

(1) 弁類（一部を除く）は，耐久性能試験で10万回の開閉操作を繰り返したのち，給水用具にかかわる耐圧性能，水撃限界性能，逆流防止性能，負圧破壊性能を有する必要がある。

(2) 耐久性能基準の適用対象は，通常は消費者が自分の意志で選択または設置や交換ができず，かつ，機械的，自動的に頻繁に作動する逃し弁，逆止弁，空気弁などである。

(3) 耐久性能試験では10万回の開閉操作を繰り返すが，回数のカウントは開の動作で1回，閉の動作で1回とする。

(4) 最高使用圧力の1/2を耐久性能試験の圧力とするのが原則だが，安全弁（逃し弁）は圧力の異常上昇によって作動するため，試験圧力は最高使用圧力の1.5倍とする。

解説

開閉操作は，弁の開および閉の動作をもって1回と数えます。

解答 (3)

耐寒性能基準

1 耐寒性能基準

　耐寒性能基準は，給水用具内の水が凍結し，給水用具に破壊などが生じることを防止するためのものです。

　屋外で気温が著しく低下しやすい場所など，凍結のおそれがある場所に設置する給水装置のうち，弁類（逃し弁，減圧弁，逆止弁，空気弁および電磁弁）は耐久性能試験によって 10 万回の開閉操作を繰り返し，かつ，耐寒性能試験により－ 20 ± 2℃の温度で 1 時間保持したのちに通水した際，給水装置にかかわる耐圧性能，水撃限界性能，逆流防止性能および負圧破壊性能を有するものでなければなりません。

　弁類以外の給水装置は，耐久性能試験は不要で，耐寒性能試験により－ 20 ± 2℃の温度で 1 時間保持したのちに通水した際，給水装置にかかわる耐圧性能，水撃限界性能，逆流防止性能および負圧破壊性能を有するものでなければなりません。

　この耐寒性能基準は，寒冷地仕様の給水用具であるか否かの判断基準となるものですが，凍結のおそれがある場所に設置される給水用具がすべて耐寒性能基準を満たしている必要はありません。凍結のおそれのある場所に設置する給水用具で，耐寒性能基準を満たしていない場合は，断熱材などを用いて被覆するなどの凍結防止措置を講じなければなりません。

　耐寒性能基準で，凍結防止の方法は水抜きに限定されておらず，ヒーターによる加熱といった方法も認められています。

　なお，低温暴露後に確認すべき性能基準項目として浸出性能は入っていませんが，これは低温暴露によって材質が変化することは考えられないという理由からです。

2 適用対象および適用対象外

　耐寒性能基準の適用対象は，凍結のおそれのある場所に設置されている減圧弁，逃し弁，逆止弁，空気弁，電磁弁などです。

3 試験条件および判定基準

　耐寒性能試験で用いられる − 20 ± 2℃ の温度は，寒冷地における冬期の最低気温を想定したものです。

　弁類の耐寒性能試験は，**耐久性能試験のあとに耐寒性能試験を実施**します。そして弁類以外の給水用具で，耐久性能と耐寒性能を同時に求められる場合は，耐久性能試験と耐寒性能試験の順番はどちらを先に実施しても構いません。

　また，湯水混合水栓の場合には，同一仕様の凍結防止機構が水側および湯側にあるときは，**一方のみの試験で構いません**。

●耐寒に関する試験装置例

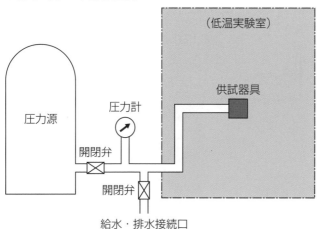

4 寒冷地での対策

　耐寒性能は寒冷の中に給水装置がさらされたあとでも，耐圧性能，給水用具の種類により逆流防止，水撃限界の性能を保持しなければなりません。

　次のような場所では凍結をしやすいので，注意することが必要です。

①凍結深度以下に給水管が埋設できない場所
②積雪による保温をあてにできない場所（公道など）
③給水管周りが砕石や砂などに変えられた場所（地下埋設物工事など）
④既設排水管が凍結深度内にあるところでの分岐箇所
⑤給水管が水路などを上越し配管で横断する場所
⑥給水管が擁壁や開渠などの法面，下水ますの近くに並行して埋設している場所
⑦家屋の外壁面，屋外や床下に露出で配管されている場所
⑧屋内配管で凍結温度まで室内温度が下がる場所

　これらの項目で，**発泡プラスチック保温材**（ポリスチレンフォーム，ポリエチレンフォーム，発泡スチロールなど）の**断熱材**や**保温材**で被覆し，**凍結防止措置が施されているものに関しては，耐寒性能がないものでも問題ありません。**

●擁壁配管

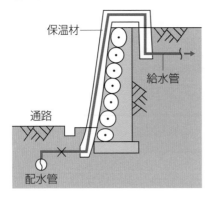

●上越し配管

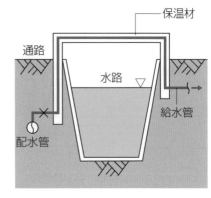

5 凍結防止に関する対策

地中温度が0℃になるまでの地表からの深さを凍結深度といい，気象条件や含水率，土質などによって変わります。凍結対策は，次の通りです。

●屋外配管
凍結の可能性がある場合は土中埋設とし，埋設深度は凍結深度よりも深くします。

●屋内配管
凍結の可能性がある場合は保温材で防寒措置をするか，配管内の水を容易に排出できる箇所に水抜き用の給水用具を取付けます。

●外部露出管（屋外給水栓など）
外部露出管は加温式凍結膨式や発泡スチロールなどの保温材で防寒措置をするか，水抜き用の給水用具を設けます。

6 水抜き用の給水用具の種類

水抜き用の給水用具には，内部貯留式不凍水栓と外部排水式不凍水栓があります。内部貯留式不凍水栓は不凍水栓閉止時に立上り配管内の水を凍結深度よりも深い場所に設置した貯留部に流下させて，凍結を防止するものです。水圧が0.1MPa以下では不凍結水栓の中に水が溜まり，上部から水漏れ凍結することがあるため，設置場所に気をつける必要があります。

外部排水式不凍水栓は不凍水栓閉止時に外套管内

（配管外側のケーシング）の水を，排水弁から凍結深度よりも深い地中に排水するものです。排水弁には逆止弁を設け，排水溝には砂利を敷き詰める，水抜き用浸透ますを設置するなどして排水が浸透しやすいよう工夫します。

　水抜き用の給水用具は，水道メーター下流側で屋内立上り管の間に設置します。水抜き用の給水用具以降の配管は，なるべく鳥居配管やU字形の配管を避けるようにし，先上り配管・埋設配管は 1/300 以上の勾配とします。このとき，水抜き用の給水用具以降の配管が長くなってしまう場合には，取外し可能なユニオン，フランジなどの接続部を適切な場所に設置します。

チャレンジ問題

問1　　　　　　　　　　　　　　　　　　　　　　難　中　易

次の記述のうち，不適当なものはどれか。

(1) 給水用具内の水が凍結し，給水用具に破壊などが生じないようにするための基準が耐寒性能基準である。

(2) 耐寒性能試験では，弁類と弁類以外の給水装置を問わず耐久性能試験で10万回の開閉操作を繰り返し，かつ，耐寒性能試験で$-20\pm2℃$の温度で1時間保持したあとに通水した際，給水装置にかかわる耐圧性能，水撃限界性能，逆流防止性能および負圧破壊性能を有する必要がある。

(3) 凍結のおそれのある場所に設置する給水用具で，耐寒性能基準を満たしていない場合は，断熱材などを用いて被覆するなどの凍結防止措置を講じなければならない。

(4) 耐寒性能基準で，凍結防止の方法は水抜きに限定されておらず，ヒーターによる加熱といった方法も認められている。

解説

弁類以外の給水装置は，耐久性能試験は不要です。

解答（2）

防食およびそのほかの給水装置設置基準

1 防食に関する基準

給水装置の構造および材質の基準に関する省令第4条は，次のように規定されています。

●給水装置の構造および材質の基準に関する省令第4条

（防食に関する基準）

酸またはアルカリによって侵食されるおそれのある場所に設置されている給水装置は，酸またはアルカリに対する耐食性を有する材質のものまたは防食材で被覆することなどにより適切な侵食の防止のための措置が講じられているものでなければならない。

2　漏えい電流により侵食されるおそれのある場所に設置されている給水装置は，非金属製の材質のものまたは絶縁材で被覆することなどにより適切な電気防食のための措置が講じられているものでなければならない。

2 侵食（腐食）の概要

埋設された金属管が異種金属の継手や管，ボルトなどと接触している場合，自然電位の高い金属と低い金属との間に電池が形成され，その結果，自然電位の低

補足 ▶

侵食（腐食）
侵食（腐食）は，環境によって金属が化学的に侵食される現象を指します。

い金属が侵食されます（自然侵食）。

　この**自然侵食**には，**マクロセルおよびミクロセル**があります。マクロセル侵食は，**異種金属接触侵食**や**通気差侵食**などであり，埋設状態にある金属地質，土壌，乾湿，通気性，pH 値，溶解成分の違いなどの**異種環境での電池作用による侵食**をいいます。

　ミクロセル侵食は，**腐食性の高い土壌**，すなわち**バクテリアによる侵食**を指します。

●**侵食の種類**

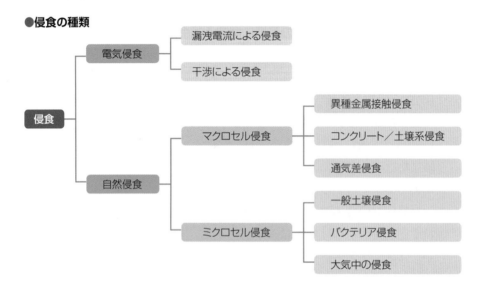

3　マクロセル侵食の防止

　埋設された**鋼管が部分的にコンクリートと接触**していると，アルカリ性のコンクリートに接している部分の電位がコンクリートと接触していない部分より高くなって**腐食電池が形成**されるため，コンクリートと接触していない部分が**侵食**されます。

　そのため，金属管が構造物などを貫通する場合には，管が直接コンクリートや鉄筋などの構造物に接触しないよう，**防食テープやポリエチレンスリーブ**などを使用して施工します。

●コンクリートによる土壌マクロセル腐食の原理

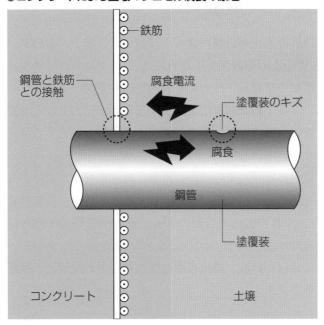

鉄筋

鋼管と鉄筋
との接触

腐食電流

塗覆装のキズ

腐食

鋼管

塗覆装

コンクリート

土壌

補足 ▶

**漏えい電流の防
止方法**

漏えい電流による侵
食を防止するには，
絶縁接続法のほかに
も，絶縁材や非金属
製の材質で被覆する
方法もあります。

④ 電流の漏えいによる侵食の防止

　変電所や鉄道などに近接して金属管が埋設されてい
る場合，漏えい電流による電気分解作用によって侵食
を受けます。

　電流が金属管から流出する部分に侵食が発生するた
め，管路に電気的絶縁継手を挿入することで電気抵抗
を大きくして，管に流出入する漏えい電流を減少させ
る絶縁接続法などを使用します。

　また，そのほかの方法として，非金属性の材質また
は絶縁体で被覆することで，電気防食のための措置を
考慮します。

なお，漏えい電流などによる侵食を電食（電気侵食）
といいます。

5 クロスコネクションの防止

　給水装置を給水装置以外の水管や設備に誤って接続することを，**クロスコネクション**といいます。安全な水を確保するためには，このクロスコネクションは絶対に避けなければなりません。たとえ**一時的な仮設であっても**です。

　なぜなら，水圧状況によって給水装置内に排水，工業用水，ガスなどが逆流するとともに，配水管経由でほかの需要者にまでその汚染が拡大する危険をともなっているからです。

　給水装置と給水装置以外の水管，そのほかの設備とは，止弁や仕切弁が介在している場合でも，**直接連結してはなりません**。逆止弁のシール部分に<ruby>夾<rt>きょうざつぶつ</rt></ruby>雑物がはさまる，シール材の劣化や摩耗によって逆流防止機能が働かなくなるおそれがあるからです。

　クロスコネクションにはほかにも，**給水装置と受水槽以下の配管との接続**も該当するので注意が必要です。

●**クロスコネクション例①**

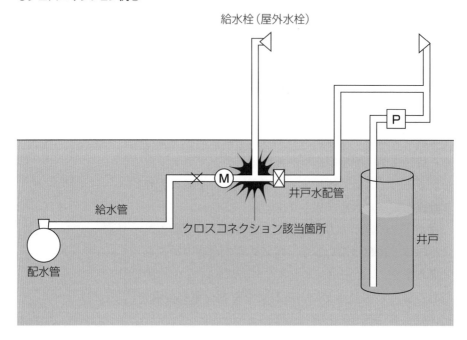

給水栓（屋外水栓）

P

給水管

M

井戸水配管

クロスコネクション該当箇所

配水管

井戸

●クロスコネクション例②

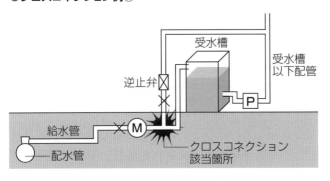

補足

クロスコネクションで直接連結が禁止されているその他設備

クロスコネクションで直接連結が禁止されているそのほか設備は,具体的に工業用水,井戸水,給水装置に該当しない水などがあげられます。

6 停滞水汚染の防止

　給水管は,末端が**行き止まり**になっていると,**停滞水**が生じて**水質が悪化**するおそれがあります。そのため,極力避けるようにし,やむを得ず行き止まり管となる場合には,末端に**排水機構を設置**します。

①給水管の末端から分岐し,止水用具,逆止弁,排水ますを設置し,吐水口空間を設け間接排水とする
②排水量の把握のため,水道メーターを設置することが望ましい
③排水ますからは,下水または側溝に排水すること
④住宅用スプリンクラの設置では,停滞水が生じないよう末端給水栓までの配管途中に設置する(断水時には使用不可)

　学校などのように季節的,一時的に使用されない給水装置には,給水管内に長期間水の停滞を生じることがあります。この場合には,適量の水を**適宜飲用以外**で使用することで,その水の衛生性を確保する必要があります。

7 有害物質汚染の防止

　給水装置の構造および材質の基準に関する省令（浸出などに関する基準）の第2条の第3項には，給水装置は**シアン**，**六価クロム**そのほか水を汚染するおそれのあるものを貯留し，または**取扱う施設に近接して設置**されていてはならないと規定されています。

　さや管（二重管）などを使用して給水管を防護したとしても，給水装置はシアン，六価クロムなどの**有毒薬品置き場**や有害物の**取扱い場**，**汚染水**などの汚染源に近接して設置することはできません。

8 有機溶剤浸透の防止

　合成樹脂管（ポリエチレン二層管，ポリブデン管など）は**有機溶剤に侵され**やすいため，**自動車整備工場やガソリンスタンド**などに埋設配管する場合は，**油分などが浸透**するおそれがある場合には使用しないこととします。

　やむを得ず使わなければならない場合には，さや管などを用いて適切な**防護措置**を施すことが必要です。

問1

次の記述のうち，不適当なものはどれか。

(1) 埋設された鋼管が部分的にコンクリートと接触していると，腐食電池が形成されるため，コンクリートと接触している部分が侵食される。

(2) 自然侵食には，ミクロセルとマクロセルがある。

(3) 埋設された金属管が漏えい電流による電気分解作用で侵食を受けるおそれがある場合には，管路に電気的絶縁継手を挿入する絶縁接続法が有効である。

(4) 埋設された金属管が異種金属の継手などと接触していると，自然電位の低い金属と高い金属との間に電池が形成され，自然電位の低い金属が侵食される。

解説

コンクリートと接触している部分ではなく，**コンクリートと接触していない部分が侵食されます。**

解答（1）

問2

次の記述のうち，不適当なものはどれか。

(1) 給水管の末端はなるべく行き止まりにならないようにし，どうしても行き止まり管になる場合には末端に排水機構を設置する。

(2) さや管などで給水管を防護した場合でも，シアン，六価クロムなどの有毒薬品置き場に近接して給水装置を設置してはならない。

(3) ガソリンスタンドに合成樹脂管を埋設配管する場合，油分などが浸透するおそれがある場合には，合成樹脂管の使用をやめる。

(4) 給水装置を給水装置以外の水管や設備に接続するクロスコネクションは，逆止弁や仕切弁が介在している場合と，一時的な仮設の場合にするのは問題ない。

解説

クロスコネクションは，逆止弁や仕切弁，一時的な仮設にかかわらず**絶対に避けなければなりません。**

解答（4）

2 給水装置のシステムに関する基準

まとめ&丸暗記 この節の学習内容とまとめ

☐ 配管工事施行後の耐圧試験に関する重要事項
定量的な基準はないため水道事業者は給水区域内の実情を考慮して試験水圧を定めることができる／新設工事では, 試験水圧 1.75MPa, 保持時間 1 分の耐圧試験を実施することが望ましいなど

☐ 飲用水の汚染防止に関する規定
飲用水を供給する給水管および給水用具は, 浸出性能基準に適合するものを用いる／有機溶剤などが浸透するおそれのある場所では, 油類が浸透するおそれのない材質の鋼管などの金属管を使用し, 合成樹脂管の使用は極力避ける／季節的, 一時的に使用されない給水装置は適量の水を飲用以外で使用する／行き止まり配管など, 水が停滞する構造を極力避けるなど

☐ 水撃作用 (ウォータハンマ)
給水用具の止水機構を急に閉止したとき, 水の運動エネルギーが圧力エネルギーへと変わり, 急激な圧力上昇が発生すること

☐ 水撃作用の防止
給水管内の流速は 1.5～2.0 [m／秒] 以下とし, 水撃作用が発生するおそれがある場所には減圧弁, 定流量弁を設ける。必要に応じてその手前に近接して水撃防止器具 (エアチャンバなど) を設置する

☐ 逆流の防止措置
規定の吐水口空間の確保, 減圧式逆流防止器の設置, 逆流防止性能基準を満たす給水用具の設置, 負圧破壊性能基準を満たす給水用具の設置

給水装置のシステム基準

① 配管工事施行後の耐圧試験

配管工事施行後の耐圧試験に関する重要事項は，次の通りです。

①配管工事後の耐圧試験の試験水圧に関し，**定量的な基準はない**。したがって，水道事業者は給水区域内の実情を考慮して試験水圧を定めることができる

②給水装置の接合箇所は，水圧に対する十分な耐力を確保するため，その構造および材質に応じた**適切な接合が行われていなければならない**

③新設工事では，**試験水圧 1.75MPa，保持時間 1分の耐圧試験を実施**することが望ましい

④給水管布設後に実施する耐圧試験は，**加圧時間や加圧圧力を適切な長さと大きさにしなければならない**。過大になると，柔軟性のある分水栓や合成樹脂管などの給水用具を損傷するおそれがある

⑤架橋ポリエチレン管，ポリエチレン二層管，ポリブテン管は柔軟性があるため，1.75MPa の水圧をかけた場合には管が膨張し，圧力が低下することを考慮しなければならない（圧力低下の状況は，気温や水温などにも左右される）

⑥分水栓や止水栓の耐圧性能は，**弁を開の状態にしたときの性能であり，止水性能を確認する試験ではない**ことに注意する必要がある

補足 ▶

鉱油類，有機溶剤等が浸透するおそれのある場所

鉱油類，有機溶剤などが浸透するおそれのある場所とは，自動車整備工場や有機溶剤取扱所，ガソリンスタンドなどです。

飲用水の汚染防止に関する規定は，次の通りです。

①飲用水を供給する給水管・給水用具は，**浸出性能基準適合品**を用いる
②鉱油類，有機溶剤などが**浸透するおそれのある場所**では，**金属管**を使用し，合成樹脂管の使用は避ける。やむを得ず使用する場合は，さや管を用いる
③給水装置の変更工事の際，**鉛製給水管の布設替えを併せて行う**
④給水管の接合作業で用いる切削油，接着剤，シール材は，薬品臭や油臭予防のため，**必要最小限の材料を用い**，適切な接合作業を実施する
⑤季節的，一時的に使用されない給水装置は給水管内に**長期間水の停滞を生**じることがあるため，適量を飲用以外で使用することで**衛生性を確保する**
⑥行き止まり配管など，**水が停滞する構造を極力避ける**

チャレンジ問題

問1　　　　　　　　　　　　　　　　　難　中　易

図面に関する次の記述のうち，不適当なものはどれか。

(1) 新設工事では，試験水圧1.75MPa，保持時間1分の耐圧試験の実施が望ましい。

(2) 配管工事後の耐圧試験の試験水圧に関して，水道事業者は給水区域内の実情を考えたうえで試験水圧を定めることができる。

(3) 給水管の接合作業では，漏れ予防に多めに接着剤やシール材などを用いる。

(4) 水を汚染するおそれのある汚水槽や有害物質の取扱い場が近接する場合，給水管が汚染源から汚染されない場所まで離して給水管を配管する。

解説

必要最小限の材料で適切な接合作業を実施します。

解答 (3)

水撃および逆流の防止

1 水撃作用の発生メカニズム

水撃作用（ウォータハンマ）とは，給水用具の止水機構を急に閉止したとき，水の運動エネルギーが圧力エネルギーへと変わり，急激な圧力上昇が発生することをいいます。

水撃作用が発生しやすいのはボールタップ，水栓，電磁弁，元止め式瞬間湯沸器などの給水用具で，水撃作用が発生すると異常音や振動が配管に発生し，頻発すると管の破損，継手の緩みによって漏水の原因となります。

また，管内圧力が高い場所，鳥居配管のように屈折の多い箇所は水撃作用が増幅されやすいので，注意が必要です。

2 水撃作用の防止

水撃作用が発生したときの衝撃圧は，流速に比例します。給水管内の流速は 1.5 ～ 2.0 [m ／秒] 以下とし，水撃作用が発生するおそれがある場所には減圧弁，定流量弁を設けます。さらに，必要に応じてその手前に近接して水撃防止器具（エアチャンバなど）を設置します。

また，ボールタップには親子 2 球式，複式，複弁付き定水位弁などを用い，水槽にボールタップで給水するときには波立ち防止板を設置します。

補足 ▶

排水機構の設置

飲用水の汚染防止のため，水の停滞を避ける配管構造とすることが規定されているが，やむを得ず水が停滞する場合は，末端部に排水機構を設置します。

シアン・六価クロムなどへの措置

飲用水の汚染防止のため，シアンや六価クロム，そのほか水を汚染するおそれのあるものを貯水し，または取扱う施設に接近して設置しないようにします。

3 逆流の防止措置

　通常，給水装置は有圧で給水しているので，外部から水が流入することはありません。しかし，漏水や断水などによって負圧または逆圧が生じると，逆サイホン作用によって貯留水などが逆流するおそれがあります。

　こうした逆流のおそれがあるところでは，末端の給水用具または末端給水用具の直近の上流側に，次のいずれかの方法によって汚染を防止します。

①規定の吐水口空間の確保
②減圧式逆流防止器の設置
③逆流防止性能基準を満たす給水用具の設置
④負圧破壊性能基準を満たす給水用具の設置

チャレンジ問題

問1　　　　　　　　　　　　　　　　難　中　易

次の記述のうち，不適当なものはどれか。

(1) 規定の吐水口空間の確保は，逆流防止措置のひとつである。

(2) ボールタップで水槽に給水する際，波立ち防止板を設置すると水撃作用の防止に役立つ。

(3) 減圧弁，定流量弁の設置やその手前に水撃防止器具を近接設置することは，水撃作用の防止に効果がある。

(4) 管内圧力が高い場所でも，鳥居配管でなければ水撃作用は発生しない。

解説

管内圧力が高い場所は，水撃作用が増幅されやすいため要注意です。

解答（4）

第 6 章

給水装置工事法

1 給水管の取出し・分岐工事

まとめ&丸暗記 | この節の学習内容とまとめ

□ 給水装置工事の原則

適切に給水装置工事の作業を行うことができる技能を有する者を従事させ，またはその者に当該工事に従事する他の者を実施に監督させること（水道法施行規則第36条第2項）／事前に水道事業者の承認を受けた工法，工期そのほか工事上の条件に適する工事を施工する／地震対策，漏水時，災害時などの緊急工事を円滑かつ効率的に行うため，水道事業者が指定する給水装置材料，工法について確認する

□ 給水管の取出しおよび方法

不断水作業で給水管を取出す際は，分水栓（サドル付き分水栓を含む）および割T字管を用いる／断水作業で給水管を取出す際には，T字管とチーズを使用し，需要者への断水告知などに時間を要するため，水道事業者と協議を行う

□ 給水管取出しの留意点

水道以外の管から誤分岐接続をしないよう事前調査を実施①図面による配水管の位置の確認②明示テープによる確認③消火栓，仕切弁などの位置の確認④音聴調査⑤試験掘削／配水管からの給水管の取出しは，直管部からとする

□ 配水管への取付口位置

ほかの給水装置の取付口から30㎝以上離れていること（水道法施行令第6条第1項）

□ 取付口における給水管の口径

当該給水装置による水の使用量に比し，著しく過大でないこと（水道法施行令第6条第2項）

□ ダグタイル鋳鉄管からの分岐穿孔作業

①配水管の清掃②サドル付分水栓の取付け③穿孔作業④防食コアの取付け⑤取付け方向の調整

□ 防食コアの装着

ダクタイル鋳鉄管にサドル付分水栓を用いて分岐する際は，配水管の穿孔部に防食コアを装着する

□ 分水栓の分岐穿孔作業

①配水管の清掃を行う②穿孔機の取付けを行う③穿孔作業を行う④分水栓の取付けを行う⑤取出し方向を調整する

給水装置工事施工

1 給水装置工事の原則

　指定給水装置工事事業者は，給水装置工事を行うにあたっては，水道法施行規則第 36 条第 2 項に規定する事項を遵守し，作業を行わなければなりません。

●水道法施行規則第 36 条第 2 項

（事業の運営の基準）
2　配水管から分岐して給水管を設ける工事および給水装置の配水管への取付口から水道メーターまでの工事を施行する場合，当該配水管および他の地下埋設物に変形，破損その他の異常を生じさせることがないよう適切に作業を行うことができる技能を有する者を従事させ，またはその者に当該工事に従事する他の者を実施に監督させること。

　なお，配水管の分岐から，水道メーターまでの工事においても，事前に水道事業者の承認を受けた工法，工期そのほか，工事上の条件に適する工事を施工しなければなりません。その際，配水管の分岐点から水道メーターまでの給水装置材料および工法などについて，地震対策ならびに漏水時，災害時などの道路陥没などの被害を防止し，緊急工事を円滑，かつ，効率的に行う観点から，管種や耐震性などを水道事業者が指

補足

工事実施の監督
当該工事に従事する者が配管工事をするときに，「給水装置工事主任技術者自らが必ず現場で監督しなければならない」ということではありません。また，「自らが施工しなければならない」「自ら施工してはならない」ということでもありません。

定している場合が多いため，必ず事前に確認します。また，水道事業者によっては，給水管を分岐する配水管の特定，さらに配水管の分岐から止水栓までの給水管の口径を限定している場合があり，事前の水道事業者との協議において指示を受ける必要があります。

2 給水管の取出しおよび方法

不断水作業で給水管を取出す際は，分水栓（サドル付き分水栓を含む）および割T字管を用います。このとき，水道事業者が認める配水管口径に対応した分岐口径を超える口径で分岐した場合，配水管の強度が低下してしまうため回避しなければなりません。

一方，断水作業で給水管を取出す際には，T字管とチーズを使用します。この場合，断水にともなう需要者への告知などに時間を要するため，水道事業者と協議を行うことが必要です。

3 給水管取出しの際に留意する点

配水管または既設給水管からの給水管の取出しにあたっては，水道以外の管（ガス管，工業用水道管など）から誤分岐接続をしないよう，十分な事前調査を実施します。
接続する配水管において次の調査を行い，当該配水管であることを確認のうえ，施工しなければなりません。
なお，配水管を特定する際には，事前に水道事業者と協議し，適時指示を受けます。

①図面による配水管の位置を調査・確認する
②明示テープによる確認を行う
③消火栓，仕切弁などの位置の調査・確認を行う
④音聴調査による確認を行う
⑤試験掘削による確認を行う

また，配水管からの給水管の取出しは，直管部からとします。**異形管や継手から取出しや分岐をしてはなりません。**異形管とは，分岐部や接続部に用いる曲がった形や枝付きの形，Ｔ字形などをした管をいいます。

4 配水管への取付口位置

配水管への取付口の位置は，配水管の取出し穿孔による配水管体強度の減少防止や，給水装置相互間の流量への影響により，ほかの需要者の水利用に支障が生じることを防止することなどから，「他の給水装置の取付口から**30cm以上離れていること**」と水道法施行令第6条第1項に規定されています。

また，継手付近に分水栓を取付ける場合は，維持管理を考慮し，配水管の継手端面からも**30cm以上離して分岐**します。同様に，既設給水管からの分岐の際も，ほかの給水管の分岐位置から**30cm以上離す**必要があります。

5 取付口における給水管の口径

配水管への取付口の給水管の口径は，「当該給水装置による水の使用量に比し，**著しく過大でないこと**」と水道法施行令第6条第2項に規定されています。つまり，給水管の分岐口径は，原則として**配水管の口径より小さい口径**とし，管体強度の減少防止およびほかの需要者への支障防止に加え，給水管内の水が停滞することにより起こる**水質の悪化の防止**を図ります。

なお，給水管の分岐から止水栓までの給水管の口径については，水道事業者が口径を限定している場合が

あるため，事前に水道事業者と**協議**し，**指示**を受けるようにします。**既設給水管からの分岐口径**についても，配水管からの分岐と同様に対応することが必要です。

6 配水管への分水栓の取付け

配水管に分水栓を取付ける際は，もみ込むねじ山数は漏水の防止などのため，**3山以上**必要です。また，硬質ポリ塩化ビニル管やポリエチレン二層管に分水栓を取付ける場合は，配水管などの折損防止のため**サドル付分水栓**を使用し，水道配管用ポリエチレン管には，サドル付分水栓または**電気融着式の分水 EF サドル，分水栓付 EF サドル**（P.222 参照）を用います。

チャレンジ問題

問1
難　**中**　易

配水管からの給水管分岐に関する次の記述のうち，不適当なものはどれか。

(1) 配水管への取付口における給水管の口径は，当該給水装置による水の使用量に比し，著しく過大でないようにする。

(2) 配水管から給水管の取出し位置は，配水管の直管部または異形管からとする。

(3) 配水管への取付口の位置は，ほかの給水装置の取付口から30cm以上離すようにする。

(4) 配水管または既設給水管からの給水管の取出しにあたっては，水道以外の管から誤分岐接続をしないよう，十分な事前調査を実施する。

解説

給水管の取出しは，配水管の直管部から行います。異形管から取出しをしてはなりません。

解答（2）

給水管の分岐穿孔

1 ダクタイル鋳鉄管からの分岐穿孔

補足 ▶

穿孔（せんこう）
穴をあけること，穴のあくこと，またはそのあいた穴のことをいいます。

　鋳鉄製の配水管から給水管を分岐するためのサドル付分水栓の**穿孔作業**は，次の順で行います。

①配水管の清掃
②サドル付分水栓の取付け
③穿孔作業
④防食コアの取付け
⑤取付け方向の調整

●**サドル付分水栓**

●**サドル付分水栓の断面**

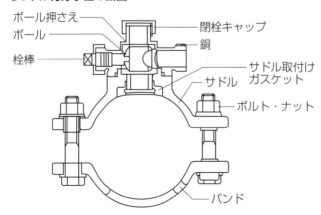

ボール押さえ
ボール
栓棒
閉栓キャップ
銅
サドル取付け
ガスケット
サドル
ボルト・ナット
バンド

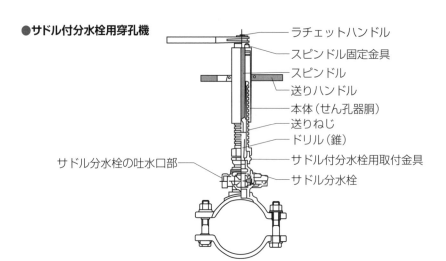

●サドル付分水栓用穿孔機

- ラチェットハンドル
- スピンドル固定金具
- スピンドル
- 送りハンドル
- 本体（せん孔器胴）
- 送りねじ
- ドリル（錐）
- サドル付分水栓用取付金具
- サドル分水栓

サドル分水栓の吐水口部

　穿孔機は，配水管へ確実に取付け，その使用に対応した鋭利なドリルある
いはカッターを使用し，穿孔作業の際に発生する切粉の排出を十分に行いな
がら配水管の内面ライニングや内面塗膜が剥離しないように注意して穿孔を
行います。

　なお，作業により摩耗したドリルおよびカッターは，施工不良の原因とな
るため使用不可とします。また，穿孔端面には，防食のため水道事業者が指
定する適切なコアを装着します。

2 分岐穿孔作業の工程

　ダクタイル鋳鉄管におけるサドル付分水栓に係る作業は，次のような工程
で行います。

①**サドル付分水栓の取付け**

弁体が全開か確認し，管軸頂部が
傾かないよう配水管に分水栓を取
付ける

配水管に分水栓を取付ける

② 穿孔作業

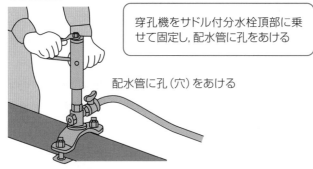

> 穿孔機をサドル付分水栓頂部に乗せて固定し, 配水管に孔をあける

配水管に孔 (穴) をあける

③ 防食コア (非接触形) の取付け

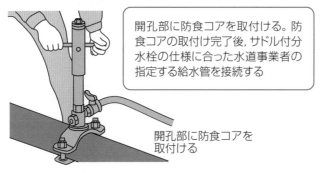

> 開孔部に防食コアを取付ける。防食コアの取付け完了後, サドル付分水栓の仕様に合った水道事業者の指定する給水管を接続する

開孔部に防食コアを
取付ける

3 配水管の管肌清掃

　分岐穿孔作業の開始にあたっては, 配水管のサドル付分水栓の取付け位置を確認し, 配水管の外面に付着した土砂やさびなどをウエスなどできれいに除去し, 必要に応じて外面被覆材などを除去して, 配水管の管肌を清掃します。

　また, ポリエチレンスリーブで被覆された配水管の場合は, サドル付分水栓取付け位置の中心から20cmほど離れた両位置をゴムバンドなどによって固定したうえで切り開き, ゴムバンドの位置まで折り返して配水管の管肌をあらわして清掃を行います。

補足 ▶

ウエス

機械手入れ用雑巾のことで, 一般的に家庭などから出る古着などを再生して作られます。

4 サドル付分水栓など給水用具の取付け

サドル付分水栓取付けの際は，弁体が全開になっているか，パッキンが正しく取付けられているか，塗装面やねじに傷がないかなどを確認します。

ダクタイル鋳鉄管の場合は，サドル付分水栓を配水管の管軸頂部にその中心がくるように取付け，給水管の取出し方向およびサドル付分水栓が管軸方向からみて傾きがないか確認します。

また，サドル付分水栓の取付け位置を変更する場合は，サドル取付けガスケット保護のため，サドル付分水栓をもち上げて移動させます。

なお，サドル付分水栓のボルトは，バンド側からサドル側に向けて通してナットで取付けます。ボルト・ナットの最終の締付強さは，全体的に均一になるよう，トルクレンチを使って行います。

5 配水管の穿孔作業

穿孔機のスピンドル（軸）に，配水管の材質，内面ライニング，分岐口径に応じたカッターまたはドリル（錐）を取付けて行います。とくにサドル付分水栓によるダクタイル鋳鉄管の分岐穿孔に用いられるドリルは，モルタルライニング管の場合と，エポキシ樹脂粉体塗装管の場合とで形状が異なるため，注意が必要です。

穿孔時の切粉は，排水ホースを吐水部へ連結し，切粉を下水溝などへ直接排水しないようにバケツなどで受けるようにします。

また，摩耗したドリルやカッターは，管の内面ライニング材のめくれや内面塗膜材の剥離を生じやすいので使用してはなりません。

●穿孔機の例

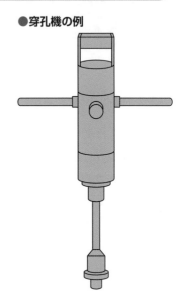

6 防食コアの装着

ダクタイル鋳鉄管にサドル付分水栓を用いて分岐する際は、配水管の穿孔部に**防食コアを装着**するなどの措置を講じる必要があります。ダクタイル鋳鉄管に装着する防食コアには、**非密着形と密着形**があります。防食コアの装着は、ストレッチャ先端に**コア取付け用ヘッド**を取付けて、該当口径の防食コアをヘッドに差込み、非密着形コアは**固定ナット**で軽くとめ、密着形コアは**取扱説明書**にしたがって行います。

補足 ▶

トルクレンチ
所定のトルク（力×回転軸と力点の距離）でねじを締めつけるための作業用工具をいいます。

●**非密着形コアの装着例**

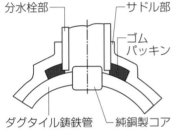

分水栓部 ── ── サドル部
── ゴムパッキン
ダグタイル鋳鉄管 ── 純銅製コア

チャレンジ問題

問1　　　　　　　　　　　　　　　　　難　**中**　易

サドル付分水栓の穿孔施工に関する次の記述のうち、適当なものはどれか。

(1) サドル付分水栓を取付ける際に、弁体が全閉状態になっているか、パッキンが正しく取付けられているか、塗装面やねじなどに傷がないかなどを確認する。

(2) サドル付分水栓の取付け位置を変更する場合は、サドル取付けガスケット保護のため、サドル付分水栓を滑らせて移動させる。

(3) 穿孔作業時の切粉は、排水ホースを吐水部に連結させ、下水溝へ排水する。

(4) ダクタイル鋳鉄管は、配水管の管軸頂部にその中心がくるように取付け、管軸方向からみて、給水管の取出し方向とサドル付分水栓が、傾きがないか確認する。

解説

正しくは、(1) 全開状態 (2) 持ち上げて移動 (3) バケツなどで受けるです。

解答 (4)

そのほか給水管の分岐穿孔

1 水道配水用ポリエチレン管からの分岐穿孔

　水道配管用ポリエチレン管には，サドル付分水栓（鋳鉄製サドル），分水EF（電気融着）サドル，分水栓付 EF サドルを用います。

　サドル付分水栓（鋳鉄製サドル）の取付けは，ダクタイル鋳鉄管と同様に行いますが，ボルト・ナットの最終締付強さは 40N・m とします。また，分水 EF サドルおよび分水栓付 EF サドルの取付けは，次の通りです。

①管融着部に EF サドルの長さよりひと回り大きい標線（けがき線）を管の融着箇所に記入し，削り残しや切削むら確認のため切削面にマーキングする
②スクレーパー（へら）を用い，標線の範囲内の管表面を切削する
③素手でエタノールあるいはアセトンをしみ込ませた専用のペーパータオルで，管の切削面とサドル付分水栓の内面全体を清掃する
④配水管の管軸頂部にサドル中心線がくるようサドルクランプで固定する
⑤EF コントローラを用いて通電して融着し，所定時間放置したのち冷却する

　なお，穿孔機は手動式で，押切りタイプおよび切削タイプがあります。

　分水 EF サドルは，内部に押切りタイプのカッターが内蔵されているので，キャップを外し，工具を用いて穿孔を行い，カッターを元の位置に戻してキャップを取付けます。

　分水栓付 EF サドルと鋳鉄製サドルでは，ダクタイル鋳鉄管からの分岐穿孔と同様に行いますが，カッターが押切りタイプの場合は，排水ホースの取付けは不要です。

●分水 EF サドルの例

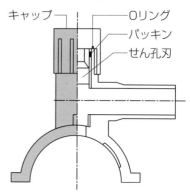

キャップ　　Oリング　　パッキン　　せん孔刃

2　硬質ポリ塩化ビニル管およびポリエチレン二層管からの分岐穿孔

　硬質ポリ塩化ビニル管およびポリエチレン二層管に分水栓を取付ける場合は，**配水管の折損防止のため**，サドル付分水栓を使用して行います。

3　分水栓の分岐穿孔作業

　分水栓の穿孔作業は，次の手順で行います。

①配水管の清掃を，配水管の管肌清掃（P.219 参照）と同様に行う
②穿孔機の取付けを行う
③穿孔作業を行う
④分水栓の取付けを行う
⑤取出し方向を調整する

　手順②の穿孔機の取付けでは，穿孔機を配水管上面に垂直に設置し，チェーンを穿孔機に取付けてハッカボルトを均一に締付け，排水ホースを閉止部排水溝に取付けます。
　手順③の穿孔作業では，分水栓立込み用スピンドルにタップを取付けて穿孔機をセットし，穿孔機のコックを開弁します。穿孔機上部に電動機を取付け，ゆっくり回転させ，ねじ込む山数が３山になるまで穿孔し，電動機を停止させます。再び電動機を左回転させてねじ部から外れると，スピンドルが急上昇します。
　手順④の分水栓の取付けでは，コックを開弁し，分水栓下胴立込み用スピンドルに下胴を取付けて上部カバーをかぶせ，穿孔機本体に差込み，穿孔機の閉止コッ

クを開弁して分水栓をセットします。

●甲形分水栓の例

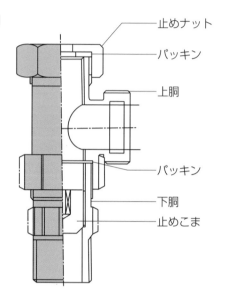

止めナット
パッキン
上胴
パッキン
下胴
止めこま

4 割T字管の分岐穿孔作業

割T字管の穿孔作業は，次の手順で行います。

①割T字管の取付け作業前には，仕切弁の開閉，パッキンの取付け状態，
　塗装面に傷がないかなどを確認する
②割T字管のパッキンやパッキンがあたる配水管の管肌に，滑材を塗布する
③割T字管は，配水管の管軸水平部にその中心がくるように取付ける。給水
　管の取出し方向と割T字管が管水平方向から見て傾きがないか確認する
④取付けの際は，パッキンの剥離防止のため割T字管を前後に移動させない
⑤割T字管の締付けは，合わせ目の隙間が均一となるよう，ボルト・ナット
　の最終締付強さは，全体的に均一になるようにトルクレンチを用いて行う
⑥割T字管の防食コアは，水道事業者の指示を受ける
⑦割T字管取付後は，分岐部に水圧試験用治具を取付け，水圧試験（負荷
　水圧は，常用圧力＋0.5MPa以下とし，最大1.25MPa）を行う

●割T字管とせん孔機の例

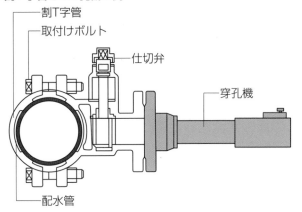

- 割T字管
- 取付けボルト
- 仕切弁
- 穿孔機
- 配水管

チャレンジ問題

問1
難　**中**　易

水道配水用ポリエチレン管からの分岐穿孔に関する記述のうち，不適当なものはどれか。

(1) 水道配水用ポリエチレン管にサドル付分水栓を取付ける場合には，ボルト・ナットの最終締付強さは40N・mとする。

(2) 分水EFサドルおよび分水栓付EFサドルを取付ける場合は，管の切削面と取付けるサドル付分水栓の内面全体に，潤滑剤をしみ込ませたペーパータオルでむらがないように塗布する。

(3) 穿孔機は，手動式で，押切りタイプと切削タイプがある。穿孔機のカッターが押切りタイプの場合には，排水ホースの取付けは不要である。

(4) 分水EFサドルの場合には，押切りタイプのカッターが内蔵されているので，キャップを外し，工具を用いて穿孔を行い，カッターを元の位置まで戻し，キャップを取付ける。

（解説）

潤滑剤ではなく，エタノールまたはアセトンをしみ込ませた専用のペーパータオルで清掃します。その際は，必ず素手で行います。

解答 (2)

2 給水管の埋設と明示

まとめ&丸暗記　この節の学習内容とまとめ

□ 給水管の
埋設深さの規定

埋設深さは管頂部から路面までの距離。「道路部分の埋設深さは1.2mを超えること。やむを得ない場合でも0.6mを超えていること」（道路法施行令第11条の3第1項第2号ロ）

□ 宅地内の
給水管の埋没深さ

荷重，衝撃などを考慮して0.3m以上を標準とする

□ 浅層埋設

①車道部は舗装厚さに0.3mを加えた値で0.6m以下とせず，歩道は0.5m以下としない②埋設深さが0.5m以下の場合は防護措置を施す③浅層埋設の管種，口径の使用は道路管理者に確認し，埋設深さを浅くする④適用対象の管種，口径は，鋼管，ダクタイル鋳鉄管，硬質ポリ塩化ビニル管は300mm以下，水道配管用ポリエチレン管は200mm以下

□ 埋設給水管の
明示義務

道路部分に布設する口径75mm以上の給水管には，明示テープ，明示シートの明示義務がある

□ 明示テープ

水道管：青／工業用水管：白／ガス管：緑／下水道管：茶／電話線：赤／電力線：オレンジ

□ 明示シート

掘削機械の毀損（きそん）事故防止のための措置

□ 明示杭

敷地内の布設給水管は，明示杭または明示鋲（びょう）などで明示

□ 止水栓の設置位置　原則，宅地部分の道路境界線近くとする

□ 止水栓設置方法　メーターますあるいは止水栓筐（きょう）内に収納する

□ 給水管の防護

①地盤沈下や振動には伸縮継手を設ける②建築物の柱や壁への配管固定は，つかみ金具で1～2mの間隔でする③構造物の基礎，壁を貫通する管は貫通部に配管スリーブを設け，スリーブとの間隙を弾性体で充てんする④水路を横断する配水管は水路下に設置し，水路を上越する場合は高水位以上の高さに配管し，金属製のさや管による防護措置をとる

給水管の埋設深さと占用位置

① 給水管の埋設深さの規定

埋設深さとは，管頂部から路面までの距離のことをいいます。道路法施行令第 11 条の 3 第 1 項第 2 号ロにより，「道路部分における埋設深さは通常の場合 1.2 m を超えていること。工事実施上やむを得ない場合でも 0.6 m を超えていること」と規定されています。水管橋などの堤防横断箇所やほかの埋設物が障害になるなどで規定値まで埋設深さが取れない場合には，道路管理者または河川管理者と協議することとされ，必要に応じて防護措置を施さなければなりません。

また，宅地内など敷地部分の給水管の埋設深さは，荷重，衝撃などを考慮して 0.3 m 以上を標準とします。

② 浅層埋設の適用対象

平成 11 年 3 月建設省道路局の通達により緩和された浅層埋設は，次の通りです。

①車道部においては，舗装厚さに 0.3 m を加えた値で 0.6 m 以下とせず，歩道にあっては 0.5 m 以下としない

②歩道に切下げ部があり埋設深さが 0.5 m 以下の場合は十分な強度の埋設管を用いるか，防護措置を施す

③浅層埋設の適用対象となる管種および口径の使用は，道路管理者に確認し，埋設深さを可能な限り浅くする

補足 ▶

浅層埋設（せんそうまいせつ）
給水管の埋設深さが深い場合，工事の負担が大きくなり，さらに費用面，環境面でも負担となるため，浅層埋設が定められています。

④適用対象となる管種および口径は，鋼管，ダクタイル鋳鉄管，硬質ポリ塩化ビニル管は 300mm 以下，水道配管用ポリエチレン管は 200mm 以下である

●道路の埋設深さ

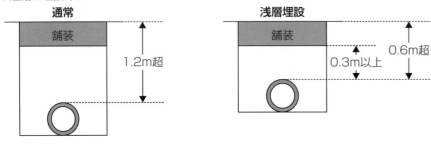

通常　　　　　　　　　　　　　浅層埋設

舗装　　　1.2m超

舗装　　　0.3m以上　0.6m超

3 占用位置

　道路部に配管する場合の占用位置について，道路を横断して給水管を埋設する場合は，ガス管，下水道管，電気ケーブルなどの埋設物に十分注意し，道路管理者が許可（道路占有許可）した占用位置を誤らないようにします。

チャレンジ問題

問1　　　　　　　　　　　　　　　　　　　難　中　易

給水管の埋設深さに関する次の記述の①〜④に入る語句を答えよ。

公道下における給水管の埋設深さは，（　①　）に規定されており，工事場所などにより埋設条件が異なることから（　②　）の（　③　）によるものとする。また，宅地内における給水管の埋設深さは，荷重，衝撃などを考慮して（　④　）を標準とする。

解説

①の道路法施行令は，正式には道路法施行令第11条の3第1項第2号ロです。

解答①道路法施行令②道路管理者
　　③道路占有許可④0.3m以上

給水管の明示

1 埋設給水管の明示義務

　道路部分に布設する口径75mm以上の給水管には，道路法施行令第12条および道路法施行規則第4条の3の2に基づき，明示テープ，明示シートなどにより管を明示することが義務付けられています。

2 明示テープ

　道路に埋設する管には，規定された明示テープで管を明示します。明示に使用する材料および方法は，道路法施行令，道路法施行規則および建設省道路局通達「地下に埋設する水管の表示に用いるビニルテープ等の地色について」および「地下に埋設する水管の表示に用いるビニルテープ等の地色について」に基づき施行します。明示テープの地色は，水道管は青色，工業用水管は白色，ガス管は緑色，下水道管は茶色，電話線は赤色，電力線はオレンジ色など，各種占用物件ごとに決められています。

●埋設管明示ビニールテープの地色

占用物件	埋設標示の色
水道管	青
下水管	茶
工業用水	白
ガス管	緑
電話・通信線	赤
電力線	橙（オレンジ）
送油管	黄

補足 ▶

埋設管明示テープの地色など

埋設管明示テープの地色は，道路法などにより定められています。明示シートと管頂の距離は，各水道事業者の指示によります。

明示テープは水道管の場合では，次のような仕様とします。

●明示テープの仕様例

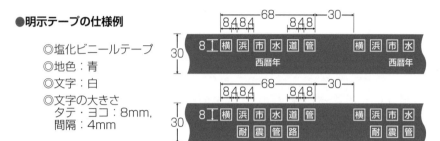

◎塩化ビニールテープ
◎地色：青
◎文字：白
◎文字の大きさ
　タテ・ヨコ：8mm，
　間隔：4mm

①テープの色は青地に白文字で示す
②管理者および名称（○○市水道局など），埋設年度（西暦表示）を示す

　水道事業者によっては，明示テープを管の天端部に連続して設置するように義務づけている場合もあります。

●明示テープ表示方法の例

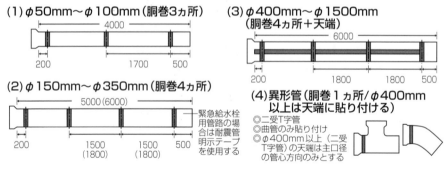

(1) φ50mm～φ100mm（胴巻3ヵ所）

(2) φ150mm～φ350mm（胴巻4ヵ所）

(3) φ400mm～φ1500mm（胴巻4ヵ所＋天端）

(4) 異形管（胴巻1ヵ所／φ400mm以上は天端に貼り付ける）
◎二受T字管
◎曲管のみ貼り付け
◎φ400mm以上（二受T字管）の天端は主口径の管心方向のみとする

①明示テープは基本的に埋設管の胴に巻いて使用する
②口径400mm未満の場合は，2m未満に1カ所の間隔で胴巻きする
③管長400m以下の場合は，胴巻きを1本あたり3カ所に設置する
④水道事業者によっては，口径別に仕様を示したり，太い管には管頂の天端部分へ連続して設置する場合がある
⑤異形管の場合は，胴巻き1カ所（口径400mm以上は天端に設置する）。二受T字管，曲管のみ貼付け，口径400mm以上（二受T字管）の天端は主口径管心方向のみとする

3 明示シート

水道管の頂部と路面の間に明示シート（青地に白文字）を設置する場合がありますが，これは，掘削機械の毀損事故を防止するための措置です。

補足

明示シートの埋設深さ

明示シートは，埋設シートとも呼ばれ，埋設深さについての全国的なルールはありません。ちなみに，関東地方整備局が設けるシートの埋設深さの規定では，ガス管以外で管上30cm，ガス管で管上50cmまで可能としています。

●明示シートの仕様例

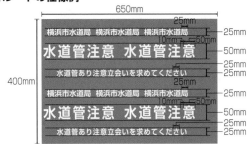

650mm
25mm
横浜市水道局　横浜市水道局　横浜市水道局 ─ 25mm
10mm ─ 50mm
水道管注意　水道管注意 ─ 50mm
─ 25mm
水道管あり注意立会いを求めてください ─ 25mm
25mm
横浜市水道局　横浜市水道局　横浜市水道局 ─ 25mm
10mm ─ 50mm
水道管注意　水道管注意 ─ 50mm
─ 25mm
水道管あり注意立会いを求めてください ─ 25mm
400mm

●明示シートの設置例

明示シートと管頂の距離は，水道事業者の指示による位置に設置

断面図

0.3mm

─ 明示シート
─ 明示テープ
─ 水道管

水道事業者により水道管の頂部と路面の間に設置される明示シートには，**折込構造**のものがあります。これは，**折込んだ状態**で布設することで，掘削作業時に重機のツメなどで引掛けてもち上げてしまった場合でも，折込んだ部分のミシン目がほどけて**約2倍**に伸びながら引き上げられるため，**破断しにくく，検知しやすい**といったメリットがあります。

●明示シートの折込構造

50
100

ポリエチレン製のビニルレザークロスを使用し，シートの色は，地色を青として，文字色を白とする

4 明示杭

　敷地部分に布設する給水管においては，維持管理上必要がある場合は，明示杭（見出杭）または**明示鋲**（明示ピン）などでその位置を明示します。

　とくに，将来，布設位置が不明になるおそれがあるような場合に，明示杭（見出杭）あるいは明示鋲（明示ピン）などを設置し，給水管の引き込み位置を明らかにして給水管の事故防止を講じる措置とします。

　なお，管路および止水用具は**オフセット**を測定し，位置を明らかにしておきます。オフセットとは，基準点からのズレ（距離）のことです。また，複数の基準点からの距離によって管路および止水用具の位置を明確にした図を，**オフセット図**といいます。

●**明示杭（見出杭）の例**

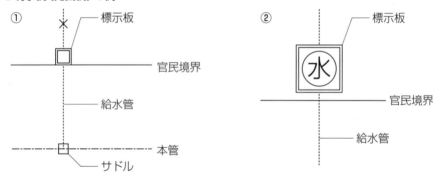

③**プラスチック製表示杭**

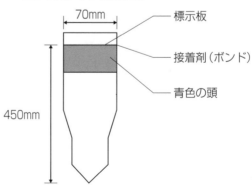

チャレンジ問題

問1

難 **中** 易

給水管の明示に関する次の記述のうち, 不適当なものはどれか。

(1) 道路部分に布設する口径75mm以上の給水管に明示テープを設置する場合は, 明示テープに埋設物の名称, 管理者, 埋設年度を表示しなければならない。

(2) 敷地部分に布設する給水管の位置については, 維持管理上必要がある場合には, 明示杭などによりその位置を明示する。

(3) 水道管の頂部と路面の間に明示シートを設置する場合があるが, これは掘削機械の毀損事故を防止するための措置である。

(4) 明示テープの色は, 水道管は青色, ガス管は黄色, 下水道管は緑色である。

解説

テープの色は, ガス管は緑色, 下水道管は茶色とされています。

解答 (4)

問2

難 中 **易**

明示テープの表示方法に関する次の記述のうち, 不適当なものはどれか。

(1) 明示テープは基本的に埋設管の胴に巻いて使用する。

(2) 口径400mm未満の場合は, 1m未満に1カ所の間隔で胴巻きする。

(3) 管長400m以下の場合は, 胴巻きを1本あたり3カ所に設置する。

(4) 水道事業者によっては, 口径別に仕様を示したり, 太い管には管頂の天端部分へ連続して設置する場合がある。

解説

口径400mm未満の場合は, 2m未満に1カ所の間隔で胴巻きをします。

解答 (2)

止水栓の設置および給水管の防護

① 止水栓の設置位置

　配水管から分岐して最初に設置する止水栓は，原則として**宅地部分の道路境界線近く**とします。これは，維持管理上の理由のほか，止水栓本体や水道メーター上流給水管の損傷防止のためです。しかし，地形やそのほかの理由で敷地内の設置が困難な場合は，道路部分に設置します。

●**止水栓設置位置の例**

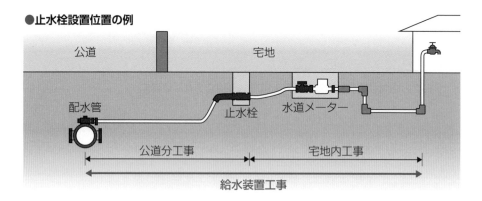

② 止水栓設置方法

　止水栓は維持管理に支障がないよう，**メーターますあるいは止水栓筺内**に収納します。なお，筺などの設置時は，その周囲に沈下などが生じないように十分に締固めをし，強固な状態にして設置します。

③ 給水管の防護

　給水管を破損から**防護**する措置は次の通りです。

①地盤沈下や振動（地震）には，管路の適切な個所に伸縮性または可とう性

のある**伸縮継手**を設ける

②建築物の柱や壁などに配管を固定する場合は、つかみ金具を用いて**1～2mの間隔**で建物に固定する

③構造物の基礎および壁を貫通する配水管の場合は、貫通部に**配管スリーブ**を設け、スリーブとの間隙を弾性体で充てんし、管の破損を防止する

④水路を横断する配水管の場合は、原則、**水路の下に**設置する。やむなく水路を上越し配管する場合は、高水位以上の高さに配管し、**金属製のさや管による**防護措置をとる

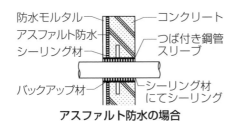

アスファルト防水の場合

補足 ▶

給水管とほかの埋設物の間隔

30cm以上の確保が望まれますが、やむを得ず接近してしまう場合は、発泡スチロール、ポリエチレンフォームなどで防護工を施して損傷防止を図ります。

チャレンジ問題

問1

難　中　**易**

給水管の防護に関する記述の（　　）内の①～④に入る語句を答えよ。

（　①　）や（　②　）には、管路の適切な個所に伸縮性または可とう性のある（　③　）を設け、建築物の柱や壁などに配管を固定する場合は、つかみ金具を用いて（　④　）の間隔で建物に固定する。

解説

ほかに、構造物の基礎や壁を貫通する場合は、貫通部に配管スリーブを設ける、水路を上越しする配管には金属製のさや管を設けるなどの措置があります。

解答①地盤沈下②振動③伸縮継手④1～2m

3 水道メーター

☐ 水道メーターの 設置目的		住宅などで需要者が使用した水量を正確に計量し，水道料金の算定をする。水道メーターの漏水発生の検知を行う
☐ 水道メーターの 設置位置		①給水管分岐部にもっとも近接した敷地内部分②検針および点検，取替作業が容易な場所③メーターの損傷，凍結などのおそれのない場所④汚水や雨水の流入のない場所⑤障害物や危険物が置かれない場所
☐ メーターます		地中に水道メーターを設置する際に収納する容器。プラスチック製，コンクリート製，鋳鉄製，現場打ちコンクリート製，コンクリートブロック製などがある
☐ 水道メーターの 設置方法		建物内に設置する場合は，凍結防止対策，取替スペースの確保，取付け高さに考慮し，配管シャフト内の場合は，発泡ポリスチレンなどで防寒対策を施す。地中に設置の場合は，メーターますに入れ，設置位置を明らかにする
☐ メーターユニット		検定満期取替え時の漏水事故防止や取替えを容易にしたもので，集合住宅などの配管シャフト内へ設置される各戸メーターに多く使用される。メーター取替え時の断水は回避できない
☐ メーターバイパス ユニット		集合住宅など複数戸に直結増圧（加圧）式で給水する場合の親メーターや，直結給水方式で給水する商業施設などで水道メーター取替え時の断水による影響を回避するために用いられる
☐ 水道メーターの供給規程 による取扱い		水道メーターは水道事業者の保有物のため，勝手に交換・廃棄をしてはならない。8年ごとの交換が必要

水道メーターの設置

1 水道メーターの設置目的

水道メーター設置の**目的**には，次の2つがあります。

①使用水量の計量
②漏水の検知

住宅などで需要者が使用した**水量を正確に計量**し，**水道料金の算定**をすることが，水道メーターの主要目的です。また，水道メーターの下流側の配管からの**漏水発生の検知**を行います。給水管や給水用具の漏水の有無は，すべての給水栓を閉めてから水道メーターの**回転指標（パイロット）**の動きを見ることで確認することができます。

2 水道メーターの設置位置

水道メーターは，原則として次のような場所に設置することとします。

①給水管分岐部にもっとも近接した敷地内部分
②検針および点検，取替作業が容易な場所
③メーターの損傷，凍結などのおそれのない場所
④汚水や雨水の流入のない場所
⑤障害物や危険物が置かれない場所

水道メーターの下流側で**漏水**があった場合に，メー

補足 ▶

**水道メーターの
有効期限**

水道メーターは，計量法の定めにより8年の有効期間に合わせて，取替えを行わなければなりません（計量法第72条第2項）。また，有効期限の切れたメーターは，未使用であっても使用できません。

ター以降の漏水場所が確認できるため，水道メーターが給水管分岐部に近い場所に設置します。また，水道メーターは一般に地中に設置しますが，家屋の増改築などで検針や取替えに支障となることもあるため，場所によっては地上に設置することもあります。

③ メーターます

　一般的に水道メーターは地中に設置しますが，その場合はプラスチック製あるいはコンクリート製のメーターますに入れます。これは，メーターを取外す際の戻り水による汚染の防止などに考慮するためです。メーターますには，上記のほか，鋳鉄製や現場打ちコンクリート製，コンクリートブロック製などがあり，上部に鉄蓋を設置します。

④ 水道メーターの設置方法

　水道メーターは，建物内に設置する場合と，地中に設置する場合とがあります。それぞれに，次のような方法で設置します。

●建物内に設置する場合

水道メーターを建物内に設置する場合は，凍結防止対策のほか，取替スペースの確保，取付け高さなどに考慮が必要です。集合住宅などの配管シャフト内に設置する場合は，外気の影響で凍結のおそれがあるため，発泡ポリスチレンなどの保温材で水道メーターを覆い，防寒対策を施します。配水管やガス管など，ほかの配管設備機器と隣接している場合は，点検および取替作業に必要なスペースを確保します。メーターの周りには，止水栓や弁類，継手などの接続機器が多いため漏電の危険性も高く，メーター設置箇所には床防水や水抜きを考慮した構造とし，居室などへの浸水防止を図ります。また，遠隔指示装置の水道メーターを設置の場合は，パルス発信方式やエンコーダ方式など，正確に効率よく検針でき，維持管理が容易なものとします。

●地中に設置する場合

口径が 13 ～ 40mm の場合は，鋳鉄製やプラスチック製，現場打ちコンクリート製のメーターますに入れ，メーターの取外し時の戻り水などでの汚染を防止するための防水処理あるいは排水処理の措置を講じ，さらに埋没や外部からの衝撃から防護したうえで，設置位置を明らかにしておくことが必要です。口径が５０mm 以上の場合は，鋳鉄製や現場打ちコンクリート，コンクリートブロック製のメーターますに入れ，上部に鉄蓋を設置した構造にします。メーターますは，水道メーターの検針や取替作業が容易にできる大きさおよび構造とします。プラスチック製のメーターますは，車両などの荷重がかからない場所に設置するようにします。なお，メーターますは防寒対策を施すか，凍結深度より深く設置します。

●設置する際の留意事項

水道メーターに表示されている流水方向の矢印を確認し，水平に取付けます。逆方向に取付けてしまうと正規の計量が表示できません。

また，傾斜して設置した場合は，水道メーターの性能や計量精度，耐久性を低下させる原因となります。

なお，大口径の羽根車式水道メーターは，適正な計量を行うために水道メーターの前後に所定の直管部を確保します。

補足

遠隔指示装置
水道メーターの指針を，離れた場所に支持する装置です。

問1

難　**中**　易

水道メーターの設置位置に関する記述のうち, 不適当なものはどれか。

(1) 水道メーターは, 原則として, 給水管分岐部に近い位置の敷地外に設置する。

(2) 水道メーターは, 検針および点検, 取替作業が容易な場所に設置する。

(3) 水道メーターは, 障害物や危険物が置かれない場所で, メーターの損傷, 凍結などのおそれのない場所に設置する。

(4) 水道メーターは, 汚水や雨水の流入のない場所に設置する。

解説

水道メーターは, 原則として, 給水管分岐部にもっとも近接した敷地内部分に設置します。

解答 (1)

問2

難　**中**　易

水道メーターに関する記述のうち, 不適当なものはどれか。

(1) 一般的に水道メーターは地中に設置するが, その場合はプラスチック製あるいはコンクリート製のメーターますに入れる。

(2) 水道メーターを建物内に設置する場合は, 凍結防止対策のほか, 取替スペースの確保, 取付け高さなどに考慮が必要である。

(3) 水道メーターを集合住宅などの配管シャフト内に設置する場合は, 外気の影響で凍結のおそれがあるため, 段ボールや毛布などで水道メーターを覆い, 防寒対策を施す。

(4) 口径が13〜40mmの場合は, 鋳鉄製やプラスチック製, 現場打ちコンクリート製のメーターますに入れ, 防水処理あるいは排水処理の措置を講じ, 埋没や外部からの衝撃から防護したうえで, 設置位置を明らかにしておくことが必要である。

解説

水道メーターに防寒対策を施す際は, 発泡ポリスチレンなどの保温材で水道メーターを覆います。

解答 (3)

メーターユニットとメーターバイパスユニットほか

1 メーターユニット

　検定満期取替え時の漏水事故防止や取替えを容易にしたもので，集合住宅などの配管シャフト内へ設置される各戸メーターに多く使用されています。

　メーターユニットは非常に**コンパクト**で，**止水栓，逆止弁，メーター着脱機能**から構成されています。メーター接続部に**伸縮機能**があり，工具を用いなくともハンドルを手まわしするだけで簡単にメーターの脱着が行えます。ただし，水道メーターの取替えは容易な一方，**取替え時の断水を回避することはできません**。

●メーターユニット

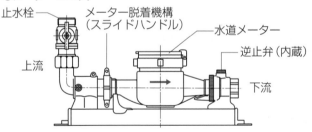

2 メーターバイパスユニット

　集合住宅など複数戸に**直結増圧（加圧）式**で給水する場合の**親メーター**や，直結給水方式で給水する商業施設などで水道メーター取替え時の**全戸断水，全館断水**による**影響を回避**するために用いられています。この場合，常にバイパス内部の水が入れ替わる構造になっていることが必要です。

メーターユニット

メーターユニットは，検定満期時のメーター交換の際に，水道メーターの脱着ねじがさびなどで固着して外れなくなってしまった場合，メーター前後の老朽化した配管に力が加わって発生する漏水事故の防止，メーター交換時間短縮などの目的で開発されました。青銅製で，口径は13〜25mmほどの小口径の水道メーターに使用されます。ユニット内に減圧弁やストレーナ，圧力計などが組み込まれているものもあります。

水道メーター交換時にユニット内の**流路切替弁**，**仕切弁**を操作してバイパス側に**通水**することで，断水せずにメーター交換が可能となります。

●メーターバイパスユニット

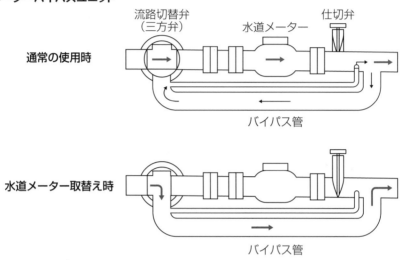

3 メーターの供給規程による取扱い

　水道メーターは，**水道事業者の保有物**となるので，これを勝手に交換および**廃棄**をしてはなりません。水道メーターは，**検定満期**である**8年ごと**の交換が**計量法施行令（計量法）**によって定められており，これを義務付けています。したがって，水道業者は，これを越える前にメーターの交換を行わなければなりません。

4 直結加圧形ポンプユニットの設置

　集合住宅などの**3階建て以上**の建物に対して，**直結給水（直結直圧式）**ができる水道設備の整備をすすめ，配水管の供給圧力などを向上し，**増圧ポンプ方式の活用**と併せ，直結給水の普及が推進するとされました（平成16年厚生労働省「水道ビジョン」）。

●直結増圧式給水方式

直結直圧式では圧力が足りない場合に，配水管途中へ増圧給水設備を設け給水する方式です。**直結加圧形ポンプユニット**が用いられます。

●直結加圧形ポンプユニット

始動・停止時に配水支管への**圧力変動が小さく脈動が生じないもの**で，配水管の断水などで吸込み側の水圧が異常低下した際には**自動停止**し，水圧が回復した際には**自動復帰**するものとします。また，吸込み側の水圧が吐出して圧力以上に上昇した際には，自動停止して**直圧による給水**ができるものとします。減圧式逆流防止器などの有効な逆流防止策を施し，配水管への逆流を防止するものとします。

チャレンジ問題

問1 　　　　　　　　　　　　　難　中　**易**

メーターユニットおよびメーターバイパスユニットに関する記述のうち，不適当なものはどれか。

(1) 集合住宅などに設置される各戸メーターには，検定満期取替え時の漏水事故防止や取替えを容易にしたメーターユニットがある。

(2) メーターユニットは非常にコンパクトで，メーター接続部に伸縮機能があり，工具を用いなくともハンドルの手まわしだけで簡単にメーターの脱着が行える。

(3) 集合住宅や商業施設などにおいては，水道メーター取替え時の断水による影響を回避するため，メーターバイパスユニットを設置する方法がある。

(4) 水道メーターは，検定満期である3年ごとの交換が計量法によって定められており，これを義務付けている。

解説

水道メーターは，検定満期である8年ごとの交換が計量法第72条第2項により定められています。

解答（4）

4 土工事および配管工事と配管の接合

まとめ&丸暗記　この節の学習内容とまとめ

☐ 住宅用スプリンクラー　消防法の適用を受けない住宅用スプリンクラーおよび消防法の適用を受けるスプリンクラーがある

☐ 消防法の適用を
受けない住宅用
スプリンクラー

末端給水栓までの配管途中に設置され, 断水時には作動しないため, 需要者にその旨を説明する必要がある

☐ 水道直結式
スプリンクラー設備

①水道法の適用を受ける

②工事および整備は, 指定給水装置工事事業者が消防設備士の指導の下で行う

③消防法令適合品の使用, 給水装置の構造および材質に適合した給水管, 設備を使用して施工を行う

④消防法の規定により消防設備士が責任を負うため, 水理計算および給水管・給水用具の選定は, 消防設備士が行う

⑤停滞水および停滞空気の発生しない構造

⑥災害そのほか正当な理由による一時的な断水などの不具合は, 水道事業者に責任がない

☐ 水道直結式
スプリンクラーの
配管方法

湿式配管：配管内が常時充水している方法。末端給水栓までの配管途中にスプリンクラー

乾式配管：スプリンクラー配管への分岐部直下流に電動弁を設ける

☐ 湿式配管　常時充水されている配管

☐ 乾式配管　常時充水されていない配管

土工事

1 占用許可および掘削許可

　公道の掘削を伴う土工事を行う際は，関係法令を遵守したうえで各工事に適した方法で施工にあたります。設備不備や不完全な施工などによる事故，障害などを起こさないように努めます。

①公道を掘削する場合は，**道路交通法**に基づき，**所轄警察署長**から**道路使用許可**を得，また，**道路法**に基づき，**道路管理者**から**道路占用許可**および**道路掘削許可**を事前に取得する

②道路掘削の際は，地下埋設物，土質条件のほか，周辺環境および給水管の土被りなどを総合的に検討し，最小かつ安全・確実な施工ができる**掘削断面**および**土留工法**を用いる

③**掘削深さが 1.5 m を超える**際は，切取り面がその掘削箇所の土質に見合う勾配を保ち掘削できる場合を除き，**土留工**を施す

④掘削深さが 1.5 m 以内でも施工の安全性を確保するため，自立性に乏しい地山の場合には適切な勾配を定めて断面を決定する。あるいは土留工を施す

2 掘削工事

　舗装された道路の掘削は，カッターなどを用い，**方形で垂直な切り口**になるよう掘削を行います。ガス管，電線管，下水管などの埋設物に近接して掘削する際は，

埋設物管理者の立会いを求めます。

　道路内の掘削跡の埋戻しは，**道路管理者の許可条件で指定された土砂**を用います。原則として，**厚さ30cm**を超えない層ごとに十分締固めます。また，道路以外の埋戻しは，**土地管理者の承諾**を得て**良質な土砂**を用いて，**厚さ30cm**を超えない層ごとに十分締固めます。

　締固めは原則，**タンピングランマ，振動ローラ**などの転圧機を用います。

3　道路の復旧工事

　道路の復旧工事には，ほぼ工事前の状態に戻す**本復旧工事**と，本復旧工事が間に合わないときに行う**仮復旧工事**とがあります。

　道路の本復旧は，道路管理者の指示にしたがって埋戻し完了後，**速やかに**行います。その際，**在来舗装と同等以上の強度**および**機能**を確保しなければなりません。しかし，速やかに行うのが難しい場合には，道路管理者の承諾を得て，仮復旧を行います。

　仮復旧の表層材には，**常温**あるいは**加熱アスファルト合材**を用います。路面には，白線などの道路標示のほか，必要に応じて道路管理者の指示による表示を**ペイント**などにより表示します。

　仮復旧後，本復旧工事施工までの間，工事施工者は常に**仮復旧箇所を巡回**し，路盤沈下などが生じた場合のほか，道路管理者から指示を受けた際は，直ちに修復をしなければなりません。

　なお，**未舗装道路の復旧工事**においては，道路管理者の**指定する方法**で路盤築造を行い，**在来路面と馴染みよく仕上げ**ます。

4　現場の安全管理

　道路工事にあたっては，道路交通法，労働安全衛生法などの関係法令や工事に係る諸規定を順守して，常に**交通および工事の安全**に十分に注意して現場管理を行います。その際，交通安全などについて**道路管理者**および**所轄警察署長**と事前に相談しておくようにします。

道路に接して掘削工事を行う際は，公衆が工事現場に立ち入ることのないように固定柵などを設置します。また，工事に伴う騒音や振動などをできる限り防止し，周辺の**生活環境の保全**に努めます。なお，掘削工事においては，工事場所の交通安全のための**保安設備**を設置して，必要に応じて**保安要員（交通整理員）**を配置し，併せて工事作業員の安全にも留意します。

　工事中に万一，**不測の事故**などが発生したときは，**応急措置を講じて直ちに所轄警察署長**および**道路管理者に通報**します。併せて**水道事業者**にも連絡をします。これら連絡先は，**工事従事者**に周知徹底しておきます。

　なお，ガス管や下水道管など，ほかの埋設物を破損した場合は，直ちにその**埋設物の管理者**に通報し，その指示にしたがいます。

5　残土および廃棄物の処理

　工事の施行により生じた**建設発生土**や**建設廃棄物**は，**「廃棄物の処理および清掃に関する法律」**に基づき，工事施工者が**適正に処理**しなければなりません。

　また，**廃棄物**は工事施行者が責任をもって必ず処理を行わなければいけません。廃棄物の運び出しにおいては，「収集・運搬」および「処理」の許可を得た専門の業者に委託して行うのが一般的です。

問1

占有許可および掘削許可ほかに関する次の記述のうち, 不適当なものはどれか。

(1) 公道を掘削する場合は, 道路交通法に基づき, 所轄警察署長から道路使用許可を得, また, 道路法に基づき, 道路管理者から道路占用許可および道路掘削許可を事前に取得する。

(2) 道路掘削の際は, 地下埋設物, 土質条件のほか, 周辺環境および給水管の土被りなどを総合的に検討し, 最小かつ安全・確実な施工ができる掘削断面および土留(どどめ)工法を用いる。

(3) 掘削深さが2.5mを超える際は, 切取り面がその掘削箇所の土質に見合う勾配を保ち掘削できる場合を除き, 土留工を施す。

(4) 掘削深さが1.5m以内でも施工の安全性確保のため, 自立性に乏しい地山の場合には適切な勾配を定めて断面を決定する。あるいは土留工を施す。

解説

掘削深さは2.5mではなく, 1.5mです。(4)にヒントがありますね。

解答 (3)

問2

道路工事の現場の安全管理に関する次の記述のうち, 不適当なものはどれか。

(1) 道路工事にあたっては, 道路交通法, 労働安全衛生法などの関係法令や工事に係る諸規定を順守し, 常に交通や工事の安全に十分に注意する。

(2) 交通安全などについて, 道路管理者や所轄警察署長と事前に相談しておく。

(3) 掘削工事では, 工事場所の交通安全のための保安設備を設置して, 必要に応じ保安要員 (交通整理員) を配置し, 工事作業員の安全にも留意する。

(4) 工事中に万一, 不測の事故が発生したときは, 応急措置を講じて直ちに所轄警察署長と道路管理者に通報するが, 水道事業者への連絡は必要ない。

解説

水道事業者への連絡は必要です。所轄警察署長, 道路管理者への通報とともに, 直ちに連絡します。また, これら連絡先は工事従事者に周知徹底しておきます。

解答 (4)

配管工事

① 配管工事の基本および留意点

　水圧に対する十分な耐力を確保するため，給水装置の**接合箇所**は，その構造および材質に応じた適切な接合を行います。また，漏水などの異常が発生した場合に容易に修理を行うことができるよう，**家屋の主配管**は構造物下の通過を避け，**家屋基礎の外回りに布設**するようにします。やむを得ず構造物の下に配管を布設する際は，**さや管ヘッダ方式**を採用します。その場合は，次の事項に留意して布設するようにします。

①さや管ヘッダ方式は，床下に設置した配管分岐器具（ヘッダ）から分岐し，各給水用具まで途中で分岐せずに直接接続する方法で，床には点検口を設ける

②「住宅の品質保持の促進等に関する法律」（品確法）では，さや管ヘッダ工法で用いる給水管は，おもに**架橋ポリエチレン管およびポリブデン管**である

③さや管ヘッダ方式は，さや管内に配管することで更新が容易となり，従来の配管方式と比較して接続部が少ないため，漏水の危険性が低くなる

● さや管ヘッダ工法の例

補足

主配管
口径，流量が最大の給水管のことで，一般的に水道メーターと同口径の部分のことをいいます。

2 配管の強度

　配管を設置する場所の荷重条件に応じ，土圧，自動車などの輪荷重そのほかの荷重に対して，十分な耐力をもつ構造，質の給水装置を選定します。給水装置の材料は，給水装置の用途に応じた耐久性があるものを選定します。給水管は，露出配管の場合は**管内水圧**を，地中に埋設する場合は管内水圧および土圧，輪荷重そのほかの**外圧**に対して十分な強度のある適切な**管厚**のものを選定します。なお，**地震力**に対しては，給水管自体に**伸縮可とう性**に富む材質のものを用いるほか，分岐部や埋設の深さが変化する部分および地中埋設配管から建物内の配管との接続部などの管路の適切な箇所に，伸縮可とう性のある継手を使用します。

3 そのほかの埋設物との距離

　ガス管や下水道管など，ほかの埋設物に接近して給水管を布設した場合，接触点付近の集中荷重のほか，ほかの埋設物や給水管の漏水により引き起こされる**サンドブラスト現象**などで，管に損傷を与えるおそれがあります。そのため，給水管はほかの埋設物より **30cm以上**の間隔をあけて配管します。間隔を確保できず，接近して配管せざるを得ない場合には，給水管に**発泡スチロール**や**ポリエチレンフォーム**などで損傷の防止を図ります。

　給水管からの漏水などにより，水流とともに周辺の土砂がほかの埋設物に衝突し，ほかの埋設管が損傷する現象をサンドブラスト現象といいます。

●サンドブラスト現象

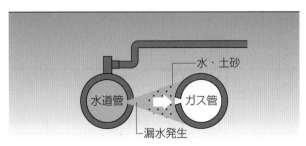

チャレンジ問題

問1

難　中　易

配管工事の基本および留意点に関する次の記述のうち, 不適当なものはどれか。

(1) 給水装置の接合箇所は, 水圧に対する十分な耐力を確保するため, その構造および材質に応じた適切な接合を行う。

(2) 家屋の主配管は構造物下の通過を避け, 家屋基礎の外回りに布設するようにし, やむを得ず構造物の下に配管を布設する際は, さや管ヘッダ方式を採用する。

(3) さや管ヘッダ方式は, 床下に設置した配管分岐器具 (ヘッダ) から分岐し, 各給水用具まで途中で分岐せずに直接接続する方法で, 床には点検口を設ける。

(4) 「住宅の品質保持の促進等に関する法律」 (品確法) では, さや管ヘッダ工法で用いる給水管は, 水道用ステンレス鋼鋼管である。

解説

さや管ヘッダ工法で用いる給水管は, 架橋ポリエチレン管とポリブデン管です。

解答 (4)

問2

難　中　易

次の記述の (　　　) 内の①〜④に入る語句を答えよ。

給水管からの (　①　) などにより, 水流とともに周辺の (　②　) がほかの埋設物に衝突し, ほかの埋設管が (　③　) する現象を (　④　) といいます。

解説

ガス管や下水道管など, ほかの埋設物に接近して給水管を布設した場合, 接触点付近の集中荷重のほか, ほかの埋設物や給水管の漏水により引き起こされる現象で, 管に損傷を与えるおそれがあります。

解答①漏水②土砂③損傷④サンドブラスト現象

配管の接合方法

1 配管の接合

　給水装置工事において配管の接合は，その施工の良否を左右するためきわめて重要で，接合する各種配管の管種，使用する継手，施工環境および施工技術などからもっとも適当とする接合方法および工具を選択し，施工にあたります。使用する管種ごとに接合方法が種々異なりますので，ここではおもな管種の接合方法について述べていきます。

●ライニング（樹脂被覆）鋼管の接合
対応管種：硬質塩化ビニルライニング鋼管，耐熱性硬質塩化ビニルライニング鋼管，ポリエチレン粉体ライニング鋼管

　一般的に，ライニング鋼管は**ねじ接合**を原則とします。使用するねじの規格は，JIS B 0203「管用テーパねじ」が定められています。

　管の切断は，局部加熱を避けて**自動金のこ盤**（帯のこ盤，弦のこ盤）で，ねじ切り機に搭載された自動丸のこ機などを使い，管軸に対して直角に切断します。パイプカッターやチップソーカッター，ガス切断，高速磁石は，管に悪影響をおよぼすので使用しません。

　管接断面の「かえり」および「まくれ」は，スクレーパーで管端内側の硬質塩化ビニルの厚さ1/2〜2/3程度を面取りします。ねじの切削は，局部加熱を避け，専用ねじ切り機を使用し，切削油には**水油性切削油**を用います。

　鋼管をねじ接合する場合は，ねじ切り後清掃し，ねじ部および管端部には**防食シール剤**を塗布し，所要の最小ねじ込み山数を確保して締付けます。配管端部の接続部分の腐食を防止するため，**管端防食継手**を用います。

　硬質塩化ビニルライニング鋼管のねじ継手に外面樹脂被覆継手を用いる場合は埋設の際，さらに防食テープを巻くなどの防食処理などは不要です。

●ステンレス鋼鋼管の接合

対応管種：ステンレス鋼鋼管，水道用波状ステンレス
鋼管

　ステンレス鋼鋼管，水道用波状ステンレス鋼管の接
合には，**伸縮可とう式継手，プレス式継手**を使用しま
す。伸縮可とう式継手は重荷重の作用する埋設配管に，
プレス式継手は屋内配管などに用いられます。伸縮可
とう式継手は，埋設地盤の変動に対応できるように継
手に伸縮可とう性をもたせたもので，ワンタッチ方式
がおもに用いられています。

　プレス式継手による接合は，専用締付け工具を使用
するもので，短時間の接合が可能で，高度な技術は不
要です。

補足 ▶

管端防食継手
ねじ接合箇所が腐食
するのを防止する継
手です。

●伸縮可とう式継手による接合例

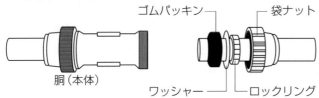

ゴムパッキン　　　　袋ナット
胴（本体）　　　　ワッシャー　　ロックリング

●銅管の接合

銅管の接合は，トーチランプまたは電気ヒーターによ
る**はんだ接合，ろう接合，プレス式接合（機械継手）**
があります。接合には継手が用いられますが，
25mm以下の給水管の直管部は胴継ぎとすることが
できます。ろう接合は，管の差込み部と継手受口との
隙間にろうを加熱溶解し，**毛細管現象**により吸い込ま
せて接合します。

●硬質ポリ塩化ビニル管の接合

対応管種：硬質ポリ塩化ビニル管，耐衝撃性硬質ポリ
塩化ビニル管，耐熱性硬質ポリ塩化ビニル管

硬質ポリ塩化ビニル管の接合には，接着剤を用いた TS 継手，ゴム輪を用いる RR 継手があります。TS 継手は，接着剤を塗布したのち直ちに継手に挿仕込み，管の戻りを防ぐため，口径 50㎜以下は 30 秒以上，口径 75mm 以下は 60 秒以上保持し，この間は引張りおよび曲げの力を加えないようにします。

TS 継手による接合の接着剤は JWWA S 101「水道用硬質塩化ビニル管の接着剤」，「耐熱性硬質塩化ビニル管用の接着剤」が定められています。

RR 継手は，ゴム輪の前後を反対にしたり，ねじれないように装着します。ゴム輪および挿し口の表示線まで専用滑剤を塗布して管軸を合わせて表示線まで挿入します。曲管部には，**離脱防止金具**，**コンクリートブロック**を用いて防護します。

●ポリエチレン二層管の接合

ポリエチレン二層管の接合には，金属継手を用いて，管種（1種，2種）専用の継手を使用します。接合の際は，インコアが入りやすいように面取り器で内面を面取りします。継手を分解して，袋ナット，リングの順で管に部品を通し，**リングは割りのある方を袋ナット側に向けます**。

リングはパイプ断面から十分に離して管にインコアを押込み，プラスチックハンマで根元まで打ち込みます。袋ナットとリングを継手に差込み，袋ナットを継手に手で締込みます。パイプレンチで標準締付トルクまで締付けます。管の切断は，専用パイプカッターを使用して鋸刃は使用しません。

●ポリエチレン二層管の金属継手（メカニカル式）による接合例

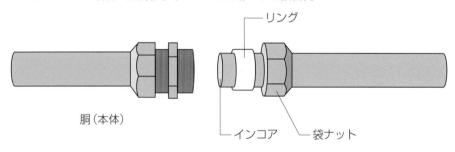

胴（本体）　　　リング　　　インコア　　袋ナット

●水道配水用ポリエチレン管の接続

水道配水用ポリエチレン管の接合には，メカニカル式継手，ＥＦ（電気融着式）継手，金属継手を用います。水道配水用ポリエチレン管のEF継手による接合は，接合方法がマニュアル化され，EFコントローラによって最適融着条件が自動制御されます。

また，管と継手が一体化されるため，異形管部の離脱防止対策は不要です。水道配水用ポリエチレン管の融着作業中は，EF接続部に水が付着しないよう，ポンプによる十分な排水をし，雨天時はテントなどでの雨よけなどの対策が必要です。継手内部に埋めてあるニクロム線を電気で発熱させ，継手内面と管外面とを融着接合します。

●水道配水用ポリエチレン管の金属継手の接合例

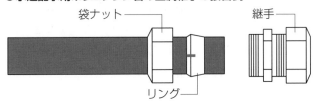

袋ナット　　　　　　　　　　　　　継手

リング

●架橋ポリエチレン管の接合

架橋ポリエチレン管の接合には，メカニカル式継手と，継手本体に電熱線などの発熱体を埋め込んだ電気式熱融着継手があります。

メカニカル式継手は乳白色の単層管に用い，電気式熱融着継手は，ライトグリーンの二層管に用いられます。

　電気式熱融着接合は，継手内部に埋め込まれたニクロム線を電気によって発熱させて継手内面と管外面とを融着接合します。

補足 ▶

EF（エレクトロフュージョン）接合

EF接合とは，電気融着式接合のことで，内面に伝熱弦を埋め込んだ継手に管を挿入し，コントローラから通電して電熱線を発熱させて継手内面と管外面の樹脂を加熱溶接して融着し，一体化させる方法です。接合面が管体部と同等以上の強度があります。

●架橋ポリブデン管の接合

架橋ポリブデン管の接合には，熱融着式継手，メカニカル式継手，EF（電気融着式）継手があります。

熱融着式継手による接合は，温度管理などの熟練を要しますが，接合面が完全に一体化し，信頼性の高い方法です。

熱融着ヒーター接合は，加熱用ヒーターフェースで管外面と継手内面を加熱融着させて溶融した樹脂を接合します。

メカニカル式継手は単層管に，EF継手は二層管に用いられます。

●ダグタイル鋳鉄管の接合

ダグタイル鋳鉄管の接合には，メカニカル式継手，プッシュオン継手，フランジ継手があります。接合形式には，K形，T形，NS形，GX形があります。K形，T形の異形管の接合箇所には，原則として管防護が必要です。NS形，GX形は，伸縮余裕および曲げ余裕が大きいため，大きな地震で地盤が悪い場合でも，無理な力が管体にかかることなく継手の動きで地盤の変動に適応できます。締付けには，ラチェットレンチ，トルクレンチ，スパナなどの工具を用います。また，接合に使用する滑剤は継手用滑剤に適合するものとし，グリースなどの油剤類は使用してはいけません。

2　曲げ加工

給水管の配管は，直管および継手を接続して行うことが原則ですが，やむを得ず曲げ加工をする際には，各種管材に応じた適正な加工を行います。

なお，曲げ加工ができる配管材としては，銅管，ステンレス鋼鋼管，ポリエチレン二層管などがあります。

配管材により曲げの限度が異なり，曲り部分には継手などの接続はできません。また，曲り前後の直線部分は，10cm以上とるようにします。

3 曲げ配管施工の際の留意点

曲げ配管の施工において留意する事項は，次の通りです。

●曲げ配管施工の留意点

曲げ加工可能な配管材料	施工の留意点
ステンレス鋼鋼管	曲げ加工はベンダー加工により行う
	加熱による焼き曲げ加工はしてはならない
	曲げ加工時は，管面に曲げ寸法を示すけがき線を表示して行う
	最大曲げ角は原則90°とし，しわやねじれのないようにする
	曲げの曲率半径は管軸線上において口径の4倍以上とする
	曲がりの始点または終点から10cm以上の直管部分を保持する
	曲げ加工部の楕円化率は5%以下とする
	水道用波状ステンレス鋼管の曲げ配管は波状部で行い，最大曲げ角は90°として過度な繰返し曲げを行わない
	波状部は滑らかなカーブで各山が均等になるように曲げる
銅管	断面が変形しないよう，なるべく大きな半径で少しずつ曲げる
	硬質銅管は曲げ加工してはならない
	軟質コイル銅管は専用ベンダを用いる
	被覆銅管の曲げ加工は，スプリングベンダなどを用いて，口径20mmの曲げ半径は150mm以上とする
	切断には専用のパイプカッターを用いる
ポリエチレン二層管	曲率半径は管の外径の25倍以上とする

問1

難 **中** 易

給水管の接合方法に関する次の記述のうち，不適当なものはどれか。

(1) 硬質塩化ビニルライニング鋼管，耐熱性硬質塩化ビニルライニング鋼管，ポリエチレン粉体ライニング鋼管の接合は，ねじ接合が一般的である。

(2) ステンレス鋼鋼管および水道用波状ステンレス鋼管の接合には，伸縮可とう式継手またはTS継手を使用する。

(3) 銅管の接合には，トーチランプまたは電気ヒーターによるはんだ接合とろう接合などがある。

(4) ポリエチレン二層管の接合には，金属継手を使用する。

解説

ステンレス鋼鋼管および水道用波状ステンレス鋼管の接合は，おもに屋内配管用のプレス式継手と，地中埋設管用の伸縮可とう式継手があります。

解答 (2)

問2

難 **中** 易

給水管の配管工事に関する次の記述のうち，不適当なものはどれか。

(1) 水道用ポリエチレン二層管（1種管）の曲げ半径は，管の外径の25倍以上とする。

(2) 銅管を曲げ加工する際は，断面が変形しないよう，なるべく大きな半径で少しずつ曲げる。

(3) ステンレス鋼鋼管を曲げて配管するとき，継手の挿込み寸法などを考慮して，曲りの始点または終点からそれぞれ10cm以上の直管部分を確保する。

(4) ステンレス鋼鋼管を曲げて配管するときの曲げ半径は，管軸線上において，口径の10倍以上とする。

解説

正しくは，「ステンレス鋼鋼管を曲げて配管するときの曲げ半径は，管軸線上において口径の4倍以上とする」となります。したがって，不適当な記述です。

解答 (4)

配管工事における留意事項

1 水圧および水撃作用への対策

　水撃作用とは，配水管内の**急激な圧力上昇**によって引き起こされる，配管の**振動や異常音**のことをいいます。水が配水管をハンマで叩くような音がすることから，**ウォータハンマ**とも呼ばれます。

　水撃作用が発生しやすい箇所としては，給水管内の常用圧力が高い箇所，水温が高いところ，曲りの多い部分が挙げられます。この水撃作用が頻繁に起こると，管の破損や継手のゆるみが生じ，**漏水の原因**となります。水撃作用の防止対策は，次の通りです。

①減圧弁，定流量弁，水撃防止器を，水撃の発生が予測される箇所に設置する
②管内流速を遅くする（最高でも 2.0 [m/s]，できれば 0.9 ～ 1.2 [m/s] 程度とする）
③急閉鎖形の給水管をできるだけ使用しない
④空気が停滞する鳥居配管は避ける
⑤ウォータハンマ防止器を用いる

2 高水圧への対策

　高水圧を生じるおそれのある次の箇所に減圧弁あるいは逃し弁を設置します。

①水撃作用が生じるおそれのある箇所
②配水管の位置より著しく低い箇所にある給水装置

鳥居配管
障害物を避けるために上に凸型に配管することで，形が鳥居に似ているので鳥居配管と呼ばれます。

ウォータハンマ防止器
ウォータハンマによる水撃作用を吸収するため，圧縮，膨張性のあるベローズやゴムのバッグを内蔵したものです。

③直結増圧式給水による低層部

3　空気溜り防止への対策

　水路の上越し部や行き止まり配管の先端部，鳥居配管形状となっている箇所など，空気溜まりを生じるおそれがある場所に，空気弁を設置します。

4　高温および低温への対策

　ボイラーや煙道など，高温となりやすい場所への給水装置の設置を避けます。給水装置（とくに樹脂管など）を高温となる場所に設置すると，給水装置内の圧力が上昇し，破裂するおそれが生じます。

　したがって，原則，高温になる場所に給水装置を設置してはなりません。やむを得ず，そのような場所に給水装置を設置する場合は，防護策として耐熱装置を施します。

　なお，同様に冷凍庫の冷凍配管などに近接するなど，凍結のおそれのある場所も避けなければいけません。

5　工事中の汚水侵入防止への対策

　給水装置工事において，いかなる場合でも衛生に十分注意する必要があります。そのため，工事中断時あるいは，1日の工事終了後には，管端にプラグなどで管栓をして汚水などが流入しないようにします。

　とくに，工事が1日で完了しない場合は，必ず汚水などの侵入防止の措置を講じておくことが必要です。

6　配管の損傷防止への対策

　建物の壁などに配管された露出している給水管は，外力や自重，水圧などによる振動やたわみで損傷を受けやすくなります。その際は，管をクリップ

などのつかみ金具を用いて，1～2m間隔で建物に固定をします。とくに給水栓の取付部分は損傷しやすいので，堅固に取付けます。

構造物の基礎や壁を給水管が貫通する場合には，構造物の貫通部に**配管スリーブ**などを設けます。そのうえで，設けたスリーブとの間隙を**弾性体**で充てんし，管の損傷を防止します。

給水管が水路を横断するような場合は，給水装置は，水路などの下に設置するのが原則です。

●構造物貫通部施工の例

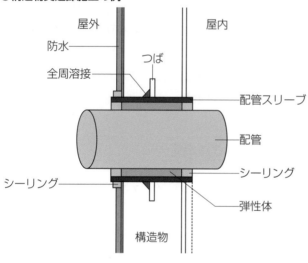

補足 ▶

サンドブラスト現象

給水管から漏水などにより，水流とともに周辺の土砂がほかの埋設物に衝突し，ほかの埋設管が損傷する現象のことです（P.250参照）。

宅地内に配管する場合

止水栓，メーターなどの設置を考慮して，わん曲，蛇行，斜行配管を避け，できるだけ直線配管にします。

7 給水管の耐力への対策

給水管の露出配管は，**内水圧に耐えられる強度**をもつ管厚を選定します。埋設配管の給水管は，**内水圧，土圧，輪荷重**などに耐えられる強度をもつ管厚を選定することが必要です。

8 地震時への対策

建物内の配管および埋設配管のどちらにも甚大な影響を与えうる災害の地震においても，対策を報じておくことは大切です。

地震力に対応するためには，配水管の分岐部や埋設深さが変化する部分および地中埋設配管と建物内の配管との接続部にも，**伸縮可とう性のある管や継手**を使用します。

地震，災害時などにおける給水の早期復旧を図ることからも，**止水栓は道路境界付近に設置する**ことが望ましい対策といえます。

9 メンテナンス性確保への対策

給水管は，スムーズな維持管理のためにも，メンテナンス性を確保する対策を講じておく必要があります。

宅地内における給水管の配管は，将来の取替え，漏水修理なども考慮して，できるだけ**直管配線**とします。地階または2階以上に配管する場合は，原則として**各階ごとに止水栓を設置**します。

問1

配管工事の留意点に関する次の記述のうち, 不適当なものはどれか。

(1) 地階あるいは2階以上に配管する場合は, 原則として各階ごとに逆止弁を設置する。

(2) 行き止まり配管の先端部, 水路の上越し部, 鳥居配管となっている箇所などのうち, 空気溜まりを生じるおそれがある場所などで空気弁を設置する。

(3) 給水管をほかの埋設管に接近して布設すると, 漏水によるサンドブラスト(サンドエロージョン)現象によりほかの埋設管に損傷を与えるおそれがあることなどのため, 原則として30cm以上離隔を確保し配管する。

(4) 宅地内の配管は, できるだけ直線配管とする。

解説

正しくは,「地階あるいは2階以上に配管する場合は, 原則として各階ごとに止水栓を設置する」です。したがって, 不適切な記述です。

解答 (1)

問2

水撃作用に関する次の記述の①〜④に入る語句を答えよ。

水撃作用とは, 配水管内の急激な(①)によって引き起こされる, 配管の(②)や(③)のことをいいます。水が配水管をハンマで叩くような音がすることから,(④)とも呼ばれます。

解説

水撃作用が頻繁に起こると, 管の破損や継手のゆるみが生じ, 漏水の原因となります。

解答①圧力上昇②振動③異常音④ウォータハンマ

給水装置へのスプリンクラーの設置

1 消防法の適用を受けない住宅用スプリンクラー

　住宅用スプリンクラーは，停滞水が生じないよう，洗面水栓や台所水栓などの末端給水栓までの配管途中に設置され，消防法の適用を受けないスプリンクラー設備です。

　ただし，このスプリンクラー設備は，断水時には作動しません。したがって，需要者などに対し，この設備は断水時には使用できない旨および取扱いの方法について説明しておく必要があります。

2 水道直結式スプリンクラー設備

　小規模社会福祉施設へのスプリンクラー設備の設置が，平成19年の消防法改正により義務付けられ，水道直結式スプリンクラー設備が認められるようになりました。水道直結式スプリンクラー設備は，自動消火設備であるスプリンクラーを給水装置に直結したものをいいます。

　水道直結式スプリンクラー設備の工事，整備，運用および留意事項は次の通りです。

①水道法の適用を受ける
②水道法に定める給水装置工事として，スプリンクラー設備の工事および整備は，消防法の規定により必要な事項については消防設備士が責任を負うことから，指定給水装置工事事業者が消防設備士の指導の下で行う
③消防法令適合品を使用し，給水装置の構造および材質に適合した給水管，給水用具であることとともに，設置される設備は給水装置の構造および材質の基準に適合していること
④分岐する配水管からスプリンクラーヘッドまでの水理計算および給水管・給水用具の選定は，消防設備士が行う

⑤停滞水および停滞空気の発生しない構造であること
⑥災害そのほか正当な理由によって，一時的な断水や水圧低下などによりスプリンクラー設備の性能が十分発揮されない状況が生じても，水道事業者には責任がない

3 水道直結式スプリンクラーの配管方法

　水道直結式スプリンクラー設備は，停滞水を生じさせない構造で配管施工を行わなくてはいけません。

　消防法に適合し，消防設備士の指導に沿った方法で配管を行います。

●湿式配管

湿式配管による水道直結式スプリンクラー設備は，配管内が**常時充水**している配管方法です。この配管の停滞水防止は，消防法の適用を受けない住宅用スプリンクラーと同様です。

《配管方法》

停滞水の発生を防止するため，末端給水栓までの配管途中にスプリンクラーを設置します。

●湿式配管の水道直結式スプリンクラー設備

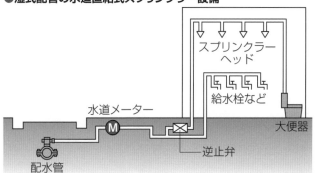

●乾式配管（火災探知器作動時のみ配管内に充水）

乾式配管による水道直結式スプリンクラー設備は，給水管の分岐から電動弁間（停滞区間）の停滞水をできるだけ少なくするため，給水管分岐部と電動弁の間が短いことが望まれます。

乾式配管の水道直結式スプリンクラー設備は，火災の熱で火災探知器が反応し，火災発生の信号を受けると電動弁が開放され下流の配管内を充水し，スプリンクラーヘッドから放水が行われます。

《配管方法》

スプリンクラー配管への分岐部直下流に電動弁を設け，弁閉止時は自動排水し，電動弁以降の配管を空にできるようにします。

●乾式配管の水道直結式スプリンクラー設備

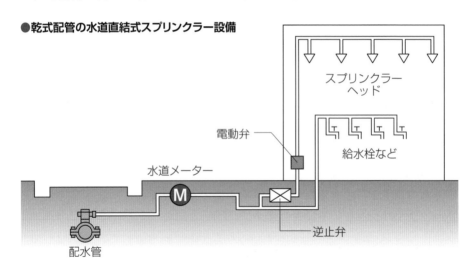

問1　　　　　　　　　　　　　　　　　　　　難　中　易

消防法の適用を受けるスプリンクラーに関する次の記述のうち，不適当なものはどれか。

(1) 水道直結式スプリンクラー設備の工事は，水道法に定める給水装置工事として指定給水装置工事事業者が施行する。

(2) 災害そのほか正当な理由によって，一時的な断水や水圧低下などによる水道直結式スプリンクラー設備の性能が十分発揮されない状況が生じても水道事業者に責任がない。

(3) 湿式配管による水道直結式スプリンクラー設備は，停滞水が生じないよう日常生活において常時使用する水洗便器や台所水栓などの末端給水栓までの配管途中に設置する。

(4) 水道直結式スプリンクラー設備の設置にあたり，分岐する配水管からスプリンクラーヘッドまでの水理計算および給水管，給水用具の選定は，給水装置工事主任技術者が行う。

解説

水理計算および給水管，給水用具の選定は，消防設備士が行います。したがって，不適当な記述です。

解答 (4)

問2　　　　　　　　　　　　　　　　　　　　難　中　易

水道直結式スプリンクラー設備に関する次の記述の①〜④に入る語句を答えよ。

小規模社会福祉施設へのスプリンクラー設備の設置が，平成19年の（　①　）により（　②　）付けられ，水道直結式スプリンクラー設備が認められるようになった。水道直結式スプリンクラー設備は，（　③　）であるスプリンクラーを（　④　）に直結したものをいう。

解説

水道直結式スプリンクラー設備の施工については，消防設備士との連携が求められます。消防法についても理解しておきましょう。

解答①消防法改正②義務③自動消火設備④給水装置

5 検査および維持管理

まとめ&丸暗記　この節の学習内容とまとめ

☐ 書類検査　①位置図：工事個所が道路や主要建物によって明示され, 工事個所が明記されているか

②平面図および立面図：隣家家屋の水道番号や分岐部のオフセットの記入, 給水装置各部の材料, 口径および延長の記入があるか, 給水管および給水用具が性能基準適合品か, 給水装置の構造および材質の基準に適合した適切な施工方法であるかなどを確認

☐ 現地検査　①配管の延長

②配管の口径, 経路, 構造など

③給水管や給水用具がすべて性能基準適合品か

④配管の汚染防止, 逆流防止, クロスコネクションの有無

☐ 耐圧試験　①メーター接続用ソケットまたはフランジにテストポンプを連結

②給水栓を閉め給水装置内およびテストポンプの水槽内に充水

③充水しながら給水栓を開き給水装置内の空気を抜く

④給水栓を閉める

⑤加圧を行う

⑥試験終了に給水栓を開き, テストポンプを抜く

☐ 水質試験　①遊離残留塩素　②臭気　③味　④色　⑤にごり

☐ 維持管理　配水管からの分岐以降, 水道メーターまでの維持管理は, 基本的に水道事業者が行う。水道メーターの下流から末端給水用具までの間の維持管理は, すべて需要者の責任となる

☐ 水質の異常　埋設管にあいた孔により引き起こされる汚染や異物の吸引

☐ 異常な臭味　カビ臭, 墨汁臭, 油臭, 薬液臭, シンナー臭など

☐ 異常な色　白濁色, 茶褐色・黒褐色, 青色など

給水装置工事の検査

1 検査実施事項

　給水装置工事主任技術者は，竣工図などの**書類検査**または**現地検査**により，給水装置が構造・材質基準に適合していることを確認しなければなりません。

　さらに，給水装置の使用開始前に**管内を洗浄**するとともに，**通水試験**，**耐圧試験**および**水質試験**（残留塩素測定など）を行います。

2 書類での検査事項

　給水装置工事主任技術者が行わなければならない**書類検査**では，次の内容について確認します。

●**書類検査の内容**

検査項目	検査の内容
位置図	・工事箇所が確認できるよう，道路および主要な建物等が記入されていること
	・工事箇所が明記されていること
平面図および立面図	・方位が記入されていること
	・建物の位置，構造がわかりやすく記入されていること
	・道路種別等付近の状況がわかりやすいこと
	・隣接家屋の栓番号および境界が記入されていること
	・分岐部のオフセットが記入されていること
	・平面図と立面図が整合していること
	・隠ぺいされた配管部分が明記されていること
	・各部の材料，口径および延長が記入されており，
	i) 給水管および給水用具は，性能基準適合品が使用されていること
	ii) 構造・材質基準に適合した適切な施工方法がとられていること
	（水の汚染・破壊・侵食・逆流・凍結防止など対策の明記）

補足 ▶

水道事業者の立会い

現地検査においては，必ず水道事業者の職員の立会いのもとに行います。

3 現地での検査事項

給水装置工事主任技術者が行わなければならない現地検査では，次の内容について確認します。

●現地検査の内容

検査種別	検査項目	検査の内容
屋外の検査	1.分岐部オフセット	・正確に測定されていること
	2.水道メーター，メーター用止水栓	・水道メーターは逆付け，偏りがなく，水平に取付けられていること
		・検針，取替えに支障がないこと
		・止水栓の操作に支障のないこと
		・止水栓は，逆付けおよび傾きがないこと
	3.埋設深さ	・所定の深さが確保されていること
	4.管延長	・竣工図面と整合すること
	5.きょう・ます類	・傾きがないこと，および設置基準に適合すること
	6.止水栓	・スピンドルの位置がボックスの中心にあること
配管	1.配管	・延長，給水用具等の位置が竣工図面と整合すること
		・配水管の水圧に影響をおよぼすおそれのあるポンプに直接連結されていないこと
		・配管の口径，経路，構造等が適切であること
		・水の汚染，破壊，侵食，凍結等を防止するための適切な措置がなされていること
		・逆流防止のための給水用具の設置，吐水口空間の確保等がなされていること
		・クロスコネクションがなされていないこと
	2.接合	・適切な接合が行われていること
	3.管種	・性能基準適合品の使用を確認すること
給水用具	1.給水用具	・性能基準適合品の使用を確認すること
	2.接続	・適切な接合が行われていること
受水槽	1.吐水口空間の測定	・吐水口と越流面等との位置関係の確認を行うこと
その他全般	機能検査	・通水したのち，各給水用具からそれぞれ放流し，メーター経由の確認および給水用具の吐水口，動作状態などについて確認すること
	耐圧試験	・一定の水圧による耐圧試験で，漏水および抜けなどのないことを確認すること
	水質の確認	・残留塩素の確認を行うこと

270

4 耐圧試験の手順

　配管工事後に行う耐圧試験においては，基準省令に「給水装置の接続箇所は，十分な耐力を確保する適切な接合が行われているものでなければならない」とされています。

　しかし，**定量的な基準はないため，各水道事業者が給水区域内の実情を考慮した試験水圧を指定し，漏水などの異常がないことを確認します。**

　なお，耐圧試験は次のような手順（止水栓より下流側）により行い，試験水圧は原則として 1.75MPa とすることが望ましいとされています。

①メーター接続用ソケットまたはフランジにテストポンプを連結する

②給水栓などを閉めて，給水装置内およびテストポンプの水槽内に充水する

③充水しながら，給水栓などをわずかに開いて給水装置内の空気を抜く

④空気が完全に抜けたら，給水栓などを閉める

⑤加圧を行い，水圧が 1.75MPa に達したら，テストポンプのバルブを閉めて 1 分間以上その状態を保持し，水圧の低下の有無を確認する

⑥試験終了後は，適宜，給水栓を開いて圧力を下げてからテストポンプを取外す

　なお，止水栓より上流側についても，同様な手順で耐圧試験を行います。

テストポンプ
テストポンプとは一般に，給水装置の耐圧検査を行うための加圧ポンプのことをいいます。

5 水質試験

　水質試験は，次の5つの項目について検査します。なお，水質試験は，工事検査時のほか，不断水分岐工事施工後も必ず行います。これは，配水管以外から誤分岐接続し，水道水以外の水を飲料水として提供してしまうといった重大な事故を避けるため，必ず行わなければなりません。

●水質試験の確認項目

項目	判定基準
遊離残留塩素	0.1mg/L以上
臭気	観察により異常でないこと
味	観察により異常でないこと
色	観察により異常でないこと
濁り	観察により異常でないこと

チャレンジ問題

問1　　　　　　　　　　　　　　　　　　難　中　易

配管の現地検査の内容に関する次の記述のうち，不適当なものはどれか。

(1) 配管の延長，給水用具などの位置が，竣工図面と整合していること。

(2) 配管の口径，経路，構造などが適切であること。

(3) 給水管や給水用具がすべて性能基準適合品であり，適切な接合が行われていること。

(4) 配管は汚染防止上，逆流防止が適切に行われ，クロスコネクションは2カ所以内であること。

解説

クロスコネクションは，1カ所でもあってはなりません。したがって，「クロスコネクションは2カ所以内であること」という記述は不適当です。

解答 (4)

給水装置の維持管理

1 維持管理の原則

　給水装置は，需要者に直接水を供給する施設であり，適正に施行された給水装置であっても，その後の維持管理の適否は，安心・安全・安定的な供給水に大きな影響を与えます。

　給水装置は，需要者が注意をもって管理すべきものであり，したがって，給水装置工事主任技術者は，需要者に対して維持管理について**適切な情報提供を行う**ことが重要です。

2 水道事業者が維持管理を行う範囲

　配水管からの分岐以降，水道メーターまでの維持管理は，基本的に**水道事業者が行い，漏水修繕などは無料修繕**しますが，水道事業者によりその**範囲は異なる場合がある**ので注意が必要です。

　給水装置工事主任技術者は，需要者に対し，水道事業者の維持管理方法を必要の都度，情報提供をします。

3 需要者が行う維持管理

　水道メーターの下流から末端給水用具までの間の維持管理は，すべて**需要者の責任**となります。

　しかし，需要者はその知識をほとんどもたず，修繕などを行うことが難しい場合が多いため，給水装置工事主任技術者は，漏水，給水用具の故障・修繕，異常

汚染事故の予防

給水装置は，配水管から分岐し接続されているため，給水装置の異常により汚染された水が給水装置内へ逆流してしまうと，配水管を通じ多くのほかの需要者にまで衛生上の危害をおよぼす危険があります。そのため，給水装置の維持管理は重要で，細心の注意を払い行うことが求められます。

現象などについて問い合わせがあった際は**現地調査を行い**，**改善策を施します**。需要者が修繕できるものか，指定給水装置工事事業者が対応できるのか，製造業者でないとできないのかを見極め，**需要者に情報提供を行います**。

　ただし，**水質の異常**については，水道事業者の責任の範疇（はんちゅう）となるため，**水道事業者へ速やかに連絡し水質検査を依頼する**などの対処をし，直ちに原因究明を行うとともに，**適切な対策を講じなければいけません**。

4　水質の異常

　外力など，埋設管が何らかの原因で潰れたり，小さな孔があいてしまった場合，給水時に**エジェクタ作用**（噴出水による吸引作用）によってこの孔から，外部の汚染や異物を吸引することがあります。

　これが原因となり，末端給水装置から供給された水道水の水質に異常が起こった場合には，指定給水装置工事事業者は，**水道事業者に連絡をして原因究明**に努めるとともに，**適切な対策を講じなければなりません**。

5　水道水の異常な臭味

　消毒用に添加する塩素以外の臭味を水道水から感じた場合は，**直ちに水道事業者へ連絡をし**，必要に応じて水質検査を依頼します。臭味の種類によって，発生原因には次のようなものがあります。

●カビ臭，墨汁臭
河川の水温上昇などが原因による，**藍藻類**（らんそう）などの微生物の異常繁殖によって臭味が発生する場合があります。ほとんどが浄水過程での消毒や殺菌，吸着などが問題のため，給水装置に起因する問題ではありません。

●油臭，薬品臭，シンナー臭
給水装置で使用される硬質ポリ塩化ビニル管の接着剤，硬質塩化ビニルライニング鋼管のねじ切りに使われる水溶性切削油や水道用液状シール剤などの

使用が不適切な場合，あるいは，ガソリン，灯油，殺虫剤，除草剤，塗料，有機溶剤などの漏れ，投棄，散布などにより**給水管**（硬質ポリ塩化ビニル管，ポリエチレン二層管，水道配水用ポリエチレン管，架橋ポリエチレン管，ポリブテン管）**内に浸透**し，臭味が発生する場合があります。また，これ以外にも，**薬液など**とのクロスコネクションによる場合もあります。

6 水道水の異常な色

水道水の色の異常には，さまざまな要因があります。

①白濁色：多くは空気混入が原因
②赤褐色・黒褐色：鋳鉄管，鋼管のさびが原因
③青色：銅管などから出る銅イオンが脂肪酸と結びついてできる不溶性の銅石けんの付着が原因

●水道水の色と原因

着色の原因	水道水の色
空気混入	白褐色
鋳鉄管・鋼管の錆	赤褐色あるいは黒褐色
銅管	青
亜鉛	白褐色
藻類	藍色

補足

給水装置の汚染事故の原因

クロスコネクション，水栓に取付けられたホースが汚水に浸かっている，浴槽などへ給水している水栓の吐水空間の不足，散水栓が汚水に水没しているなどを要因とするサイホン作用による逆流，埋設管破損によって生じたエジェクタ作用で汚水を吸引するなどがあります。

給水栓から黒，白，緑色の微細片が出る場合は，止水栓，給水栓，湯水混合水栓のパッキンゴムが劣化し，細かく砕けて流出することが原因と考えられます。砂や鉄粉が混入する場合は，配水管や給水装置工事時の混入が原因の場合が多く，給水装置を損傷するため，**水道メーターを取外して**管内から除去します。既設給水管に**亜鉛めっき鋼管**を使用していると，内部に**スケール（赤さび）**が発生しやすく，経年とともに給水断面が小さくなり出水不良が起こることがあります。この場合は，管の布設替えが必要です。

　また，配水管の工事などにより断水した場合，通水の際の圧力により**スケール**などが水道メーターの**ストレーナ**に付着し，出水不良となることがあります。この場合はストレーナを清掃する必要があります。

●**ストレーナ**

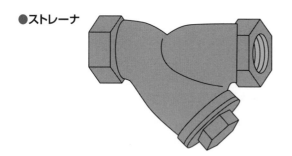

第 **7** 章

給水装置
施工管理法

1 給水装置工事の施工管理

この節の学習内容とまとめ

☐ 給水装置工事の 施工管理	配水管からの分岐工事は道路上での工事を必要とすることから, 適切な工程管理, 品質管理, 安全管理などを行う
☐ 給水装置工事の 施工管理の留意点	①給水工事における施工管理の責任者は, 給水工事主任技術者である ②給水工事主任技術者は, 工事従事者の安全を図る努力を怠ってはならない
☐ 施工計画書の作成	施工管理に必要要点を的確に記載すれば, 施工計画書は簡単でもよい／施工体制, 施工方法, 施工管理方法, 実施工程表, 安全対策, 緊急時の連絡体制と電話番号を記載する
☐ 付近住民への周知	工事着手前に, 付近住民に工事の内容について具体的な説明を行い, 広報版などで広報措置を行う
☐ 報告	施工中, 事故が発生, または発生するおそれがある場合は直ちに必要な措置を講じ, 事故の状況や措置内容を水道事業者および関係官公署に報告をする
☐ 施工中の管理	施工計画書に基づいて施工過程でチェックし, 施工計画書の通りに進められているか, 法令が順守されているか, 必要な場合はその都度, 絶えず工事目的物の品質を確認する
☐ 施工範囲	一般に指定給水装置工事事業者は, 給水装置工事の施工範囲を制限されず施工できるが, 水道事業者が範囲を定めている場合があるので, 工事範囲の確認が必要
☐ 工程管理	契約書工期内に工事を完了するため, 現地調査や水道事業者などとの調整に基づき工程管理計画書を作成し, 効率的で経済的に工事を進めること
☐ 工程表	無理なく余裕をもった工程計画を立てる。工程表にはガンチャート, バーチャート, ネットワークなどがあり, 一般的にバーチャート工程表が使われる

給水装置工事の各種施工管理

1 給水装置工事の施工管理

　給水装置工事は，配水管からの分岐工事は道路上での工事を必要とすることから，適切な工程管理，品質管理，安全管理などを行う必要があります。給水装置工事主任技術者は，基準省令や条例などを十分理解し，適切に作業を行うことができる技能を有する者を工事に従事させ，あるいは，その者に工事に従事するほかの者を実地に監督させます。配水管への取付口から水道メーターまでの工事は，あらかじめ水道事業者の承認を受けた工法，工期，そのほかの工事の条件に適合するように施工しなければなりません。

　また，施主の依頼で実施される宅地内の給水装置工事は，水道メーター以降末端給水用具までの工事のことで，工事の内容により，建築業者との調整が必要となります。道路上の給水工事と同様に施工計画書の作成および，これに基づく工程管理，品質管理および安全管理などを行います。

2 給水装置工事の施工管理の一般的な留意点

　給水装置工事の施工管理上の一般的な留意点は，次の通りです。

①給水装置工事における施工管理の責任者は，給水装置工事主任技術者である
②給水装置工事主任技術者は，労働災害の事例や災害

補足 ▶

現地調査における留意点

給水装置工事の依頼を受け現地調査をする際には，①現地周辺の道路の幅や公道，私道の区別や舗装の種別②隣地の分岐位置およびサイズの確認③配水管の埋設位置に留意して行います。

防止に関する書籍などを参考とし，工事従事者の安全を図る努力を怠ってはならない

3 施工計画書の作成

　給水装置工事主任技術者は水道事業者と協議を行い，**施工体制**，有資格者名簿，施工方法，**品質管理項目とその方法**，**安全対策**，緊急時の連絡体制および電話番号，実施工程表などについて**工事従事者に周知**させなければなりません。給水装置工事の施工管理における，**施工計画書に関する事項**は次の通りです。

①施工管理に必要な**要点を的確に記載**すれば，施工計画書は簡単でもよい
②施工体制，施工方法，施工管理方法，実施工程表，安全対策，緊急時の連絡体制と電話番号などを施工計画書に記載する
③作業時間，作業手順で**施工計画書に基づく工程**で交通規則などに沿って工事を施工し，必要に応じ工事目的物の品質確認を行う
④緊急時なども含め，**作業従事者が常に見られる**よう「工事中看板」に施工計画書を吊るしておき，付近住民への**情報提供も考慮**する。ただし，発注者などの個人情報は記載しない
⑤**責任者が不在**のときでも，電話連絡が図れるようにしておく

4 事前確認および付近住民への周知，報告，応急措置

　給水装置工事の施工における**事前確認**，付近住民への周知，報告，応急措置については，次の通りです。

①配水管の分岐から水道メーターまでの工事では，水道事業者の承認を受けた工法，工期ほかの条件に適合するように施工する
②災害などによる給水装置の損傷の防止，迅速な復旧が適切に行えるよう，配水管の取付口から水道メーターまでの構造および材質などを**水道事業者**

が指定する場合があるため，事前に指定などの確認
を行う

③公道内の給水装置工事では，工事などの範囲の確認
を水道事業者に行う

④**工事着手前に，工事の協力が得られるよう付近住民
に工事の内容について**具体的な説明を行う

⑤工事の内容を付近住民および通行人に周知させるた
め，広報版などを使用して必要な**広報措置**を行う

⑥施工中，事故が発生，または発生するおそれがある
場合は直ちに**必要な措置を講じ，事故の状況や措置
内容を水道事業者**および関係官公署に報告をする

⑦沿道住民から騒音，振動，じんあいなどによる苦情
が起こらないように適切な措置を講じる

5 施工中の管理および試験・記録

施工中の管理では，次の点に留意して行います。

①**指定給水装置工事事業者**は，給水管から分岐して給
水管を設置する工事などを行う際は，適切に作業を
行うことができる**技能を有する者に従事**あるいは**監
督をさせなければならない**

②**給水装置工事主任技術者**は，施工計画書に基づいて
施工過程でチェックし，施工計画書の通りに進めら
れているか，法令が順守されているか，**必要な場合
はその都度，絶えず工事目的物の品質を確認する**

③穿孔後は，**残留塩素**，におい，にごり，**色**，味など
の水質確認を行う

④品質管理項目および管理方法，**管理担当者を施工計
画書に定め実施する**

⑤実施状況を**写真撮影**し，結果を記録にとどめておく

⑥**資料，写真の取りまとめ**を行い，水道事業者，発注者などが施工状況の確認ができるようにしておく

⑦工事完了後に品質管理結果と状況写真**提出を義務付ける**水道事業者もある

6 施工範囲および使用材料

　一般に指定給水装置工事事業者は，給水装置工事の**施工範囲を制限されず**施工ができます。しかし，公道内の給水装置工事や交通量が多い国道，ほかの工事との調整が必要な工事などで水道事業者が施工する場合などでは**水道事業者が範囲を定めている**場合があるので，**工事範囲の確認**が必要です。

　また，配水管への取付口から水道メーターまでの**使用材料**について，迅速かつ適切に給水装置の復旧作業を行うため，水道事業者が給水装置の構造および材質を指定する場合があり，給水装置工事受注時はこれを確認します。

チャレンジ問題

問 1

難　**中**　易

施工計画書の作成に関する次の記述のうち，不適当なものはどれか。

(1) 施工管理に必要な要点を的確に記載すれば，施工計画書は簡単でもよい。

(2) 施工体制，施工方法，施工管理方法，実施工程表，安全対策，緊急時の連絡体制と電話番号などを施工計画書に記載する。

(3) 緊急時なども含め，作業従事者が常に見られるよう看板などで表示し周知するが，付近住民への情報提供については考慮を要しない。

(4) 責任者が不在のときでも，電話連絡が図れるようにしておく。

解説

施工計画書は，作業従事者が常に見られるよう「工事中看板」に吊るしておき，付近住民への情報提供も考慮します。発注者などの個人情報は記載しません。

解答 (3)

工程管理の進め方

1 工程管理とは

　契約書に定めた工期内に工事を完了するため，現地調査や水道事業者，建設業者，道路管理者，警察署などとの調整に基づいて工程管理計画書を作成し，これに沿って効率的で経済的に工事を進めることが工程管理です。

　工程計画は，建築工事関連工事などとの調整や天候などによって現場で往々にして工程に遅れなどが生じることもあるため，あらかじめ無理のない余裕をもった工程計画を立てます。

　工程管理は，計画，実施，管理の各段階に分けることができます。

2 給水装置工事の工程管理の進め方

　工程管理は，単に工程計画に沿って管理するだけでなく，機械器具の選定や給水装置，使用材料，労働力の確保などの効率的な活用を図ることです。

　工程管理の手順は，計画（①～③），実施（④），管理（⑤）となります。工程管理では，この手順で行うことが大切ですので，この順を覚えるようにしましょう。なお，工程管理には，検査は含まれません。

①施工計画を立てる（施工計画書の作成）
②それぞれの作業についての作業時間を決める
③工程表を作成する

補足

工程管理と施工計画および施工管理

工程管理とは，工事を順調に進めるための管理で，施工計画は，工事着手前に現地調査を実施し，施工方法そのほかについて計画をすることです。また，施工管理とは，工程管理，品質管理，安全管理などの施工全般の管理のことです。

④工事を実施する

⑤進捗状況と工程表を比較し，促進および調整を行う

●給水装置工事の工程管理

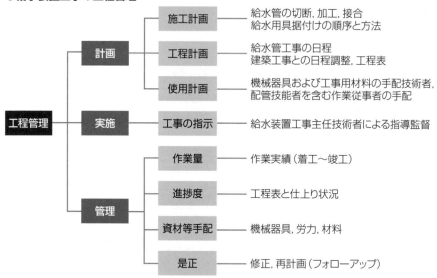

---

3 工程表

　給水装置工事での**工程表**には，作業可能な日数を土曜，日曜，祝祭日のほか，天候による作業不可能な日などを差し引いて推定し，無理なく**余裕をもった工程計画**を立てます。なお，次の点に留意します。

①各作業に要する日数
②並行してできる作業はないかなど，作業ごとの相互関係
③工期と作業日数の関係

　工事を順調に進めるために作成する**予定表**が工程表となります。工程表には次の3つの種類がありますが，給水装置工事の工事規模の場合は，一般的に**バーチャート**工程表が使われます。

●ガンチャート工程表の例

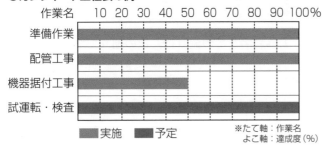

●バーチャート工程表の例

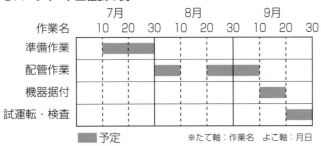

●ネットワーク工程表の例

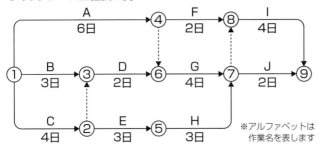

　ガンチャート工程表は，たて軸に作業名，よこ軸に達成度（％）を取った工程表です。バーチャート工程表は，たて軸に作業名，よこ軸で月日を表しています。

　ネットワーク工程表は，矢印と〇（丸）などを使った流れ（フロー）の工程表で，工程表中のアルファベットは作業名を表します。

補足 ▶

工程管理に関連する用語

工程計画：工期内に工事を完成させるため，工事内容，順序，速度を検討してその工事に適した計画を選定すること

工程管理：進行状況を管理して工事を順調に進め，工期を厳守する管理のこと

突貫工事：機械，人員を大量に投入し，工期を大幅に短縮する工事方法のことだが，この方法はコストを上昇させる

4 給水装置工事受注から着手まで

給水装置工事の受注から**工事着手**までの流れは，次の通りです。

●**工事受注から着手までのフロー**

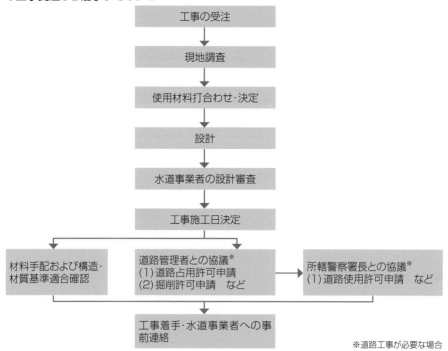

5 給水装置工事の引渡しまでの流れ

給水装置工事の給水用具の取付けから引渡し（工事完了）までの流れは，次の通りです。

●**給水装置工事引き渡しまでの流れ**

　　　　　　　　　　　　　　　　　　　　難　**中**　易

工程管理および工程計画に関する次の記述のうち，不適当なものはどれか。

(1) 工程管理においては，契約書に定めた工期内に工事を完了するため，現地調査や水道事業者，建設業者，道路管理者，警察署などとの調整に基づき工程管理計画書を作成する。

(2) 工程管理では，工程管理計画書に沿って効率的で経済的に工事を進めていく。

(3) 工程計画は，建築工事関連工事などとの調整や天候などによって現場で往往にして工程に遅れなどが生じることもあるが，多少無理があっても工期内に工事が完了するように工程計画を立てる。

(4) 工程管理は，計画，実施，管理の各段階に分けることができる。

解説

工程計画は，あらかじめ無理のない余裕をもった工程計画を立てます。

解答 (3)

　　　　　　　　　　　　　　　　　　　　難　**中**　易

工程管理および工程計画に関する次の記述のうち，不適当なものはどれか。

(1) ガンチャート工程表とは，たて軸に作業名，よこ軸に達成度 (%) を取った工程表である。

(2) バーチャート工程表は，たて軸に作業名，よこ軸で月日を表している。

(3) ネットワーク工程表は，矢印と○（丸）などを使った流れ（フロー）の工程表で，工程表中のアルファベットは作業名を表す。

(4) 給水装置工事の工事規模の場合は，一般的にガンチャート工程表が使われる。

解説

給水装置工事の工事規模の場合は，バーチャート工程表が一般的です。

解答 (4)

2 品質管理および安全管理

まとめ&丸暗記 この節の学習内容とまとめ

□ 給水装置工事に
おける品質管理

調査から計画, 施工, 検査におけるすべての, 段階を通じ要求される品質, 性能を有する給水装置を完成させるための種々の手段のこと

□ 品質管理項目と
手段

品質管理の記録はチェックシート, 写真, 図版などで行う／品質管理を行った項目は必ず写真を撮り, 工事記録として保管する

□ 品質管理の効果

①品質の向上②原価の低減③指定給水装置工事事業者としての信頼の確保④無駄な作業の減少⑤検査手数の減少⑥新たな問題点および改善の方法が見出せる⑦検討速度が上がり, 効果も上がる

□ 安全管理

給水装置工事主任技術者は, 施工をする際に公衆災害や労働災害防止のため, 現場状況の把握, 諸法令の遵守, 安全性確保に十分に配慮した工法を選び, 事故を防止するための基本的事項を遵守して安全管理に務める

□ 工事用電力設備

①電力設備に感電防止用漏電しゃ断器を設置して感電事故防止する②仮設の電気工事は技術者が行うこととする③危険表示や柵, 囲い, 覆いなどの感電防止措置を講じる④水中ポンプは常に点検および補修を行い正常な状態で作動するよう整備する

□ 酸素欠乏症等
防止規則

酸素欠乏症等（酸素欠乏症または硫化水素中毒）を防止するために全衛生法に基づいて定められた省令で, 事業者の責務, 用語の定義, 作業環境測定, 保護具の使用, 作業主任者の選任と技能講習の内容, 特別の教育, 特殊な作業における防止措置などについて定める

□ 第1種酸素欠乏
危険作業

酸素欠乏のおそれはあるが, 硫化水素中毒となるおそれのない場所での作業をいう

□ 第2種酸素欠乏
危険作業

酸素欠乏の状態で, 硫化水素中毒となるおそれのある場所での作業をいう

品質管理

1 給水装置工事における品質管理

　品質管理は，調査から計画，施工，検査におけるすべての段階を通じ，**要求される品質**，性能を有する給水装置を完成させるための種々の手段のことをいいます。的確な品質管理には，指定給水装置工事事業者，給水装置工事主任技術者など，**すべての関係者の積極的な参加**が求められます。

2 品質管理の項目および手順

　品質管理の記録は，チェックシート，写真，図版などによって行います。品質管理を行った項目をすべて**写真に撮り，工事完了図書として提出を義務付ける水道事業者**もあるため，品質管理を行った項目は必ず写真を撮り，**工事記録**として保管します。

①給水管の占用位置として土被りや道路に並行して布設する際は，道路境界からの**離れの確認**を行う
②明示テープおよび明示シートの設置場所を確認する
③路末締め固めの厚さサイズを確認する
④路盤材の厚さサイズを確認する
⑤路面本復旧の舗装の厚さサイズを確認する

3 品質管理の効果

　給水装置工事は，同一の作業を連続して行うという

補足

品質管理
一般的に品質管理とは，規格に合った品質の製品を経済的に作り出すための手段のことをいいます。

デミングサークル
品質管理は，Plan（計画）→Do（実施）→Check（確認・検討）→Action（処置）の順に実行されながら，次の新しい計画へと繰返し，品質に対する意識を高めます。この４段階の繰返しをデミングサークルといいます。

ことは少なく，品質管理の効果を向上させることは難しいと考えられています。しかし，発注者や請負者が問題意識を常にもち，品質の管理に臨めばその効果は向上するものと思われます。品質管理により期待できる効果は，次の通りです。

①品質の向上
②原価の低減
③指定給水装置工事事業者としての信頼の確保
④無駄な作業の減少
⑤検査手数の減少
⑥新たな問題点および改善の方法が見出せる
⑦検討速度があがり，効果もあがる

チャレンジ問題

問1
難　中　**易**

品質管理に関する次の記述のうち，**不適当なもの**はどれか。

(1) 品質管理は，給水装置工事主任技術者のみが責任をもって行えばよい。
(2) 品質管理の記録は，チェックシート，写真，図版などによって行う。
(3) 品質管理を行った項目をすべて写真に撮り，工事完了図書として提出を義務付ける水道事業者もあるため，品質管理を行った項目は必ず写真を撮り，工事記録として保管する。
(4) 給水管の占用位置として土被りや道路に並行して布設する際は，道路境界からの離れの確認を行い，また，明示テープや明示シートの設置場所，路床締め固めの厚さサイズ，路盤材の厚さサイズ，路面本復旧の舗装の厚さサイズなどの確認を行う。

解説
的確な品質管理には，指定給水装置工事事業者，給水装置工事主任技術者など，すべての関係者の積極的な参加が求められます。

解答 (1)

安全管理

1 事故を防止するための基本的事項

　給水装置工事主任技術者は，施工をする際に**公衆災害**や**労働災害防止**のため，現場状況の把握，諸法令の遵守，安全性確保に十分に配慮した**工法**を選びます。さらに，事故を防止するために適正な工事施工および**交通保安対策の実施**，現場の**整理整頓**に努めなければなりません。

　事故を防止するための基本的事項は，次の通りです。

①工事の施工では，**地下埋設物の有無を調査**し，接近する埋設物がある場合には，その**埋設物管理者に立ち合いを求めて位置確認を行い**，埋設物に損傷を与えないように十分に注意する

②埋設物に接近して掘削する際は，周囲の地盤のゆるみや沈下などに注意して施工し，必要に応じてその**埋設物管理者と協議のうえ防護措置を講じる**

③工事中，火気に弱い埋設物または可燃性物質の輸送管などの埋設物に接近する際は，**火気を伴う溶接機や切断機などの機械用具を使用しない**。ただし，やむを得ず使用する場合は，その埋設物管理者と協議したのち，保安上必要な措置を講じてから使用する

④工事の施工にあたり，掘削部分に**各種埋設物が露出**する場合は，防護協定などを遵守して措置を講じ，その**埋設物管理者と協議**し，適切な表示を行う

⑤工事中は**適切な人材配置**を行い，工事用機械器具の特徴や留意点を関係者に周知させ，**誤操作のないよ**

う使用する

⑥材料などは**荷崩れのないよう処置を行い**，運搬および積み下ろしは衝撃を
与えないように丁寧に扱って，歩行者や車両の通行に危険がおよばないよ
う注意する

⑦工事施工中の**交通安全対策**において，**道路管理者**および**所轄警察署長**の許
可条件，指示に基づき通行車両や通行者などの事故防止に努める

なお，**工事用電力設備**では，関係法規に基づいて次の点に注意します。

①電力設備に感電防止用漏電遮断器を設置して感電事故を防止する
②電線をステップルで造営物に仮止めすることを含む仮設の電気工事は，電
気事業法に基づく電気設備に関する技術基準を定める省令などにより**電気
技術者**が行うこととする
③高圧配線，変電設備には**危険表示**をし，接触の危険のあるものには柵，囲
い，覆いなどの感電防止措置を講じる
④電気関係機材のうち，**水中ポンプ**は常に点検および補修を行って**正常な状
態**で作動するよう整備する

2 酸素欠乏症等防止規則

労働安全衛生法の規定に基づく「酸素欠乏症等防止規則」により酸素欠乏
とは，空気中の酸素濃度が 18% 未満である状態と規定されています。酸素
欠乏等とは，空気中の硫化水素の濃度が 100 万分の 10（10ppm）を超
える状態をいい，酸素欠乏症とは，酸素欠乏の空気を吸入することにより生
ずる症状が認められる状態をいいます。また，酸素欠乏危険場所における作
業を酸素欠乏危険作業といい，次のように規定しています。

①酸素欠乏のおそれはあるが，硫化水素中毒となるおそれのない場所での作
業を第 1 種酸素欠乏危険作業という
②酸素欠乏の状態で，硫化水素中毒となるおそれのある場所での作業を第 2

種酸素欠乏危険作業という

③作業者が作業する**第二種酸素欠乏危険場所**として考えられる場所には，**地下室や地下ピット，下水道管きょ，マンホール，暗きょ，井戸**などがある

酸素濃度の測定
第二種酸素欠乏危険場所での酸素濃度の測定は，酸素および硫化水素の濃度を測定します。酸素濃度は18%以上，硫化水素濃度は10ppmと規定しています。

●**酸素欠乏の危険性および症状**

酸素濃度（%）	危険性
21%	正常空気濃度（自然酸素濃度）
18%	安全限界
16〜12%	呼吸脈拍増，集中力低下，筋力低下，頭痛，吐き気，動脈血中酸素飽和度 85〜80%でチアノーゼが表れる
14〜9%	判断力低下，酩酊状態，頭痛，耳鳴り，吐き気，嘔吐，全身脱力，チアノーゼ，意識朦朧 など
10〜6%	吐き気，嘔吐，虚脱，チアノーゼ，幻覚，意識喪失，昏眠，全身痙攣，死の危機 など
6%以下	数回のあえぎ呼吸で失神・昏眠，呼吸停止，身体麻痺，心臓停止，6分で死亡 など

なお，酸素欠乏危険作業について事業者は，次の酸素欠乏防止措置を行わなければいけません。

①酸素欠乏危険場所で作業を行う際は，**作業開始前に作業場の酸素濃度を測定**しなければならない

②酸素濃度測定では，測定日時，測定方法，測定箇所，測定条件，測定結果，測定実施者の氏名を記録し，**3年間保存**しなければならない

③爆発，酸化防止の換気ができない，または作業の性質上換気が著しく困難な場合を除き，酸素欠乏作業を行う場所の**酸素濃度を18%以上に保つよう換気**しなければならないが，換気の際に純酸素の使用はできない

④労働者を酸素欠乏危険場所に入場させ，および退場させるときに，人員を点検しなければならない。また，酸素欠乏危険作業を行う場所で酸素欠乏のおそれが生じたときは，直ちに作業を中止し，労働者を退避させる

　また，酸素欠乏危険作業を行なう際に事業者は，酸素欠乏危険作業主任者を置かなければいけません。第一種酸素欠乏危険作業には，酸素欠乏作業主任者技能講習修了者または酸素欠乏・硫化水素危険作業主任者技能講習修了者を選任します。さらに，酸素欠乏作業の就労労働者に対し，酸素欠乏症等防止規則で定める特別の教育を行い，教育内容の記録を3年間保存します。
　事業者は，労働者を酸素欠乏危険作業に従事させる際は，作業状況を常時監視し，異常発生時には直ちに酸素欠乏危険作業主任者およびそのほかの関係者に通報する者を置くなどし，異常の早期把握に必要な措置を講じます。

3　工事用電力設備

　給水装置工事現場の工事用電力設備での留意点は，次の通りです。

①高圧配線および変電設備には危険表示をし，接触の危険のあるものにおいては，柵，囲いや覆いなどの感電防止措置を講じる
②電力設備には，感電防止用漏電遮断器を設置して，感電事故防止に努める
③電気事業法に基づく「電気設備に関する技術基準を定める省令」により，仮設の電気工事は電気技術者が行う

4　建設工事公衆災害防止対策要綱

　この要綱は，土木工事の施工にあたって，工事関係者以外の第三者（公衆）への生命，身体および財産に関する危害ならびに迷惑（公衆災害）を防止するために必要な計画，設計および施工の基準を示し，土木工事の安全な施工の確保に寄与することを目的としています。次に，建築工事編および土木工事編から要点を抜粋します。

①施工者は作業場に誤って公衆が立ち入らないよう，固定柵またはこれに類する工作物を設置する

②作業場を道路上に設ける際は，原則，交通流に対する背面から車両を出入りさせなければならない

③やむを得ず交通流に並行する部分から車両出入する場合は原則，交通誘導警備員を配し，一般車両の通行を優先し，公衆の通行に支障がないようにする

④発注者および施工者は，道路管理者および所轄警察署長の指示にしたがい，道路標識，標示板などで必要なものを設置しなければならない

⑤工事に必要な諸設備を設置する際は，周囲の地盤面から高さ 0.8m 以上 2m 以下の部分については，歩行者の視界を妨げないよう必要な措置を講じる

⑥道路上または道路に接近して杭打機そのほか高さの高い工事用建設機械または構造物を設置する場合または一般交通に危険が予想される箇所がある場合は，それらを白色照明で照明する

⑦道路上または道路に接して土木工事を施工する場合は，工事を予告する道路標識，標示板などを工事個所の 50m から 500m の間の路側または中央帯のうち，視認しやすい箇所に設置しなければならない

⑧やむを得ず通行を制限する場合は，道路管理者または所轄警察署長の指示にしたがい，指示のないときは，制限後の車線が 1 車線になる場合，その車道幅員は 3m 以上とし，2 車線となる場合は，車道幅員を 5.5m 以上とする

⑨仮舗装または覆工を行う際は，やむを得ない理由で周囲の路面と段差が生じた場合は，5％以内の勾配ですりつけなければならない

⑩やむを得ず通行を制限する必要がある場合は，歩行

補足 ▶

酸素欠乏危険作業における特別教育の科目
①酸素欠乏の発生原因②酸素欠乏症の症状③空気呼吸器などの使用方法④事故の場合の退避および救急そ生の方法⑤このほか酸素欠乏症防止に関する必要事項

者が安全に通行できるよう車道とは別に，幅0.90m以上，有効高さは2.1m以上の歩行者用通路を確保しなければならない

⑪とくに歩行者の通行の多い箇所では，幅1.5m以上，有効高さは2.1m以上の歩行者用通路を確保し，交通誘導警備員を配置するなどの措置を講じる

⑫歩行者用通路と車両通用部分との境および歩行者用通路と作業場との境は，必要に応じ移動柵を間隔をあけないように設置し，または移動柵の間に安全ロープなどを張り隙間ができないようにして明確に区分する

⑬土木工事の施工にあたり，一般交通に供する部分について，雨天などの場合でも通行に支障がないよう，排水を良好にしておかなければならない

5 廃棄物の処理

廃棄物の処理に関しては，「廃棄物の処理および清掃に関する法律」の第1条に規定され，この法律は，廃棄物の排出を抑制し，廃棄物の適正な分別，保管，収集，運搬，再生，処分などを処理し，生活環境の保全と公衆衛生の向上を図ることを目的とします。

廃棄物とは，ごみ，粗大ごみ，燃え殻，汚泥，ふん尿，廃油，廃酸，廃アルカリ，動物の死体そのほかの汚物または不要物のことで，固形状または液状のものです。なお，気体状のものは廃棄物ではなく，また，放射性物質やこれに汚染されたものも廃棄物の定義からは外れます。

廃棄物は産業廃棄物と一般廃棄物に分類され，それぞれの一部が特別管理産業廃棄物（特別管理一般廃棄物）に指定されています。爆発性，毒性，感染性そのほか，人の健康や生活環境に被害を生じるおそれのあるものが，特別管理となります。

●産業廃棄物

事業活動に伴い生じた廃棄物のうち，燃え殻，汚泥，廃油，廃酸，廃アルカリ，廃プラスチック類，出版社の紙くず，畜産農業に係る動物の死体などをいいます。

●一般廃棄物

産業廃棄物以外が一般廃棄物にあたり，家庭ごみ，紙くず，し尿，乾電池，事務所紙くず，食堂およびレストランの生ごみなどをいいます。

補足 ▶

PCB（ポリ塩化ビフェニール）

電気機器の絶縁体として，かつて使用されていたもので，これは特別管理産業廃棄物になります。

チャレンジ問題

問1
難　中　**易**

酸素欠乏症等に関する次の記述の①～③に入る語句を答えよ。

酸素欠乏は，空気中の酸素濃度が（　①　）と規定され，酸素欠乏等は，空気中の硫化水素の濃度が（　②　）を超える状態で，酸素欠乏症とは，酸素欠乏の空気を（　③　）することで生ずる症状が認められる状態をいう。

解説

労働安全衛生法の規定に基づく「酸素欠乏症等防止規則」に規定されています。

解答①18％未満②100万分の10③吸入

問2
難　**中**　易

工事用電力設備に関する次の記述のうち，不適当なものはどれか。

(1) 電力設備に感電防止用漏電遮断器を設置して感電事故を防止する。

(2) 電線をステップルで造営物に仮止めすることを含む仮設電気工事は，給水装置工事主任技術者の監督のもと，工事現場従事者が十分注意して行う。

(3) 高圧配線，変電設備には危険表示をし，接触の危険のあるものには柵，囲い，覆いなどの感電防止措置を講じる。

(4) 電気関係機材のうち，水中ポンプは常に点検および補修を行って正常な状態で作動するよう整備する。

解説

仮設電気工事は，電気事業法に基づく電気設備に関する技術基準を定める省令などにより，電気技術者が行います。

解答 (2)

3 関連法規

まとめ&丸暗記	この節の学習内容とまとめ

□ **建設業の許可**
国土交通大臣または都道府県知事により，一般建設業または特定建設業の区分により，建設工事の種類ごとに許可を受けなければならない

□ **一般建設業**
特定建設業以外の建設業を一般建設業といい，下請負人としてのみ建設工事を施工する者，および直営施工する者は，請負金額の大小にかかわらず一般建設業の許可で工事を請け負うことができる

□ **特定建設業**
発注者から直接請け負う建設工事，下請負金額の合計が4000万円以上，建築工事一式は6000万円以上となる場合

□ **主任技術者および監理技術者の配置**
建設業法により建設業の許可を受けた建設業者は，請負った建設工事の施工を行う場合，請負代金の額にかかわらず，主任技術者または監理技術者を置かなければならない

□ **作業主任者の選任**
都道府県労働基準局長の免許交付者か，局長が指定した者が行う技能講習を修了者のうちから，厚生労働省令で定めるところにより，作業区分に応じ作業主任者を選任する

□ **就業制限**
事業者は，政令で定める業務について，業務に関する次の資格を有する者でなければ，業務に就かせることはできない

□ **特別な教育が必要な業務**
危険あるいは有害な業務において，厚生労働省令で定める業務に労働者を就かせる際は，業務に関する安全または衛生のための特別な教育を行わなければならない

□ **給水，排水そのほかの配管設備**
配管設備のコンクリートへの埋設などにより腐食するおそれのある部分には，その材質に応じた有効な腐食防止のための措置を講じる

□ **関連法規**
建設業法，労働安全衛生法，建築基準法，廃棄物の処理および清掃に関する法律など

建設業法

1 給水装置工事主任技術者と建築業法の目的

「建設業法」は，建設業を営む者の資質の向上およ
び建設工事の請負契約の適正化を図ることにより，建
設工事の適正な施工を確保し，発注者の保護とともに，
建設業の健全な発達を促進し，もって公共の福祉の増
進に寄与することを目的としています（第1条）。

建設業を営むには**許可**が必要となりますが，許可要
件のひとつに営業所ごとに一定の資格，経験をもつ**選
任の技術者**を置かなければなりません。給水装置工事
主任技術者は，免許の交付後，**管工事**に関して**1年
以上の実務経験**を有すれば，**管工事業**に係る営業所の
専任技術者となることができます。

補足 ▶

建設業の種類
建設業は29業種あ
りますが,そのうちと
くに重要と国が指定
した指定建設業7業
種は次の通りです。
①舗装工事業
②土木工事業
③建築工事業
④鋼構造物工事業
⑤管工事業
⑥造園工事業
⑦電気工事業
なお,水道工事は管
工事業に属します。

2 建設業の許可

建設業を行うには，**国土交通大臣**または**都道府県知
事**により，**一般建設業**または**特定建設業**の区分により，
建設工事の種類ごとに許可を受けなければなりませ
ん。また，都道府県に設置する営業所の数で，許可の
申請先が異なります。許可は**5年**ごとに**更新**を行い
ます（建設業法第3条）。

①1つの都道府県に営業所：都道府県知事の許可
②2つ以上の都道府県に営業所：国土交通大臣の許可

ただし，次にあげる**軽微な工事**は許可は不要です。

①建築工事一式以外で，請負代金が 500 万円未満の工事
②建築工事一式で，請負代金が 1500 万円未満の工事または，延べ面積が 150㎡未満の木造住宅工事

③ 一般建設業および特定建設業

　特定建設業以外の建設業を，一般建設業といいます。下請負人としてのみ建設工事を施工する者，および直営施工する者は，請負金額の大小にかかわらず，一般建設業の許可で工事を請け負うことができます。なお，営業所ごとに，次のいずれかに該当する者で選任の技術者を置かなければなりません。

①許可を受けようとする建設業に係る建設工事に関し，学校教育法による高等学校卒業後 5 年以上，または大学もしくは高等専門学校卒業後 3 年以上の実務経験を有する者で，在学中に国土交通省令で定める学科を修めた者
②許可を受けようとする建設業に係る建設工事に関し，10 年以上の実務の経験を有する者
③管工事業の場合は，2 級管工事施工管理技士の資格を有する者
④管工事業の場合は，給水装置工事主任技術者免状の交付を受けたのち，管工事に関し，1 年以上の実務経験を有する者
⑤職業能力開発促進法による 2 級配管技能検定に合格後，管工事に関し，3 年以上の実務経験を有する者

　一方，次の建設工事については，特定建設業の許可がなければ請け負うことができません。

①発注者から直接請け負う建設工事（元請け）
②下請負金額の合計（下請負契約が複数の場合はその総額）が 4000 万円以上（管工事など），建築工事一式の場合は 6000 万円以上となる場合

4 主任技術者および監理技術者の設置と職務

　建設業法により建設業の許可を受けた建設業者は，請負った建設工事の施工を行う場合，**請負代金の額にかかわらず，主任技術者または監理技術者**を置かなければなりません。

　また，**発注者から直接建設工事を請負った特定建設業者**（管工事の場合）は，下請契約の請負代金の額が**4000万円以上**になる場合は，**監理技術者**を置き，そのほかの場合は**主任技術者**を置きます。発注者から直接請負わない場合は，下請金額が4000万円以上でも，主任技術者でかまいません。

　なお，公共性のある工作物に関する重要な工事で，請負金額が**3500万円以上**（建築工事一式では**7000万円以上**）の工事現場には，**選任の主任技術者または監理技術者**を置きます。工期が一部でも重複すると選任とはならず，選任はほかの工事との掛けもちはできません。公共性のある工作物で重要な工事の例は，次のものがあります。

①国または地方公共団体が発注者の工事
②上下水道，電気事業用施設など公共性のある工作物
③学校，集会所，病院，事務所，美術館，共同住宅などの施設

　主任技術者および監理技術者の職務は，工事現場における建設工事を適正に実施するための工事計画の作成および工程管理，そのほか**技術向上の管理**，施工に従事する者の**技術上の指導監督**などです。主任技術者および監理技術者は，これらの職務を誠実に行わなけ

補足 ▶

直営施工
建築主自らが，材料，施工機械を調達して工事を行う施工方式です。

主任技術者
ここでいう主任技術者とは，建設業法（国土交通省）における，建設現場の施工管理を行う者のことであり，水道法（厚生労働省）の給水装置工事主任技術者とは異なります。

ればなりません。

5 施工体制

　発注者から直接工事を請負う元請けから一次下請，二次下請けまでの**施工体制**の例を次に示します。

●**施工体制の例**

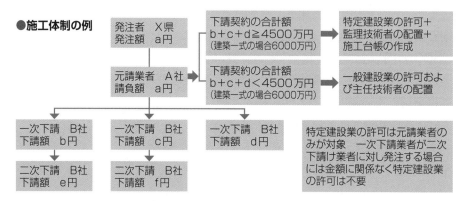

発注者　X県 発注額　a円	下請契約の合計額 b＋c＋d≧4500万円 （建築一式の場合6000万円）	特定建設業の許可＋ 監理技術者の配置＋ 施工台帳の作成
元請業者　A社 請負額　a円	下請契約の合計額 b＋c＋d＜4500万円 （建築一式の場合6000万円）	一般建設業の許可およ び主任技術者の配置

一次下請　B社 下請額　b円	一次下請　B社 下請額　c円	一次下請　B社 下請額　d円	特定建設業の許可は元請業者の みが対象　一次下請業者が二次 下請け業者に対し発注する場合 には金額に関係なく特定建設業 の許可は不要
二次下請　B社 下請額　e円	二次下請　B社 下請額　f円		

チャレンジ問題

問1
難　**中**　易

建設業の許可に関する記述のうち，不適当なものはどれか。

(1) 建設業を行うには，国土交通大臣または都道府県知事により，一般建設業または特定建設業の区分により，建設工事の種類ごとに許可を受ける。

(2) 都道府県に設置する営業所の数で，許可の申請先が異なり，許可は3年ごとに更新を行う。

(3) 1つの都道府県に営業所を置く場合は，都道府県知事に許可の申請を行い，2つ以上の都道府県に営業所を置く場合は，国土交通大臣に申請する。

(4) 建築工事一式で請負代金が1500万円未満の軽微な工事には許可は不要である。

解説
許可の更新は，5年ごとに行います。

解答 (2)

労働安全衛生法

1 労働安全衛生法の目的

　労働安全法は，労働基準法と相まって，労働災害の防止のための**危害防止基準の確立**，**責任体制の明確化**，および**自主的活動の促進**の措置を講ずるなど，労働災害防止に関する総合的計画的な対策を推進することにより，職場における労働者の安全と健康を確保するとともに，**快適な職場環境の形成**を促進することを目的とします（第1条）。

　給水装置工事主任技術者は，営業所の専任技術者として，適正な工事施工のための技術向上管理のほか，工事施工に伴う**公衆災害**および**労働災害**などの発生防止のための安全管理を担う立場にあります。

2 作業主任者の選任

　事業者は，労働災害を防止するための管理を必要とする作業について，**都道府県労働基準局長の免許を受けた者**か，**局長が指定した者が行う技能講習を修了した者**のうちから，厚生労働省令で定めるところにより，作業区分に応じて**作業主任者**を選任します。

　なお，作業主任者が作業現場に立ち会い，**作業の進行状況を監視**しなければ，作業を施工させることはできません。また，事業者は，**作業主任者名**や作業事項を作業現場の見やすい箇所に**掲示**することで，関係労働者に周知させる必要があります。

　次は，各作業に共通の作業主任者のおもな職務です。

補足　▶

作業主任者
危険または有害な作業などを指導および監督する者のことをいいます。

①作業の方法および労働者の配置を決定し，作業を指揮する

②器具，工具など点検し，不良品を取除く

③安全帯，保護帽，安全靴などの保護具の使用状況を監視する

●**作業主任者選任が必要なおもな作業**

作業主任者名	おもな作業
土止め支保工作業主任者	土止め支保工の切りばり，腹おこしの取付け・取外し作業
地山の掘削作業主任者	掘削面の高さが2m以上となる地山の掘削作業
足場の組立て等作業主任者	高さ5m以上の足場の組立て，解体および変更作業
型わく支保工の組立て等作業主任者	型わく支保工の組立て，解体作業
酸素欠乏危険作業主任者	酸素欠乏症および硫化水素中毒のおそれのある場所における作業

3 事業者が講じなければならない措置

　掘削および採石などの**作業方法から生じる危険防止のために必要な措置**を行い，**墜落**するおそれのある場所，**土砂**などが**崩壊**するおそれのある場所において，**危険防止措置**を行います。

　また，労働者の作業公道から生じる**労働災害防止の措置**のほか，労働災害発生の緊迫した危険が発生した場合には，直ちに作業を中止し，労働者を作業場から**退避**させるなどの措置を行います。

4 労働安全衛生規則

　労働安全衛生規則は，労働安全衛生法および労働安全衛生法施行令の規定に基づき，ならびに労働安全衛生法を実施するため，定められた省令です。

●**掘削作業の危険防止**

手掘り掘削作業を行う際は，掘削面の勾配を次の表のようにします。

手掘りにより地山を掘削する場合は，地山の種類が**岩盤または硬い粘土**からなる地山以外で，深さが**2m未満**の掘削を行うときは，掘削面の勾配は**90°以下**とします。また，砂山からなる地山の場合は，掘削面の勾配を**35°以下**，

または掘削面の高さを 5m 未満とします。

●掘削面の勾配の基準

地山の種類	掘削面の高さ	掘削面の勾配
岩盤または硬い粘土からなる地山	5m未満	90°以下
	5m以上	75°以下
その他の地山	2m未満	90°以下
	2m以上5m未満	75°以下
	5m以上	60°以下
砂からなる地山	掘削面の勾配35°以下あるいは高さ5m未満	

●地山の掘削面と勾配
岩盤または堅い粘土からなる地山

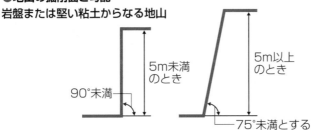

そのほかの地山

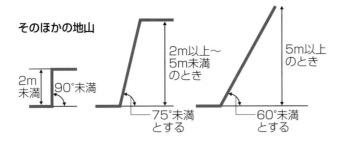

砂からなる地山を手掘りで掘削作業

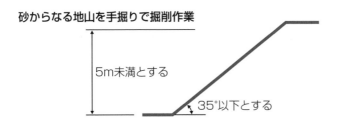

補足

発破等により崩壊しやすい状態の山

発破等により，崩壊しやすい状態となっている地山にあたっては，掘削面の勾配を45°（＝1:1）以下とし，または掘削面の高さを2m未満とします。

●建設機械作業の安全

建設機械の転倒および転落による労働者の危険防止のため，運行経路の路肩崩壊防止，地盤の不同沈下防止，必要な幅員の保持を行います。また，路肩，傾斜地では誘導者に誘導させ，建設機械の転倒および転落による労働者の危険防止を行います。また，建設機械の運転者が運転席から離れるときは，バケットの作業装置を地上に下ろし，原動機を停止して走行ブレーキをかけ逸走を防止します。

●高所作業の作業床および安全帯

高さが 2m 以上の作業場所には，幅 40cm 以上の作業床を設けなければなりません。床材のすき間は 3cm 以下（吊り足場では隙間のないようにする）とし，高さ 85cm 以上の手すりを設けます。また，高さが 2m 以上の箇所で作業する際は，照度を確保し，強風，大雨，大雪などの悪天候により危険が予想されるときは作業を中止します。なお，作業床を設けることが困難なときは防網を張って労働者に安全帯を使用させるなど，墜落による労働者の危険防止の措置を講じなければなりません。

●昇降設備および移動はしご

高さまたは深さが 1.5m を超える箇所で作業を行うときは，労働者が安全に昇降するための設備を設けます。ただし，この設備を設けることが作業の性質上著しく困難なときは，この限りではありません。なお，移動はしごの幅は，30cm 以上とします。

●そのほかの作業

鋳鉄管をクレーンで構内に吊り込むときは，構内作業を一時中断して鋳鉄管が床付けされるまで近寄らないようにします。また，交通誘導員を配置している場合であっても，歩行者または作業員による掘削機械の旋回範囲への立ち入りを禁止します。

5 就業制限

　事業者は，政令で定める業務について，業務に関する次の**資格を有する者**でなければ，業務に就かせることはできません。

①業務に係る免許を都道府県労働局長により受けた者
②都道府県労働局長の登録を受けた者が行う業務に係る技能講習修了者
③厚生労働省令で定める資格を有する者

　政令で定める業務には，次のようなものがあります。

①最大荷重が１ｔ以上のショベルローダの運転業務。ショベルローダ等運転技能講習修了者が行う
②吊り上げ荷重が５ｔ以上のデリックの運転業務。デリック運転士免許交付者が行う

　なお，就業制限のある業務従事者は，これに係る**免許証そのほか資格を証する書面を携帯**していなければなりません。これらの携帯の確認は，給水装置工事主任技術者が行います。

6 特別な教育が必要な業務

　危険あるいは有害な業務において，厚生労働省令で定める業務に労働者を就かせる際は，業務に関する安全または衛生のための**特別な教育**を行わなければなりません。次の業務が該当します。

補足

脚立と水平面との角度

脚立と水平面との角度は，75°以下とします。

高所からの物体の投下

3m以上の高所から物体を投下する際は，適当な投下設備を設けて監視人を置くなど，労働者の危険防止のための措置を講じます。

①吊り上げ荷重 5t 未満のクレーンの運転

②吊り上げ荷重 1t 未満の移動式クレーンの運転

③吊り上げ荷重 5t 未満のデリックの運転

④吊り上げ荷重 1t 未満の移動式クレーンまたはデリックの玉掛け

チャレンジ問題

問 1 　　　　　　　　　　　　　　　　　　　　難　中　易

作業主任者に関する記述のうち, 不適当なものはどれか。

(1) 事業者は, 労働災害を防止するための管理が必要な作業について, 都道府県労働基準局長の免許交付者か, 局長が指定した者が行う技能講習修了者のうちから, 作業区分に応じて作業主任者を選任する。

(2) 作業主任者が作業現場に立ち会い, 作業の進行状況を監視しなければ, 作業を施工させることはできない。

(3) 事業者は, 作業主任者名や作業事項を関係労働者に周知させるため, 作業現場での打ち合わせで口頭で伝え, 各自に記録させる。

(4) 各作業に共通の作業主任者のおもな職務は, 作業の方法および労働者の配置の決定と作業の指揮, 器具および工具などの点検と不良品の除外, 安全帯, 保護帽, 安全靴などの保護具の使用状況の監視である。

解説

作業主任者名や作業事項を作業現場の見やすい箇所に掲示することで, 関係労働者に周知させます。

解答 (3)

建築基準法

1 建築基準法の目的

建築物の敷地，構造，設備および用途に関する最低の基準を定め，国民の生命，健康および財産の保護を図り，もって公共の福祉の増進に資することを目的とします（第1条）。

2 給水，排水そのほかの配管設備

配管設備のコンクリートへの埋設などにより腐食するおそれのある部分には，その材質に応じた有効な腐食防止のための措置を講じます。また，構造耐力上主要な部分を貫通して配管する際は，建物の構造上支障を生じないようにします。

エレベーターに必要な配管設備を除いて，エレベーターの昇降路内に給水，排水そのほかの配管設備を設置してはなりません。また，圧力タンクおよび給湯設備には，有効な安全装置を設置します。

準耐火構造の防火区画を貫通する給水管は，その貫通する部分および当該貫通する部分からそれぞれ両側1mまで不燃材料で造ります。

3 給水タンクおよび貯水タンクの技術的基準

タンクの天井，底部または周壁の保守点検を容易かつ，安全に行うことができるようにするため，タンクの天井，底部および周壁は，建築物のほかの部分と兼

補足 ▶

建築基準法の適用外

建築基準法は，文化財保護法の規定による国宝および重要文化財などに指定された建築物には適用されません。

用しないようにします。

①給水タンク内部には，飲料水以外の配管設備を設けない
②水抜管を設けるなど内部の保守点検を容易に行える構造とし，かつ，内部
　の保守点検を容易に安全に行うことができる位置にマンホールを設ける
③マンホールは，ほこりなどが入らないよう有効に立ち上げ（圧力タンクを
　除く），マンホールは**直径60cm**の円が内接することができるものとする
④圧力タンクを除き，ほこりやそのほか衛生上有害なものが入らない構造の
　オーバーフロー管を設ける
⑤最下階の床下にタンクを設置し，オーバーフロー管から水が逆流するおそ
　れのある場合は，浸水を検知する**警報装置**を設置すること
⑥給水タンクなどのうち，ほこりやそのほか衛生上有害なものが入らない構
　造の**通気装置**を有効に設ける（圧力タンクは除く）。ただし，**有効容量が
　2㎥未満の給水タンク**などについては，**この限りではない**
⑦給水タンクなどの上にポンプ，ボイラー，空気調和機などの機器を設ける
　場合は，飲料水を汚染することのないように**衛生上必要な措置を講ずる**

●給水タンクの構造例

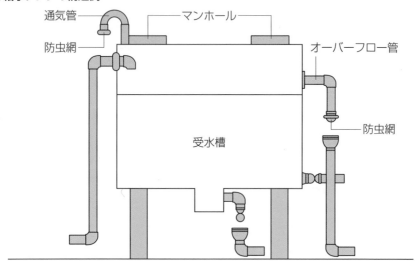

通気管
マンホール
防虫網
オーバーフロー管
受水槽
防虫網

4 建築物内の飲料水の配管設備

飲料水の配管設備とそのほかの配管設備とは，直接連結をさせてはなりません。

水槽，流し，そのほか水を入れ，あるいは受ける設備に給水する飲料水の配管設備の水栓開口部にあっては，これらの設備のあふれ面と水栓開口部との垂直距離を適当に保つなど，有効な水の**逆流防止**のための措置を講じます。

給水タンクおよび貯水タンクは，ほこりやそのほか衛生上有害なものが入らないような構造とします。金属製タンクには，衛生上支障のない**さび止め**の措置を講じます。

5 飲料水の配管設備の構造

ウォータハンマが生じるおそれのある場合は，エアチャンバなどを設け，ウォータハンマを防止します。

給水立て主管から，各階へ分岐するための分岐管などの主要な分岐管には，分岐点に近接した部分に**止水弁**を設けます。

6 建設省告示第1597号による適用の特例

「建築基準法施行令」第129条の2の5第2項第6号および第3項第5号の規定に基づき，建築物に設ける飲料水の配管設備および排水のための配管設備を安全上および衛生上支障のない構造とするための構造方法を，建設省告示第1597号「建築物に設ける飲料水の配管設備および排水のための配管設備を安全

補足 ▶

オーバーフロー管

集中豪雨や排水管の目詰まりなどによるトラブル発生時に，雨水排水系統（ルーフドレンなど）だけでは処理しきれなくなった雨水を一時的に屋上やバルコニー内部から外壁の外側に排水するための排水管です。

上および衛生上支障のない構造とするための基準（抄）」により規定しています。

　同基準第3の適用の特例には、「建築物の階数が2階以下で、かつ、延べ面積が500㎡以下のものに設ける飲料水の配管設備および排水のための配管設備については適用しない。ただし、2階以上の建築物（延べ面積合計500㎡以下を除く）に対して飲料水を供給するための給水タンクなど、または有効容量が5㎡を超える給水タンクなどについては、適用があるものとする」と規定されています。

チャレンジ問題

問1　　　　　　　　　　　　　　　　　　　　　　難　中　易

給水タンクおよび貯水タンクの技術的基準に関する次の記述のうち、不適当なものはどれか。

(1) タンクの天井、底部または周壁の保守点検を容易で安全に行えるよう、タンクの天井、底部および周壁は、建築物のほかの部分と兼用しない。

(2) 給水タンク内部には、飲料水以外の配管設備を設けない。

(3) マンホールは、ほこりなどが入らないよう有効に立ち上げ（圧力タンクを除く）、マンホールは直径80cmの円が内接することができる大きさとする。

(4) 給水タンクなどの上にポンプ、ボイラー、空気調和機などの機器を設ける場合は、飲料水を汚染することのないように衛生上必要な措置を講ずる。

解説

マンホールは直径60cmの円が内接することができる大きさとします。

解答 (3)

廃棄物の処理および清掃に関する法律

1 目的と定義

　この法律は，廃棄物の排出を抑制し，および廃棄物の適正な分別，保管，収集，運搬，再生，処分などの処理をし，ならびに生活環境を清潔にすることにより，生活環境の保全および公衆衛生の向上を図ることを目的とします（第1条）。

　この法律において「廃棄物」とは，ごみ，粗大ごみ，燃え殻，汚泥，ふん尿，廃油，廃酸，廃アルカリ，動物の死体そのほかの汚物または不要物であって，固形状または液状のものをいいます（P.296参照）。

●**廃棄物の分類**

2 国内処理の原則と国民の責務

　国内において生じた廃棄物は，なるべく国内において適正に処理されなければなりません。国外において生じた廃棄物は，その輸入により国内での廃棄物の適正処理に支障が生じないよう，その輸入が抑制されなければなりません（第2条の2）。

　国民は，廃棄物排出を抑制し，再生品の使用などで廃棄物の再生利用を図り，廃棄物を分別して排出し，

補足

廃棄物の定義外
気体状のもの，放射性質やこれに汚染されたものは廃棄物の定義から外れます。

廃棄物をなるべく自ら処分するなどで，**廃棄物の減量**そのほか，その適正な処理に関し国および地方公共団体の施策に協力しなければなりません（第2条の4）。

3　事業者の責務

　事業者は，その事業活動に伴って生じた廃棄物を**自らの責任において適正に処理**しなければなりません。

　事業者は，その事業活動に伴って生じた廃棄物の再生利用などを行うことにより，その**減量に努める**とともに，物の製造，加工，販売などに際して，その製品，容器などが廃棄物となった場合の**処理の困難性**についてあらかじめ自ら評価し，**適正な処理が困難にならないような製品**，容器などの開発を行います。その製品，容器などに係る廃棄物の適正な**処理の方法についての情報を提供する**ことなどにより，その製品，容器などが廃棄物となった場合の適正な処理が困難になることのないようにしなければなりません。

　事業者は，廃棄物の減量そのほか，その適正な処理の確保などに関し，**国および地方公共団体の施策に協力しなければなりません**（第3条）。

4　国および地方公共団体の責務

　市町村は，その区域内における一般廃棄物の減量に関し，住民の自主的な活動の促進を図り，一般廃棄物の適正な処理に必要な措置を講ずるよう努めるとともに，一般廃棄物の処理に関する事業の実施にあたっては，**職員の資質の向上，施設の整備および作業方法の改善**を図るなど，その能率的な運営に努めなければなりません（第4条）。

①都道府県は市町村に対し，責務が十分に果たされるように必要な技術的援助を与えることに努め，都道府県の区域内における産業廃棄物の状況を把握し，産業廃棄物の適正な処理が行われるように必要な措置を講ずる
②国は，廃棄物に関する情報の収集，整理および活用，廃棄物の処理に関す

314

る技術開発の推進を図り，国内における廃棄物の適正な処理に支障が生じないよう適切な措置を講じ，市町村および都道府県に対し必要な技術的，財政的援助を与え，広域的な見地からの調整を行う
③国，都道府県および市町村は，廃棄物の排出を抑制し，その適正な処理を確保するため，これらに関する国民および事業者の意識の啓発を図る

5 清潔の保持など

土地または建物の**占有者**（占有者がない場合は管理者）は，その占有し，または管理する土地または建物の**清潔を保つ**ように努めなければならない（**第5条**）。

①土地の所有者または占有者は，その所有し，または占有し，もしくは管理する土地において，ほかの者によって不適正に処理された廃棄物と認められるものを発見したときは，速やかに，その旨を都道府県知事または市町村長に通報する
②建物の占有者は，建物内を全般に渡って清潔にするため，市町村長が定める計画にしたがい，大掃除を実施しなければならない
③何人も，公園，広場，キャンプ場，スキー場，海水浴場，**道路**，**河川**，港湾そのほかの**公共の場所**を汚さないようにしなければならない
④公共の場所の管理者は，管理する場所の清潔を保つように努めなければならない
⑤市町村は，必要と認める場所に，公衆便所および公衆用ごみ容器を設け，衛生的に維持管理しなければならない

問1

廃棄物の処理および清掃に関する法律に関する次の記述のうち,不適当なものはどれか。

(1) この法律は,廃棄物の排出を抑制し,および廃棄物の適正な分別,保管,収集,運搬,再生,処分などの処理をし,ならびに生活環境を清潔にすることにより,生活環境の保全および公衆衛生の向上を図ることを目的とする。

(2) この法律において「廃棄物」とは,ごみ,粗大ごみ,燃え殻,汚泥,動物の死体そのほかの汚物または不要物であって,固形状のみのものをいう。

(3) 国内において生じた廃棄物は,なるべく国内において適正に処理する。

(4) 国民は,廃棄物排出を抑制し,廃棄物の再生利用を図り,廃棄物を分別して排出し,廃棄物をなるべく自ら処分するなどで,廃棄物の減量そのほか,その適正な処理に関し国および地方公共団体の施策に協力する。

解説

廃棄物とは,ごみ,粗大ごみ,燃え殻,汚泥,ふん尿,廃油,廃酸,廃アルカリ,動物の死体そのほかの汚物または不要物であって,固形状または液状のものです。

解答(2)

問2

清潔の保持に関する次の記述のうち,不適当なものはどれか。

(1) 土地または建物の占有者(占有者がない場合は管理者)は,その占有し,または管理する土地または建物の清潔を保つように努めなければならない。

(2) 建物の占有者は,建物内を全般に渡って清潔にするため,占有者および居住者などとともに,占有者が定める計画により大掃除を実施しなければならない。

(3) 何人も,公園,広場,キャンプ場,スキー場,海水浴場,道路,河川,港湾そのほかの公共の場所を汚さないようにしなければならない。

(4) 公共の場所の管理者は,管理する場所の清潔を保つように努める。

解説

建物の占有者は,建物内を全般に渡って清潔にするため,市町村長が定める計画にしたがい,大掃除を実施します。

解答(2)

第 **8** 章

給水装置工事
事務論

1 給水装置工事事務論

まとめ&丸暗記　この節の学習内容とまとめ

☐ 給水装置工事主任技術者　事業所（事業活動の本拠）に配置

☐ 給水装置工事主任
技術者の役割

①工事全体の技術的な管理（調査→計画→施工→検査）

②給水装置工事従事者に対する技術上の指導監督

③関係行政機関, 水道事業者との遅延無き調整手続き

④調査段階から検査段階に至るそれぞれの段階に応じ, 給水装置工事の適正を確保するための技術の要としての役割

⑤工事現場の状況, 工事内容に応じて必要となる工種およびその技術的な難易度の熟知

☐ 基準適合品の使用　給水装置の構造および材質の基準に適合した給水用具や給水管を用い, 工事に適した機械器具などを使用して給水装置工事を行う

☐ 工事従事者の健康管理　給水装置工事従事者の健康状況を管理する

☐ 工事記録の保存　指定給水装置工事事業者は, 指名した給水装置工事主任技術者に給水装置工事記録として記録を作成させ, 3年間保存する。工事記録の様式は, とくに定められてはいない

給水装置工事主任技術者の仕事

1 給水装置工事主任技術者の役割

　給水装置工事主任技術者は，給水装置の構造・材質基準や給水装置工事技術などについての**専門的な知識と経験**を有し，給水装置工事を適切に実施できる人のことで，**事業所（事業活動の本拠）に配置**されます。給水装置工事主任技術者の役割には，次のようなものがあります。

①工事全体の技術的な管理（調査，計画，施工，検査）
②給水装置工事従事者に対する**技術上の指導監督**（技術的能力の評価は不要）
③関係行政機関，水道事業者との遅延なき**調整手続き**
④調査段階から検査段階に至るそれぞれの段階に応じ，給水装置工事の適正を確保するための**技術の要としての役割**
⑤工事現場の状況，工事内容に応じて必要となる工種およびその**技術的な難易度の熟知**

補足 ▶

給水装置工事主任技術者の職務

給水装置工事主任技術者の職務は，工事前の事前調査から道路法に基づく道路占用許可申請手続き，路面復旧の方法などについて，関係者との調整など多岐に渡ります。そのため，しなければいけないこと，しなくてもよいこと，他者に任せても構わないことなどをしっかり把握しておく必要があります。

●給水装置工事主任技術者の職務

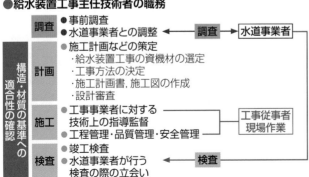

② 給水装置工事主任技術者に求められる知識および技能

給水装置工事主任技術者に必要なのは、調査から検査に至るまで、一連の業務に対して専門的な知識や技能を有していることです。具体的には、次のものとなります。

①給水装置工事技術、給水装置の構造および材質の基準についての十分な技能と知識を有し、適切な材料や工法を選択できること
②水道事業者が定める工事着手に至るまでの手続きから、工事後の竣工検査の手続きを円滑に進められること
③工事内容に適した工程管理、安全管理、品質管理を確実に実施できること
④新しい技術や材料に関する知識を有し、供給規程や関係法令などの制定、改廃に関する知識を有していること

③ 事前調査と関係各所との調整

給水装置工事に関しては、十分な事前調査を実施し、工事現場の状況によって適正な施工計画を策定、必要な人員配置や指導を行います。

事前調査に関しては、地質や地形はもちろんのこと、既存の地下埋設物の状況などについても十分な調査を実施し、この調査によって得られた情報は確実に給水装置工事の施工に反映させるようにします。

また、給水装置の構造および材質の基準で規定された油類の浸透防止、酸やアルカリに対する防食、凍結防止などの必要について検討します。

さらには、道路化の配管工事は工事の時間帯、時期、工事方法などについてあらかじめ道路管理者、水道事業者、所轄警察署長からの許可や承認などを受けなければなりません。したがって、関係する水道事業者の供給規程は関係法令を調査し、官公署などに対する手続きを漏れなく確実に進めることが必要です。

4 給水装置工事施工計画

　給水装置工事主任者は，工事現場の状況に応じた適正な施工計画を立てます。必要な人員配置および指導，工程や品質，安全に係る管理のほか，水道事業者や官公署との調整や手続き，適切な工法や材料の選定などを行います。その内容を次に記します。

●給水装置工事の機材選定
給水装置工事に際しては，基準省令の性能基準に適合している給水用具や給水管を使用します。給水装置工事主任技術者は，基準省令に適合している給水用具や給水から，現場の状況に合っているものを選択します。このとき，施主より指定された給水用具や給水管が基準省令に合っていないときは，使用が不可である理由を施主に説明しなければなりません。また，給水管に排水管を接続する工事では，工法や使用機材は水道事業者の指示にしたがいます。このほか，水道事業者が供給規程において排水管からの分岐以降の止水栓または水道メーターまでの給水用具や給水管を指定しているときには，その指定されたものを使用します。

●工事の方法
基準省令にある給水装置のシステム基準に沿うように施工します。これにより，電食，凍結，酸やアルカリからの侵食，逆流，外部による破壊，給水管や給水用具からの汚水の吸引が発生しないようにします。

●機械器具の手配
給水装置工事では，使用材料や工種に合った機械器具

補足 ▶

給水装置工事主任技術者が求められる配慮

給水装置工事主任技術者は，道路下の配管工事において，通行車両，通行者の安全管理，水道管以外のガス管，電力線，電話線などの保安についても配慮を求められます。

を判断し，施工計画に反映したうえで現場の施工に使用できるよう手配しなければなりません。なぜなら，使用する材料や製品の種類によって施工方法も一様ではないからです。

●施工計画書，施工図の作成
給水装置工事は，現場作業の前に詳細な施工計画を立て，施工図（設計図）を作成しておくことで予定の期間内に終わらせるようにします。工事の際には建築との工程調整が不可欠ですので，無理や無駄のない工程で施工する必要があります。工事の工程に制約が発生する場合には，建築工程に反映するよう協議調整を実施します。

●設計審査
設計審査は，構造および材質基準に設計内容が適合しているか，給水管の取出し方法について，水道事業者の審査を次の内容で受けるものです。

①止水栓，水道メーターの設置位置
②使用形態，所要水量，受水槽容量などの使用状況
③給水管の取出し箇所，取出し口径，分岐から水道メーターまでの工法
④給水用具の管種，給水管，口径，配管位置，配管構造，管の防護などの基準省令適合の確認，適否
⑤逆流防止装置の設置位置，吐水口空間の確保
⑥直結加圧型ポンプユニットの口径，出力，揚程，逆流防止措置および設置場所
⑦集合住宅における水道メーターの設置位置
⑧受水槽の設置位置

5 給水装置工事の施工および監督

　給水装置工事は単位工程の組合せであり，なかには熟練技術を必要とするものがあります。給水装置工事主任技術者は，現場の状況や工種に応じて配

管技能者などの配置計画を立てて**工事品質を確保する**とともに，工事従業者の役割分担と**責任範囲を明確に**したうえで随時，工事従事者に技術上の指導監督を実施します。

　道路下の配管工事や排水管と給水管の接続工事では，汚水流入による**水質汚染事故**，**水道施設の損傷**，漏水による道路の陥没などの事故を未然に防ぐため，**作業を適切に実施できる技能を有する者**に工事を行わせる，またはその者にほかの工事従事者が**実施する工事の監督**をさせます。

　なお，給水装置工事主任技術者自身が必ず現場で監督，施工しなければならないわけではありません。

⑥ 工程および品質・安全管理

　給水装置工事主任技術者は，調査・計画段階で得られた情報や計画段階で関係者と調整の上作成した施工計画書をもとにして，**最適な工事工程を定めて工程管理を実施**しなければなりません。

　また，給水装置工事主任技術者は給水装置の構造および材質の基準に適合していることの確認などの品質管理をします。これは施主に契約書などで約束している給水装置を提供するためです。

　安全管理に関しては，工事従事者の**安全確保**，工事中の通行者および通行車両などの安全確保をします。さらに，ガス管，電話線，電力線などの保安を万全に行い，**労働災害の防止**に努めます。

補足 ▶

給水装置工事の現場監督と施工
給水装置工事主任技術者自身が自ら施工する必要や現場にいて監督する必要はありません。しかし，給水装置工事主任技術者自身による施工が禁止されている訳ではないので，自ら施工してもよいことになります。

7 給水装置工事および竣工検査

給水装置工事主任技術者は，自らまたはその責任のもと信頼できる現場従事者に指示することで，適正な**竣工検査**を実施します。これは，工事（新設，改造など）後の給水装置が**基準省令に適合**していることを確認し，施主に給水装置を引き渡すための最終的な**工事品質確認**となります。

水道事業者は，工事竣工後に給水装置が基準省令に適合しているか否かの検査を行わなければなればならず，指定給水装置工事事業者は，水道事業者に**竣工図**などを添えて**工事完了の届出**を行い，水道事業者の検査を受けます。

水道事業者が水道法に基づいて給水装置の検査を実施する際，水道事業者から給水装置工事を施工した指定給水装置工事事業者に対し，事業所に係わる給水装置工事主任技術者の**立会い要求**があった場合には，立ち会うことは給水装置工事主任技術者の**職務**となります。

チャレンジ問題

問1　　　　　　　　　　　　　　　　　　　　　難　中　易

次の記述のうち，不適当なものはどれか。

(1) 給水装置工事に際して施主が指定した給水用具や給水管が基準省令に合っていないときは，使用できない理由を施主に説明しなければならない。

(2) 給水装置工事主任技術者の役割は，調査，計画，施工，検査に至る工事全体の技術的な管理，関係行政機関，水道事業者との調整手続き，給水装置工事従事者に対する技術的能力の評価と技術上の指導監督などがある。

(3) 給水装置工事は，予定の期間内に終了できるよう，あらかじめ詳細な施工計画を立て，施工図（設計図）を作成する。

(4) 給水装置工事において，給水装置工事主任技術者は作業を適切に実施できる技能を有する者に工事を行わせる。

解説

技術的能力の評価は，給水装置工事主任技術者の役割には入っていません。

解答 (2)

基準適合品などの管理から記録の保存など

1 基準適合品の使用

　給水装置工事主任技術者は，給水装置の構造および材質の基準に適合した給水用具や給水管を用い，工事に適した機械器具を使用し給水装置工事を行います。

①製造業者などが自らの責任で自己認証したもの
②第三者認証機関によって認証された第三者認証
③日本水道協会規格（JWWA），日本工業規格（JIS），海外認証機関の規格などの製品のうち，基準省令を包含する JIS 規格，JWWA 規格などの関連規格，その性能基準項目の全部に係る性能条件が基準省令の性能基準と同等以上の基準に適合することが表示されている製品

　給水装置工事主任技術者は，製造業者に対して給水装置の構造および材質の基準に適合か否かを判断できる資料の提出を求め，基準適合を確認して使用します。

①自己認証の製品は製造者に適合品である証明書を提出させる
②第三者認証品および JIS 規格品は，認証マークなどにより確認する（書類の提出は不要）

　給水装置は基準適合の給水用具や給水管の使用のみならず，給水装置システム全体としての水撃防止，逆流防止，凍結防止，防食などの機能が求められます。

補足 ▶

第三者認証機関
第三者認証機関とは，日本水道協会，日本ガス機器検査協会，日本燃焼機器検査協会，電気安全環境研究所の4機関となります。

構造・材質基準適合品は給水装置工事に使用できますが，その給水装置が自動的に構造・材質基準に適合するということではありません。

② 工事従事者の健康管理

給水装置工事主任技術者は，水系感染症による水道水の**汚染の防止**や給水装置工事従事者の健康状況を**管理**しなければなりません。

③ 指定給水装置工事事業者による支援

給水装置工事主任技術者が職務を誠実に実行できるよう，**指定給水装置工事事業者は支援**を行うとともに，**職務上支障を生じさせない**ようにしなければなりません。なお，給水装置工事主任技術者は常に技術の研鑽に努めるとともに，技術の向上にも努めなければなりません。

④ 工事記録の保存

指定給水装置工事事業者は，指名した給水装置工事主任技術者に給水装置**工事記録**として次の記録を作成させ，**３年間保存**しなければなりません。

①給水装置工事の施主の氏名（または名称）
②施工場所
③施工完了年月日
④その工事の技術上の管理をした給水装置工事主任技術者の氏名
⑤竣工図
⑥使用した給水管および給水用具のリストと数量
⑦工程ごとの給水装置の構造および材質の基準に適合していることについての確認方法およびその結果
⑧品質管理の項目とその結果
⑨竣工検査の結果

工事記録に関しては，給水装置工事ごとに施工時に生じた技術的問題について整理・記録し，以降の工事に活用することが望ましいとされています。

① 配管時に工夫したこと
② 調査段階で得られた技術的な情報
③ 施工計画書の作成でとくに留意した点
④ 工事を実施した配管工の氏名
⑤ 給水装置の構造および材質の基準への適合に関して講じた確認および改善作業の概要

工事記録の様式に定めはなく，電子記録保存も可能です。申請書に残すべき記録が記載されていれば，その写しを保存します。工事記録は給水装置工事主任技術者が行いますが，給水装置工事主任技術者の指導・監督のもと，ほかの従業員に行わせることもできます。

補足 ▶

給水装置工事記録の作成と保存の義務
給水装置工事記録の作成と保存の義務は，指定給水装置工事事業者に課せられています。

チャレンジ問題

問1　　　　　　　　　　　難　中　易

次の記述のうち，不適当なものはどれか。

(1) 給水装置工事主任技術者は，給水装置工事従事者の健康状況を管理する。

(2) 給水装置工事主任技術者は，給水装置工事記録を作成する。

(3) 給水装置工事記録の様式に定めはなく，PCで作成し電子媒体に記録できる。

(4) 基準適合品の製品には第三者認証品，JIS規格品，製造業者による自己認証の製品があり，いずれも基準に適合しているため確認せずに使用できる。

解説

自己認証の製品は製造者に適合品である証明書を提出させる必要があり，第三者認証品，JIS規格品は認証マークなどで確認します。

解答 (4)

2 給水装置の構造と材質 および認証制度

まとめ&丸暗記　この節の学習内容とまとめ

☐ 給水装置の構造
および材質の基準

①配水管に対する取付口の位置は, ほかの給水装置の取付口から30cm以上離れている

②配水管への取付口における給水管の口径は, 給水装置による水の使用量に比べて著しく過大でない

③土圧, 水圧などの荷重に対して十分な耐力をもち, かつ, 水が汚染されまたは漏れるおそれがないもの

④配水管の水圧に影響をおよぼすおそれがあるポンプへ, 直接連結されていないこと

⑤破壊, 凍結, 侵食などを防止するための適切な措置が講ぜられていること

⑥給水装置以外の水管, そのほかの設備に対して直接連結されていないこと

⑦プール, 水槽, 流しなど水を入れ, または受ける器具, 施設などに給水する給水装置は, 水の逆流を防止するための適切な措置が講ぜられていること

☐ 認証制度

給水装置製造業者の製品や輸入品について, 性能基準に適合していることを証明する制度

☐ 自己認証

製造業者や販売業者などが自らの責任において, 製造過程の品質管理や製品検査を適正に実施し, 性能基準適合品であることを証明する

☐ 第三者認証

製造業者などが製品試験や工場検査を中立的な第三者機関に依頼し, 性能基準適合品であることを証明

☐ 基準適合品の確認

基準省令に適合しているか否かの判断。厚生労働省の給水装置データベース, 第三者認証機関のウェブサイトなどが判断材料になる

給水装置の構造および材質の基準

1 基準

給水装置の構造および材質の基準は，次の通りです。

① 配水管に対する取付口の位置は，ほかの給水装置の取付口から 30cm 以上離れていること

② 配水管への取付口における給水管の口径は，給水装置による水の使用量に比べて著しく過大でないこと

③ 土圧，水圧などの荷重に対して十分な耐力をもち，かつ，水が汚染され，または漏れるおそれがないものであること

④ 配水管の水圧に影響をおよぼすおそれがあるポンプへ，直接連結されていないこと

⑤ 破壊，凍結，侵食などを防止するための適切な措置が講ぜられていること

⑥ 給水装置以外の水管，そのほかの設備に対して直接連結されていないこと

⑦ プール，水槽，流しなど水を入れ，または受ける器具，施設などに給水する給水装置は，水の逆流を防止するための適切な措置が講ぜられていること

補 足 ▶

省令による給水装置の構造および材質の基準

給水装置の構造および材質の基準に関する省令には，耐圧，浸出，水撃限界，防食，逆流防止，耐寒，耐久に関する基準が規定されています。

●基準省令による各基準

基準省令に示される基準		基準省令に定められる性能基準	
1	耐圧に関する基準	1	耐圧性能基準
2	浸出などに関する基準	2	浸出性能基準
3	水撃限界に関する基準	3	水撃限界性能基準
4	防食に関する基準	—	—
5	逆流防止に関する基準	4	逆流防止性能基準
		5	負圧破壊性能基準
6	耐寒に関する基準	6	耐寒性能基準
7	耐久に関する基準	7	耐久性能基準

2　耐圧に関する基準

　規定の水圧を給水装置に 1 分間かけて，**変形，水漏れ，破損**などがないことを確認します。

3　浸出などに関する基準

　人工的に作られた**標準水**を給水装置に充水して，**一定時間静置**します。そして給水装置から標準水へにじみ出た**浸出液**を分析して，有害金属物質が検出されないことを確認します。

4　水撃限界および逆流防止に関する基準

　水撃限界に関する基準は，給水用具の止水機構が**急閉止**する際に生じる**水撃作用を規定値以下**にします。

　具体的には，流速 2 『m ／秒』（または動水圧 0.15MPa）で給水用具の止水機構を急閉止した際，水撃作用による**圧力上昇は 1.5MPa 以下**とします。

　逆流防止に関する基準は**負圧破壊性能基準**を含むもので，給水装置の吐水口より汚水が逆流したり，負圧によって同様の現象が発生したりしないよう規定されたものです。

5　防食・耐久・耐寒に関する基準

　防食に関する基準は，**アルカリ，酸，漏えい電流**によって侵食される可能性がある場所に給水装置を設置する場合の対策です。

　耐久に関する基準は弁類について，**10 万回の開閉操作**を繰り返して問題がないことを確認するものです。

　耐寒に関する基準は，− 20 ± 2℃の温度で給水装置を 1 時間静置し，そののち**通水して正常**であることです。

●給水管・給水用具に適用される性能基準

性能基準 給水管および給水用具	耐圧	浸出	水撃 限界	逆流 防止	負圧 破壊	耐久	耐寒
給水管	●	●	—	—	—	—	—
給水栓, ボールタップ	●	○	○	○	○	○	○
バルブ	●	○	○	—	—	○	○
継手	●	○	—	—	—	—	—
浄水器	○	●	—	○	—	—	—
湯沸器	○	○	○	○	○	—	○
逆止弁	●	○	—	●	○	●	—
ユニット化粧置	●	○	○	○	○	—	○
自動食器洗い機, 冷水機 （ウォータクーラ）, 洗浄 便座など	●	○	○	○	○	—	○

凡例 ●：常に適用される性能基準
 ○：給水用具の種類, 用途（飲用に用いる場合, 浸出性能基準が適用される）, 設
置場所により適用される性能基準
 —：適用外

補 足 ▶

**給水装置の構造
および材質の基
準に関する省令**

毎年, 給水装置の構
造および材質の基準
に関する省令から問
題が出題されていま
す。基準はいずれも
基本的な事項ですの
で, 取りこぼしがない
ように覚えておきま
しょう。

チャレンジ問題

問1

難　**中**　易

次の記述のうち, **不適当なもの**はどれか。

(1) 給水装置の構造および材質の基準では, 水が漏れたり汚染されたりせず, かつ, 土圧や水圧に対して十分な耐力をもつことが求められる。

(2) 浸出などに関する基準では, 給水装置に人工的に作られた標準水を一定時間静置したのち, 標準水へにじみ出た浸出液を分析し, 有害金属物質が検出されないことを確認する。

(3) 水撃限界に関する基準では, 水撃作用による圧力上昇は1.5MPa以下にしなければならない。

(4) 耐久に関する基準は, 弁類について-20 ± 2℃の温度で10万回開閉操作を繰り返して問題がないことを確認する。

解説

弁類の開閉操作に関しては, 温度についての規定はありません。

解答 (4)

認証制度

1 認証制度とは

　認証制度とは，給水装置製造業者の製品や輸入品について，性能基準に適合していることを証明する制度のことを指します。

　設計から品質管理に至る各段階において証明される必要があり，これらの性能を満たしている給水用具や給水管を基準適合品として認証します。

2 自己認証

　自己認証は証明方法の基本となるもので，製造業者や販売業者などが自らの責任において製造過程の品質管理や製品検査を適正に実施し，性能基準適合品であることを証明する制度です。製造業者などが自ら，または，製品試験機関などに委託して得られたデータや作成資料などに基づいて行います。

　この自己認証の証明には，各製品が設計段階で基準省令に定める性能基準に適合している証明と，製造段階で品質の安定性が確保されていることの証明が必要となります。

　製品の種類ごとに消費者，指定給水装置工事事業者，水道事業者などに対して，この自己認証品における基準適合性や品質の安定性を示す証明書などが提出されます。

3 第三者認証

　第三者認証は，製造業者等が製品試験や工場検査を中立的な第三者機関に依頼して，性能基準適合品であることを証明する制度です。

　これは，自己認証が困難な製造業者や第三者認証の客観性に鑑みて第三者による証明を製造業者などが利用するものであり，具体的には第三者認証機関が製品サンプル試験を実施し，性能基準に適合しているか否かを判定する

とともに，性能基準適合品が安定，かつ，継続して製造されるか否かなどの検査を実施し基準適合性を認証したうえで，製品に認証機関の認証マークを表示することを認めるものです。

第三者機関は，社会的に高い信頼性と合理的，かつ，透明性を有する業務を行うこと，国際的に整合が取れた認証業務を実施することが求められます。

第三者認証を実施する機関の要件および業務実施方法は，ISOのガイドラインに準拠していることが望ましいとされています。

補足 ▶

ISO

ISOは，国際標準化機構（International Organization for Standardization）の略で，規格統一のための国際協力機関です。略称で「イソ」とも呼ばれます。

● **第三者機関の認証マーク**

名称	認証マーク
公益社団法人 日本水道協会 品質認証センター（JWWA）	※JWWA寒　※
一般財団法人 日本燃焼機器検査協会（JHIA）	JHIA 水道法基準適合
一般財団法人 電気安全環境研究所（JET）	JET 水道法基準適合
一般財団法人 日本ガス機器検査協会（JIA）	JIA 水道法基準適合

4 基準適合品の確認

　給水装置使用材料が使用可能か否かについては，**基準省令に適合している**か否かによります。したがって，水道事業者，消費者，指定給水装置工事事業者が判断することになります。この判断材料としては，厚生労働省では製品毎の性能基準への適合性に関する情報に関する**給水装置データベース**（https://www.mhlw.go.jp/kyusuidb/index.action）を構築し，全国的に利用できるようにしています。

　ほかに，第三者認証機関のウェブサイトでも情報を提供しています。ただし，厚生労働省や水道事業者は，**認証を実施していないので注意が必要です**。

チャレンジ問題

問1　　　　　　　　　　　　　　　　　　　難　**中**　易

次の記述のうち，不適当なものはどれか。

(1) 自己認証の証明には，製造段階での品質の安定性の確保と，設計段階での基準省令に定める性能基準への適合という2つの証明が必要である。

(2) 自己認証品の場合には，基準適合性や品質の安定性を示す証明書などを製品の種類ごとに指定給水装置工事事業者，消費者，水道事業者などに提出する。

(3) 第三者認証を実施する機関の要件および業務実施方法は，国際標準化機構のガイドラインに準拠していることが望ましいものである。

(4) 第三者認証には，JWWAによるもののほか，水道事業者や厚生労働省によるものがある。

解説
厚生労働省や水道事業者は，認証を実施していません。

解答 (4)

第**9**章

関係法令

1 水道法の構成と関連法令

まとめ&丸暗記 この節の学習内容とまとめ

☐ 水道法の目的と成立　水道法（厚生労働省管轄）は，日本国憲法第25条の生存権に由来する「清浄にして豊富低廉な水の供給を図り，もって公衆衛生の向上と生活環境の改善とに寄与すること」を目的とし，1957（昭和32）年の第一次岸内閣のもと成立した法律である

☐ 水道法の成立ち　水道法は，第1章から第9章までと，附則から成る

①第1章「総則」（第1条〜第5条）

②第2章「水道の基盤の強化」（第5条の2〜第5条の4）

③第3章「水道事業」　第1節「事業の認可等」（第6条〜第13条），第2節「業務」（第14条〜第25条），第3節「指定給水装置工事事業者」（第25条の2〜第25条の11），第4節「指定試験機関」（第25条の12〜第25条の27）

④第4章　水道用水供給事業（第26条〜第31条）

⑤第5章　専用水道（第32条〜第34条）

⑥第6章　簡易専用水道（第34条の2〜第34条の4）

⑦第7章　監督（第35条〜第39条）

⑧第8章　雑則（第39条の2〜第50条の3）

⑨第9章　罰則（第51条〜第57条）

⑩附則

☐ 水道法の構成　法律のほか，政令および省令などにより構成され，法律の目的を達成するために政令および省令がある。これらをまとめて法令という

☐ 法律用語　法令で法律用語の代表的な語句を理解しておく

水道法の成立ちと構成

❶ 水道法の成立ち

　水道法（厚生労働省管轄）は，日本国憲法第25条の生存権に由来する「清浄にして豊富低廉な水の供給を図り，もって公衆衛生の向上と生活環境の改善とに寄与すること」を目的とし，1957（昭和32）年の第一次岸内閣のもと成立した法律です。2018（平成30）年に水道民営化導入のため改正され，最終改正は2019（令和元）年6月14日となっています。水道法は，第1章から第9章までと，附則から成ります。

●第1章 総則（第1条〜第5条）
この章は，第1条「この法律の目的」（P.31参照），第2条「責務」（P.32参照），第3条「用語の定義」（P.6参照），第4条「水質基準」（P.13参照），第5条「施設基準」の5つの条文から成ります。第5条では，水道は，原水の質，量，地理的条件，水道の形態などに応じ，取水施設，貯水施設，導水施設，浄水施設，送水施設，配水施設の全部または一部を有すべきものとし，各施設の要件について記しています。

●第2章 水道の基盤の強化（第5条の2〜第5条の4）
この章は，第5条の2「基本方針」，第5条の3「水道基盤強化計画」，第5条の4「広域的連携等推進協議会」の3つの条文から成ります。第5条の2は，水道の基盤強化のための基本的方針を厚生労働大臣が定めたも

補足 ▶

条文
法令の条文は，「条」「項」「号」からなり，条の第1項は省略して表記しません。項は1,2,3も算用数字で表記され，号は一，二，三のように漢数字で表されます。

ので，これを変更したときは，**遅滞なく公表しなければならない**とします。
第5条の3では，水道の基盤強化のため必要なときは，**都道府県が水道の基盤の強化に関する計画を定めることができる**とされ，第5条の4では，**市町村を超えた広域的な水道事業者間の連携推進に必要な協議を行うため，都道府県が定める区域で協議会を組織できる**としています。

●第3章 水道事業（第6条〜第25条の27）
この章は，第1節「事業の認可等」（第6条〜第13条），第2節「業務」（第14条〜第25条），第3節「指定給水装置工事事業者」（第25条の2〜第25条の11），第4節「指定試験機関」（第25条の12〜第25条の27）の4つの節および62の条文から成り，**水道事業について細やかに定めています**（第6条P.34，第12条P.39，第14条P.36，第16条P.43，44，47，第17条および第18条P.44，第19条P.36，第20条P.39，第21条P.40，第22条P.41，第23条P.42，第25条の2 P.47，第25条の3 P.48，第25条の4 P.55-56，第25条の5 P.57，第25条の6 P.58，第25条の7 P.50，第25条の9 P.50，第25条の10および11 P.51参照）。

●第4章 水道用水供給事業（第26条〜第31条）
この章は，第26条「事業の認可」，第27条「認可の申請」，第28条「認可基準」，第29条「附款」，第30条「事業の変更」，第31条「準用」の5つの条文から成り，**水道用供給事業の認可および申請，認可基準**などについて記しています。なお，水道用水供給事業とは，自治体などが経営する水道事業体に水道水を送る事業（水道水の卸売）のことです。

●第5章 専用水道（第32条〜第34条）
この章は，第32条「確認」，第33条「確認の申請」，第34条「準用」の3つの条文から成り，**専用水道の申請，工事**などについて記しています。

●第6章 簡易専用水道（第34条の2〜第34条の4）
この章は，第34条の2，第34条の3「検査の義務」，第34条の4「準用」

の3つの条文から成り，**簡易専用水道の管理，検査**などについて記しています。簡易専用水道とは，水道水を水源として有効容量の合計が 10㎥を超える受水槽を使用し飲用などの目的で水を供給する貯水槽水道をいいます。

補足 ▶

法令
法および政令，省令をすべてまとめて法令といいます。
法は，○○法のように最後に「法」が付き，政令は○○施行令のように「令」がつきます。政令は，○○規則や○○基準と表現されます。

●**第7章 監督（第35条〜第39条）**
この章は，第35条「認可の取消し」，第36条「改善の指示等」，第37条「給水停止命令」，第38条「供給条件の変更」，第39条「報告の徴収および立入検査」の5つの条文から成ります。**水道工事の着手，完了が規定通り守られない場合の処分**などについて記されています。

●**第8章 雑則（第39条の2〜第50条の3）**
この章は，第39条の2「災害その他非常の場合における連携および協力の確保」，第40条「水道用の緊急応援」から第50条の3「経過措置」までの16の条文から成ります。災害時の対応や，**事業経営の合理化，水道事業の権利の買収**など，第1章から第7章までに含まれない項目について**総括的**に記されています。

●**第9章 罰則（第51条〜第57条）**
この章では，水道施設損壊や妨害行為，水道事業経営を無許可で行った場合の処罰などについて，第51条から第57条まで，12の条文が記されています。

2 水道法の構成

水道法は，給水装置工事主任技術者の基本となる法

律です。水道法は，**法律**のほか，**政令**および**省令**などにより構成され，法律の**目的**を達成するために政令および省令があります。

　法律は国会の決議で成立し，単に法ともいいます。政令とは，法を実現するために内閣（政府）が制定したもので，複数省庁にまたがる事項は1つの省庁で決めることができないため，**政府が発令**します。また，省令とは，法を実現するためその省の大臣が発した命令をいいます。

●**水道法の関連法令**

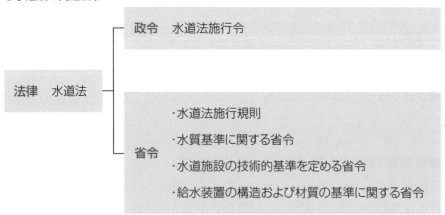

　体系的には，最上位に法があり，それを受けて政令および省令があります。大きな枠である法は，その枠の中でルール（規則）を**包括的な表現**でかたち作られていますが，それを政令および省令により**詳細に規定**しています。法の条文中には，しばしば「政令で定める」「厚生労働省令で定める」といった記述が盛り込まれます。これは，水道法に係る省令のうち，**技術的なこと**の詳細は，「**給水装置の構造および材質の基準**」に定められるためです。

　なお，法令で使われる代表的な語句には次のようなものがあり，**法律用語**として理解しておきましょう。

①**および，ならびに**：どちらも「と」（and）と同義
②**または，もしくは**：どちらも「あるいは」（or）と同義
③**おそれがある**：心配（不安）がある

④この限りでない：既定の適用を除外する

⑤講じる，講ずる：対策を施す，措置をする

⑥かんがみる：先例，実例に照らして考える

⑦直ちに，速やかに，遅滞なく：すべて「すぐに」と
　同義。緊急性は「直ちに」がもっとも高い

⑧用に供する：～用に利用する，用途とする

⑨みなす：解釈する，そう決める

⑩妨げない：妨げるの否定で「よい」と同義

チャレンジ問題

問1

難　**中**　易

水道法の成立ちと構成に関する記述のうち，不適当なものはどれか。

(1) 水道法は，日本国憲法第25条の生存権に由来する「清浄にして豊富低廉な水の供給を図り，もって公衆衛生の向上と生活環境の改善とに寄与すること」を目的とし成立した法律である。

(2) 水道法は，第1章から第9章までと，附則から成る。

(3) 水道法は，法律のほか，政令および省令などにより構成され，法律の目的を達成するため政令および省令がある。

(4) 法律は国会の決議で成立し，政令および省令は内閣（政府）が制定し，政府が発令する。

解説

政令は，法を実現するために内閣（政府）が制定したもので，政府が発令します。省令は，その省の大臣が発した命令をいいます。

解答 (4)

2

水道法

まとめ&丸暗記　この節の学習内容とまとめ

☐ 水道施設の基準　水道は, 原水の質および量, 地理的条件, 当該水道の形態等に応じ, 取水施設, 貯水施設, 導水施設, 浄水施設, 送水施設および配水施設の全部または一部を有すべきものとし, 各施設は, 各号で掲げる要件を備えるものでなければならない (第5条)

☐ 水道事業経営の認可の申請　水道事業経営の認可の申請をするには, 申請書に, 事業計画書, 工事設計書そのほか厚生労働省令で定める書類 (図面を含む) を添えて, 厚生労働大臣に提出しなければならない (第7条第1項)

☐ 消火栓の設置　水道事業者は, 水道に公共の消防のための消火栓を設置しなければならない (第24条)

☐ 情報の提供　水道事業者は, 水道の需要者に対し, 厚生労働省令で定めるところにより, 第20条第1項の水質検査の結果そのほか水道事業に関する情報を提供しなければならない (第24条の2)

☐ 事業の基準　指定給水装置工事事業者は, 厚生労働省令で定める給水装置工事の事業の運営に関する基準にしたがい, 適正な給水装置工事の事業の運営に努めなければならない (第25条の8)

☐ 事業の変更　水道用水供給事業者は, 給水対象もしくは給水量を増加させ, または水源の種別, 取水地点もしくは浄水方法を変更しようとするときは, 厚生労働大臣の認可を受けなければならない (第30条)

水道法抜粋

1 水道施設の基準

　水道施設は基本的に，取水施設，貯水施設，導水施設，浄水施設，送水施設，配水施設で構成され，各施設は規定要件を備えるものでなければなりません（P.8参照）。

●水道法第5条

（施設基準）

　水道は，原水の質および量，地理的条件，当該水道の形態等に応じ，取水施設，貯水施設，導水施設，浄水施設，送水施設および配水施設の全部または一部を有すべきものとし，その各施設は，次の各号に掲げる要件を備えるものでなければならない。

一　取水施設は，できるだけ良質の原水を必要量取入れることができるものであること

二　貯水施設は，渇水時においても必要量の原水を供給するのに必要な貯水能力を有するものであること

三　導水施設は，必要量の原水を送るのに必要なポンプ，導水管その他の設備を有すること

四　浄水施設は，原水の質および量に応じて，

補足 ▶

導水施設と送水施設

導水施設とは，一般的に重力によって上から下へと原水を導く配管のみの施設をいいます（勾配のない山間部などでは一部ポンプを使う場合もあります）。一方，送水施設とは，ポンプにより浄水を配水施設（配水池）まで送水する施設のことです。

前条の規定による水質基準に適合する必要量の浄水を得るのに必要な沈でん池，ろ過池その他の設備を有し，かつ，消毒設備を備えていること

五　送水施設は，必要量の浄水を送るのに必要なポンプ，送水管そのほかの設備を有すること

六　配水施設は，必要量の浄水を一定以上の圧力で連続して供給するのに必要な配水池，ポンプ，配水管その他の設備を有すること

2　水道施設の位置および配列を定めるにあたっては，その布設および維持管理ができるだけ経済的で，かつ，容易になるようにするとともに，給水の確実性をも考慮しなければならない

3　水道施設の構造および質は，水圧，土圧，地震力その他の荷重に対して充分な耐力を有し，かつ，水が汚染され，または漏れるおそれがないものでなければならない

4　前3項に規定するものの他，水道施設に関して必要な技術的基準は，厚生労働省令で定める

2　水道事業経営の認可の申請

水道事業経営の認可の申請は，厚生労働大臣に行います。

●水道法第7条第1項

（認可の申請）
　水道事業経営の認可の申請をするには，申請書に，事業計画書，工事設計書そのほか厚生労働省令で定める書類（図面を含む）を添えて，これを厚生労働大臣に提出しなければならない。

3　消火栓の設置

水道業者は，公共の消防のための**消火栓を設置**しなければなりません。

●水道法第 24 条

（消火栓）

　水道事業者は，当該水道に公共の消防のための消火栓を設置しなければならない。

2　市町村は，その区域内に消火栓を設置した水道事業者に対し，その消火栓の設置および管理に要する費用その他その水道が消防用に使用されることに伴い増加した水道施設の設置および管理に要する費用につき，当該水道事業者との協議により，相当額の補償をしなければならない。

3　水道事業者は，公共の消防用として使用された水の料金を徴収することができない。

4　情報の提供

水道事業者は，需要者に対し，水質検査の結果などの**情報提供**をしなければなりません。

●水道法第 24 条の 2

（情報提供）

補足

水道法の改正と水道の民営化

2018 年 12 月 12 日に水道法が改正され，「水道の基盤強化」を目的とされています。水道法が改正された背景には，水道の老朽化，耐震化の遅れ，人口減少による自治体の脆弱化，水道事業者の資金問題などがあり，こういった問題に対する施策として水道の民営化（コンセッション方式）が行われました。

水道事業者は，水道の需要者に対し，厚生労働省令で定めるところにより，第20条第1項の規定による水質検査の結果その他水道事業に関する情報を提供しなければならない。

5 事業の基準

指定給水装置工事事業者は，適正な給水装置工事事業の運営に努めます。

●水道法第25条の8

（事業の基準）
　指定給水装置工事事業者は，厚生労働省令で定める給水装置工事の事業の運営に関する基準にしたがい，適正な給水装置工事の事業の運営に努めなければならない。

6 事業の変更

事業および事業内容の変更を行う場合は，厚生労働大臣の認可を受けなければなりません。

●水道法第30条

（事業の変更）
　水道用水供給事業者は，給水対象もしくは給水量を増加させ，または水源の種別，取水地点もしくは浄水方法を変更しようとするとき（次の各号のいずれかに該当するときを除く）は，厚生労働大臣

の認可を受けなければならない。

一　その変更が厚生労働省令で定める軽微な
　　ものであるとき

二　その変更が他の水道用水供給事業の全部
　　を譲り受けることに伴うものであるとき

2　前3条の規定は，前項の認可について
　準用する。

3　水道用水供給事業者は，第1項各号の
　いずれかに該当する変更を行うときは，
　あらかじめ，厚生労働省令で定めるとこ
　ろにより，その旨を厚生労働大臣に届け
　出なければならない。

チャレンジ問題

問1
難　**中**　易

水道法第5条「水道施設の基準」に関する次の記述のうち，不適当なものはどれか。

(1) 取水施設は，できるだけ良質の原水を必要量取入れることができるものであること。

(2) 浄水施設は，原水の質・量に応じ，水質基準に適合する必要量の浄水を得るのに必要な沈でん池，ろ過池そのほかの設備や消毒設備を備えていること。

(3) 送水施設は，必要量の原水を送るのに必要なポンプ，送水管そのほかの設備を有すること。

(4) 配水施設は，必要量の浄水を一定以上の圧力で連続して供給するのに必要な配水池，ポンプ，配水管そのほかの設備を有すること。

解説

送水施設は，浄水施設で処理された浄水を送ります。原水ではありません。

解答（3）

3 水道法施行令および水道法施行規則

☐ 専用水道の基準　①口径25mm以上の導管の全長1500m②水槽の有効容量の合計100㎥③人の飲用その他の厚生労働省令で定める目的のために使用する水量が20㎥であることとする（第1条）

☐ 簡易専用水道の適用除外の基準　水道事業の用に供する水道から水の供給を受けるために設けられる水槽の有効容量の合計が10㎥であること（第4条）

☐ 給水人口の基準　給水人口が5000人であること（第30条）

☐ 給水装置の構造および材質の基準　①配水管への取付口の位置は，他の給水装置の取付口から30cm以上離す②配水管への取付口の給水管口径は，当該給水装置の水使用量に比し，著しく過大でないこと③配水管の水圧に影響をおよぼすおそれのあるポンプに直接連結しない④水圧，土圧その他の荷重に対し充分な耐力をもち，さらに水が汚染され，または漏れるおそれがないものであること⑤凍結，破壊，侵食等防止のための適当な措置を講じていること⑥当該給水装置以外の水管その他の設備に直接連結されていないこと⑦水槽，プール，流しその他水を入れ，または受ける器具，施設等に給水する給水装置は，水の逆流防止措置を講じる（第6条）

☐ 給水装置の軽微な変更　単独水栓の取替え，補修，こま，パッキン等給水装置の軽微な変更は，単独水栓の取替え，補修，こま，パッキン等給水装置の末端に設置される給水用具の部品の取替え（配管を伴わないものに限る）（第13条）

☐ 給水装置工事主任技術者の選任　指定給水装置工事事業者は，指定を受けた日から2週間以内に給水装置工事主任技術者の選任

水道法施行令抜粋

❶ 専用水道の基準

　この政令に係る水道法第3条第6項についても，あわせて確認しておきましょう。

●水道法施行令第1条

（専用水道の基準）
　水道法（以下「法」という）第3条第6項ただし書に規定する政令で定める基準は，次の通りとする。
一　口径25mm以上の導管の全長　1500m
二　水槽の有効容量の合計　100㎥
2　法第3条第6項第2号に規定する政令で定める基準は，人の飲用その他の厚生労働省令で定める目的のために使用する水量が20㎥であることとする。

❷ 簡易専用水道の適用除外の基準

　この政令に係る水道法第3条第7項についても，あわせて確認しておきましょう。

補足 ▶

専用水道
寄宿舎，社宅，療養所，養老施設などにおける自家用の水道そのほか水道事業の用に供する水道以外の水道であって，100人を超える者にその居住に必要な水を供給するものまたはその水道施設の1日最大給水量が20㎥を超える施設（生活の用に供するものに限る）をいいます。なお，受水槽の清掃は毎年1回以上定期に行うことが義務づけられています（P.4参照）。

●水道法施行令第2条

(簡易専用水道の適用除外の基準)
　法第3条第7項ただし書に規定する政令で定める基準は，水道事業の用に供する水道から水の供給を受けるために設けられる水槽の有効容量の合計が10㎥であることとする。

③ 給水人口の基準

　この政令に係る水道法第11条第2項についても，あわせて確認しておきましょう。

●水道法施行令第4条

(法第11条第2項に規定する給水人口の基準)
　法第11条第2項に規定する政令で定める基準は，給水人口が5000人であることとする。

④ 給水装置の構造および材質の基準

　この政令に係る水道法第16条についても，あわせて確認しておきましょう。

●水道法施行令第6条

(給水装置の構造および材質の基準)
　法第16条の規定による給水装置の構造および材質は，次の通りとする。

一　配水管への取付口の位置は，他の給水装置の取付口から30cm以上離れていることとする

二　配水管への取付口における給水管の口径は，当該給水装置による水の使用量に比し，著しく過大でないこと

三　配水管の水圧に影響をおよぼすおそれのあるポンプに直接連結されていないこと

四　水圧，土圧その他の荷重に対して充分な耐力を有し，かつ，水が汚染され，または漏れるおそれがないものであること

五　凍結，破壊，侵食等を防止するための適当な措置が講ぜられていること

六　当該給水装置以外の水管その他の設備に直接連結されていないこと

七　水槽，プール，流しその他水を入れ，または受ける器具，施設等に給水する給水装置にあっては，水の逆流を防止するための適当な措置が講ぜられていること

2　前項各号に規定する基準を適用するについて必要な技術的細目は，厚生労働省令で定める。

給水装置の構造および材質の基準に係る法令

給水装置については，水道法第16条において，政令に定められた基準に適合していない給水装置を使用した場合，水の汚染を防止するなどの観点から，水道事業者は水道を止めることができるとしています。基準は，水道法施行令第6条と厚生省令第14号で技術的に詳しく定められています。また，基準適合性の試験方法についても厚生省告示第111号で定められています。この基準に適合しているということは，安心して使える給水装置であるといえます。

⑤　業務の委託

　この政令に係る，水道法第24条の3第1項についても，あわせて確認しておきましょう。

●水道法施行令第9条

（業務の委託）

　法第24条の3第1項（法第31条および第34条第1項において準用する場合を含む）の規定による水道の管理に関する技術上の業務の委託は，次に定めるところにより行うものとする。

一　水道施設の全部または一部の管理に関する技術上の業務を委託する場合にあっては，技術上の観点から一体として行わなければならない業務の全部を一の者に委託するものであること

二　給水装置の管理に関する技術上の業務を委託する場合にあっては，当該水道事業者の給水区域内に存する給水装置の管理に関する技術上の業務の全部を委託するものであること

三　次に掲げる事項についての条項を含む委託契約書を作成する

　　イ　委託に係る業務の内容に関する事項

　　ロ　委託契約の期間およびその解除に関する事項

　　ハ　その他厚生労働省令で定める事項

チャレンジ問題

問1
難　**中**　易

水道法施行令第6条「給水装置の構造および材質の基準」に関する次の記述のうち，不適当なものはどれか。

(1) 配水管への取付口の位置は，ほかの給水装置の取付口から25cm離す。

(2) 配水管の水圧に影響をおよぼすおそれのあるポンプに直接連結しない。

(3) 当該給水装置以外の水管そのほかの設備に直接連結されていないこと。

(4) 水圧，土圧そのほかの荷重に対して充分な耐力を有し，かつ，水が汚染され，または漏れるおそれがないものであること。

解説
配水管への取付口位置は，ほかの給水装置の取付口からは30cm以上離します。

解答 (1)

水道法施行規則抜粋

① 給水装置の軽微な変更

この省令に係る水道法第16条の2第3項について
も，あわせて確認しておきましょう。

●水道法施行規則第13条

（給水装置の軽微な変更）
　法第16条の2第3項の厚生労働省令で
定める給水装置の軽微な変更は，単独水栓の
取替えおよび補修ならびにこま，パッキン等
給水装置の末端に設置される給水用具の部品
の取替え（配管を伴わないものに限る）とする。

② 厚生労働省令で定める機械器具

この省令に係る水道法第16条の2第3項について
も，あわせて確認しておきましょう。

●水道法施行規則第20条

（厚生労働省令で定める機械器具）
　法第25条の3第1項第2号の厚生労働
省令で定める機械器具は，次の各号に掲げる
ものとする。

一　金切りのこその他の管の切断用の機械器具

二　やすり，パイプねじ切り器その他の管の加工用の機械器具

三　トーチランプ，パイプレンチその他の接合用の機械器具

四　水圧テストポンプ

③ 給水装置工事主任技術者の選任

　この省令に係る水道法第16条の2についても，あわせて確認しておきましょう。

●水道法施行規則第21条

（給水装置工事主任技術者の選任）

　指定給水装置工事事業者は，法第16条の2の指定を受けた日から2週間以内に給水装置工事主任技術者を選任しなければならない。

2　指定給水装置工事事業者は，その選任した給水装置工事主任技術者が欠けるに至ったときは，当該事由が発生した日から2週間以内に新たに給水装置工事主任技術者を選任しなければならない。

3　指定給水装置工事事業者は，前2項の選任を行うにあたっては，一の事業所の給水装置工事主任技術者が，同時に他の事業所の給水装置工事主任技術者とならないようにしなければならない。ただし，一の給水装置工事主任技術者が当該2以上の事業所の給水装置工事主任技術者となってもその職務を行うにあたってとくに支障がないときは，この限りでない。

4 免状の交付申請

水道法第25条の5第1項も確認しておきましょう。

●水道法施行規則第24条

（免状の交付申請）

　法第25条の5第1項の規定により給水装置工事主任技術者免状の交付を受けようとする者は，様式第4による免状交付申請書に次に掲げる書類を添えて，これを厚生労働大臣に提出しなければならない。

一　戸籍抄本または住民票の抄本（日本の国籍を有しない者にあっては，これに代わる書面）

二　第33条の規定により交付する合格証書の写し

チャレンジ問題

問1　　　　　　　　　　　　　　　　難　中　易

水道法施行規則第20条「厚生労働省令で定める機械器具」で定められた機械器具のうち，不適当なものはどれか。

(1) 電動のこぎりそのほかの管の切断用の機械器具。

(2) やすり，パイプねじ切り器そのほかの管の加工用の機械器具。

(3) トーチランプ，パイプレンチそのほかの接合用の機械器具。

(4) 水圧テストポンプ。

解説

正しくは，金切りのこ。万能のこぎりともいわれる手動ののこぎりです。

解答 (1)

4 建設業法および建築基準法

まとめ&丸暗記　この節の学習内容とまとめ

☐ 建設業法の定義

①「建設業」とは, 元請, 下請を問わず建設工事の完成を請け負う営業をいう

②「建設業者」とは, 建設業の許可 (第3条第1項) を受けて建設業を営む者をいう

③「下請契約」とは, 建設工事を他の者から請け負った建設業者と他の建設業者との間で建設工事について締結される請負契約をいう

④「発注者」とは, 建設工事の注文者をいう

⑤「元請負人」とは, 下請契約での注文者で建設業者である者をいう

⑥「下請負人」とは, 下請契約における請負人をいう (第2条)

☐ 建築基準法の定義

①建築物:土地に定着する工作物のうち, 屋根および柱, 壁を有するもの, 付属する門, 塀, 観覧のための工作物, 地下・高架の工作物内に設ける事務所, 店舗, 興行所, 倉庫など

②建築設備:学校, 体育館, 病院, 劇場, 観覧場, 集会場, 展示場, 百貨店, 市場, ダンスホール, 遊技場, 公衆浴場, 旅館, 共同住宅, 寄宿舎, 下宿, 工場, 倉庫, 自動車車庫, 危険物の貯蔵所, と畜場, 火葬場, 汚物処理場など

③居室:執務, 作業, 集会, 娯楽などのために継続的に使用する室

④主要構造部:壁, 柱, 床, はり, 屋根, 階段など (第2条)

建設業法・建築基準法の定義

1 建設業法の定義

建設業法の第1条「目的」はP.299を参照ください。

●建設業法第2条

（定義）

　この法律において「建設工事」とは，土木
建築に関する工事で表「建設工事」に掲げる
ものをいう。

●建設工事

土木一式工事	土木工事業
建築一式工事	建築工事業
大工工事	大工工事業
左官工事	左官工事業
とび・土工・コンクリート工事	とび・土工工事業
石工事	石工事業
屋根工事	屋根工事業
電気工事	電気工事業
管工事	管工事業
タイル・れんが・ブロック工事	タイル・れんが・ブロック工事業
鋼構造物工事	鋼構造物工事業
鉄筋工事	鉄筋工事業
舗装工事	舗装工事業
しゅんせつ工事	しゅんせつ工事業
板金工事	板金工事業
ガラス工事	ガラス工事業
塗装工事	塗装工事業
防水工事	防水工事業
内装仕上工事	内装仕上工事業
機械器具設置工事	機械器具設置工事業
熱絶縁工事	熱絶縁工事業

補足 ▶

工事の定義

建設業法第2条に定義される「建設工事」のほか，国，特殊法人等または地方公共団体が発注する「公共工事」も建設工事に定義されます。「建設工事」に含まれるものの例としては，国から発注されたダムの築造作業，地方自治体から発注された公民館の建築作業，維持管理（委託）として行われる道路の補修作業などがあります。逆に含まれないものの例としては，維持管理として行われる除草作業，除雪作業，設計業務，監理業務などがあります。

電気通信工事	電気通信工事業
造園工事	造園工事業
さく井工事	さく井工事業
建具工事	建具工事業
水道施設工事	水道施設工事業
消防施設工事	消防施設工事業
清掃施設工事	清掃施設工事業
解体工事	解体工事業

2　この法律において「建設業」とは，元請，下請その他いかなる
　名義をもってするかを問わず，建設工事の完成を請け負う営業
　をいう。

3　この法律において「建設業者」とは，第3条第1項の許可を
　受けて建設業を営む者をいう。

4　この法律において「下請契約」とは，建設工事を他の者から請
　け負った建設業を営む者と他の建設業を営む者との間で当該建
　設工事の全部または一部について締結される請負契約をいう。

5　この法律において「発注者」とは，建設工事（他の者から請け
　負ったものを除く）の注文者をいい，「元請負人」とは，下請
　契約における注文者で建設業者であるものをいい，「下請負人」
　とは，下請契約における請負人をいう。

② 建築基準法の用語の定義

　建築基準法で定める用語には，次のようなものがあります。なお，建築基
準法第1条の「目的」は P.309 を参照ください。

●建築物

土地に定着する工作物のうち，屋根，柱，壁を有するもの，これに付属する
門もしくは塀，観覧のための工作物または地下，高架の工作物内に設ける事
務所，店舗，興行場，倉庫そのほかこれに類する施設で，建築設備を含むもの。

●特殊建築物

学校（専修学校，各種学校を含む），体育館，病院，劇場，観覧場，集会場，展示場，百貨店，市場，ダンスホール，遊技場，公衆浴場，旅館，共同住宅，寄宿舎，下宿，工場，倉庫，自動車車庫，危険物の貯蔵所，と畜場，火葬場，汚物処理場そのほかこれらに類する用途に供する建築物

●建築設備

建築物に設ける電気，ガス，給水，排水，換気，暖房，冷房，消火，排煙もしくは汚物処理の設備または煙突，昇降機もしくは避雷針

チャレンジ問題

問1
難　**中**　易

建設業法・建築基準法の定義に関する次の記述のうち，不適当なものはどれか。

(1) 「建設業」とは，元請，下請その他いかなる名義をもってするかを問わず，建設工事の完成を請け負う営業をいう。

(2) 「下請契約」とは，建設工事を他の者から請け負った建設業者と他の建設業者との間で建設工事の全部または一部について締結される請負契約をいう。

(3) 「発注者」とは，他者から請け負ったものを含む建設工事の注文者をいう。

(4) 土地に定着する工作物のうち，屋根および柱もしくは壁を有するもの（これに類する構造のものを含む）は建築物である。

解説

「発注者」とは建設工事の注文者ですが，他者から請け負ったものは除きます。

解答 (3)

5 道路法および道路交通法

まとめ&丸暗記　この節の学習内容とまとめ

☐ 道路法の目的　道路網の整備を図るため, 道路に関して, 路線の指定および認定, 管理, 構造, 保全, 費用の負担区分等に関する事項を定め, もって交通の発達に寄与し, 公共の福祉を増進することを目的とする(第1条)

☐ 道路占用許可　①および②の工作物, 物件または施設を設け継続して道路を使用しようとする場合においては, 道路管理者の許可を受けなければならない(道路法第2条)

①電柱, 電線, 変圧塔, 郵便差出箱, 公衆電話所, 広告塔その他これらに類する工作物

②水管, 下水道管, ガス管その他これらに類する物件

☐ 道路使用許可　道路において工事もしくは作業をしようとする者または当該工事もしくは作業の請負人は, 当該行為に係る場所を管轄する警察署長の許可を受けなければならない。なお, 当該行為に係る場所が同一の公安委員会の管理に属する2以上の警察署長の管轄にわたるときは, そのいずれかの所轄警察署長の許可を受けなければならない(道路交通法第77条)

道路法・道路交通法抜粋

1 道路法の目的

この法律の「目的」を記します。

●道路法第 1 条

（この法律の目的）

　この法律は，道路網の整備を図るため，道路に関して，路線の指定および認定，管理，構造，保全，費用の負担区分等に関する事項を定め，もって交通の発達に寄与し，公共の福祉を増進することを目的とする。

2 道路占用許可

公道の掘削工事には，道路占用許可が必要です。

●道路法第 32 条

（道路の占用の許可）

　道路に次の各号のいずれかに掲げる工作物，物件または施設を設け，継続して道路を使用しようとする場合においては，道路管理者の許可を受けなければならない。

一　電柱，電線，変圧塔，郵便差出箱，公衆

補足 ▶

道路占用許可の手続き

「道路占用許可申請書」に必要事項を記入のうえ，道路管理者に占用許可申請を行います。

電話所，広告塔その他これらに類する工作物

二　水管，下水道管，ガス管その他これらに類する物件

2　前項の許可を受けようとする者は，申請書を道路管理者に提出しなければならない。

3　第1項の規定による許可を受けた者（以下「道路占用者」という）は，前項各号に掲げる事項を変更しようとする場合においては，その変更が道路の構造または交通に支障をおよぼす虞のないと認められる軽易なもので政令で定めるものである場合を除くほか，あらかじめ道路管理者の許可を受けなければならない。

4　第1項または前項の規定による許可に係る行為が道路交通法第77条第1項の規定の適用を受けるものである場合においては，第2項の規定による申請書の提出は，当該地域を管轄する警察署長を経由して行うことができる。この場合において，当該警察署長は，すみやかに当該申請書を道路管理者に送付しなければならない。

5　道路管理者は，第1項または第3項の規定による許可を与えようとする場合において，当該許可に係る行為が道路交通法第77条第1項の規定の適用を受けるものであるときは，あらかじめ当該地域を管轄する警察署長に協議しなければならない。

3　道路使用許可

道路使用許可は，管轄の警察署長に許可をもらいます。

●道路交通法第77条

（道路の使用の許可）

次の各号のいずれかに該当する者は，それ
ぞれ当該各号に掲げる行為について当該行為
に係る場所を管轄する警察署長（以下この節
において「所轄警察署長」という）の許可（当
該行為に係る場所が同一の公安委員会の管理
に属する2以上の警察署長の管轄にわたる
ときは，そのいずれかの所轄警察署長の許可）
を受けなければならない。

一　道路において工事もしくは作業をしよう
　　とする者または当該工事もしくは作業の
　　請負人

**道路使用許可の
手続き**
「道路使用許可申請
書」に必要事項を記
入のうえ，所轄警察
署長に申請します。

チャレンジ問題

問1
難　**中**　易

道路占用許可および道路使用許可に関する次の記述のうち，不適当なものはどれか。

(1) 水管，下水道管，ガス管そのほかこれらに類する物件の工事で，継続して道
　　路を使用しようとする場合には道路占用許可を申請する。
(2) 電柱，電線，変圧塔，郵便差出箱，公衆電話所，広告塔そのほかこれらに類
　　する工作物には道路占用許可は必要ない。
(3) 道路占用許可を申請するには，その道路の道路管理者に申請書を提出する。
(4) 道路において工事もしくは作業をしようとする者または当該工事もしくは作業
　　の請負人は，所轄警察署長に許可を受けなければならない。

解説

**電柱，電線，変圧塔，郵便差出箱，公衆電話所，広告塔そのほかこれらに類する工
作物においても道路占用許可が必要です。**

解答 (2)

索引

さ行

制作・執筆●
アート・サプライ

執筆協力●
乙羽クリエイション

きゅうすいそうちこうじしゅにんぎじゅつしゃ　　　　　　ちょうそく
給水装置工事主任技術者　超速マスター〔第2版〕

2022年12月21日　初　版　第1刷発行
2024年4月1日　第2版　第1刷発行

編　著　者　　Ｔ　Ａ　Ｃ　株　式　会　社
　　　　　　　（給水装置工事研究会）
発　行　者　　多　　田　　敏　　男
発　行　所　　ＴＡＣ株式会社　出版事業部
　　　　　　　　　　　　　　　（ＴＡＣ出版）
　　　　　〒101-8383　東京都千代田区神田三崎町3-2-18
　　　　　電話　03（5276）9492（営業）
　　　　　FAX　03（5276）9674
　　　　　https://shuppan.tac-school.co.jp
制作・執筆　　株式会社　アート・サプライ
印　　　刷　　日　新　印　刷　株　式　会　社
製　　　本　　株式会社　常　川　製　本

©TAC 2024　　Printed in Japan　　　　　　ISBN 978-4-300-11173-4
　　　　　　　　　　　　　　　　　　　　　N.D.C.510

TAC出版 書籍のご案内

TAC出版では、資格の学校TAC各講座の定評ある執筆陣による資格試験の参考書をはじめ、資格取得者の開業法や仕事術、実務書、ビジネス書、一般書などを発行しています！

TAC出版の書籍

*一部書籍は、早稲田経営出版のブランドにて刊行しております。

資格・検定試験の受験対策書籍

- ○日商簿記検定
- ○建設業経理士
- ○全経簿記上級
- ○税 理 士
- ○公認会計士
- ○社会保険労務士
- ○中小企業診断士
- ○証券アナリスト

- ○ファイナンシャルプランナー(FP)
- ○証券外務員
- ○貸金業務取扱主任者
- ○不動産鑑定士
- ○宅地建物取引士
- ○賃貸不動産経営管理士
- ○マンション管理士
- ○管理業務主任者

- ○司法書士
- ○行政書士
- ○司法試験
- ○弁理士
- ○公務員試験(大卒程度・高卒者)
- ○情報処理試験
- ○介護福祉士
- ○ケアマネジャー
- ○社会福祉士　ほか

実務書・ビジネス書

- ○会計実務、税法、税務、経理
- ○総務、労務、人事
- ○ビジネススキル、マナー、就職、自己啓発
- ○資格取得者の開業法、仕事術、営業術
- ○翻訳ビジネス書

一般書・エンタメ書

- ○ファッション
- ○エッセイ、レシピ
- ○スポーツ
- ○旅行ガイド (おとな旅プレミアム/ハルカナ)
- ○翻訳小説